UNIVERSITÉ DE PARIS

BIBLIOTHÈQUE
DE LA
FACULTÉ DES LETTRES

VII

ESSAI DE RESTITUTION
DES
PLUS ANCIENS MÉMORIAUX
DE LA CHAMBRE DES COMPTES DE PARIS

(Pater, Noster[1], Noster[2], Qui es in cœlis, Croix, A[1])

PAR MM.

Joseph PETIT
Archiviste aux Archives nationales,

ET

GAVRILOVITCH, MAURY ET TEODORU

AVEC UNE PRÉFACE DE

CH.-V. LANGLOIS
Chargé de cours à la Faculté des Lettres de l'Université de Paris.

PARIS

ANCIENNE LIBRAIRIE GERMER BAILLIÈRE ET Cie

FÉLIX ALCAN, ÉDITEUR

108, BOULEVARD SAINT-GERMAIN, 108

1899

VII

ESSAI DE RESTITUTION
DES PLUS ANCIENS MÉMORIAUX
DE LA CHAMBRE DES COMPTES
DE PARIS

UNIVERSITÉ DE PARIS

BIBLIOTHÈQUE

DE LA

FACULTÉ DES LETTRES

VII

ESSAI DE RESTITUTION

DES

PLUS ANCIENS MÉMORIAUX

DE LA CHAMBRE DES COMPTES DE PARIS

(*Pater, Noster*[1], *Noster*[2], *Qui es in cœlis, Croix, A*[1])

PAR MM.

JOSEPH PETIT

Archiviste aux Archives nationales,

ET

GAVRILOVITCH, MAURY ET TEODORU

AVEC UNE PRÉFACE DE

CH.-V. LANGLOIS

Chargé de cours à la Faculté des Lettres de l'Université de Paris.

PARIS

ANCIENNE LIBRAIRIE GERMER BAILLIÈRE ET Cie

FÉLIX ALCAN, ÉDITEUR

108, BOULEVARD SAINT-GERMAIN, 108

1899

PRÉFACE

I

Les archives de l'ancienne Chambre des Comptes de Paris contenaient une énorme quantité de documents précieux pour l'histoire de France depuis le XIIIe siècle [1].

Au commencement du XVIIIe siècle, ces archives se composaient de quatre dépôts distincts : « le premier, celui du Greffe, était réservé aux registres et autres documents personnels à la Compagnie; les trois autres, ceux des Fiefs, des Terriers et du Garde des livres, renfermaient les pièces domaniales ou financières reçues par les gens des comptes [2] ».

Parmi les registres personnels à la Compagnie, qui étaient au dépôt du Greffe, les plus importants étaient sans contredit les *Mémoriaux*. On en distinguait deux catégories : 1° les registres proprement appelés *Libri memoriales*; 2° les registres officiels, institués sous le nom de « Journal » par l'ordonnance du Vivier-en-Brie.

Les *Mémoriaux* de la seconde catégorie avaient été institués, en 1320, par l'article 2 de l'ordonnance du Vivier-en-Brie, « pour registrer toutes choses faites en la Chambre ». La rédaction en fut d'abord assez confuse, jusqu'au jour où ils ne furent plus consacrés qu'à l'enregistrement régulier des lois, édits, ordonnances, etc., tandis que d'autres séries se formaient successivement pour recevoir la mention des actes et des opérations de la Chambre, ou le texte de ses jugements.

---

1. L'histoire de ces archives a été esquissée par M. A.-M. de Boislisle, dans la « Notice préliminaire » de son volume intitulé : *Chambre des Comptes de Paris, Pièces justificatives pour servir à l'histoire des Premiers Présidents*. Nogent-le-Rotrou, 1873, in-4°.

2. A.-M. de Boislisle, *o. c.*, p. CVIII.

Les *Libri memoriales* proprement dits étaient des compilations exécutées, « avant ou après 1320 », non par ordre du roi, mais pour les besoins particuliers de la Chambre ou des officiers des comptes, d'après les documents conservés dans les archives royales. « Depuis saint Louis, dit M. de Boislisle [1], les jurisconsultes ou les conseillers royaux avaient reconnu la nécessité de suppléer aux défaillances de la mémoire par des recueils de documents ; ce fut l'origine et la raison d'être des *Libri memoriales* ».

Les rédacteurs de ces registres recueillirent, soit dans des compilations antérieures, soit dans des collections d'originaux (qui, presque toutes, ont disparu depuis), dans les archives de la Chambre et ailleurs, beaucoup de pièces intéressantes au point de vue domanial et financier : ordonnances, instructions, memoranda, relevés et extraits des comptes sur parchemin ou sur tablettes de cire, listes de gîtes et de services dus au roi, etc. Ils s'en firent « des espèces de codes et de formulaires », des manuels. — Dès la fin du XIVe siècle, l'origine de ces *Libri memoriales* était oubliée ; ils « étaient considérés comme les titres primordiaux et constitutifs de la Chambre ».

On a pu comparer, au point de vue de leur origine, de leur valeur historique et de la vénération dont ils ont été l'objet, les *Libri memoriales* de la Chambre des Comptes aux *Olim* du Parlement. Et M. de Boislisle a remarqué que, vers le temps de l'ordonnance du Vivier, le Parlement commença à posséder des registres symétriques aux *Journaux* de la Chambre, qui portèrent aussi, pendant longtemps, le nom de *Mémoriaux* [2].

Si les *Libri memoriales* et les premiers *Mémoriaux* de la Chambre n'avaient pas péri, ils auraient été sans doute publiés *in extenso* ou analysés, de nos jours, comme l'ont été les *Olim* et les plus anciens registres, civils et criminels, du Parlement. — Mais le dépôt du

---

1. A.-M. de Boislisle, *o. c.*, p. VIII.

2. Comparez aussi aux plus anciens *Mémoriaux* de la Chambre des Comptes de Paris les *Precedent books* ou *Books of remembrance* de l'Échiquier d'Angleterre, et notamment le *Red Book*, publié en 1896 par M. Hubert Hall dans la Collection du Maître des rôles. Le *Red Book*, comme nos *Libri memoriales*, contient des chartes, des ordonnances (sur l'organisation de l'Échiquier, sur les monnaies, sur l'hôtel du roi, etc.), des relevés de comptes, des inventaires, des lettres pontificales au sujet des annates et des décimes, des généalogies et des « facetiæ » de chancellerie, — bref, « every kind of information that might prove useful to future generations of chamberlains and clerks ».

Greffe, où ils se trouvaient, fut entièrement détruit, par le feu, le
27 octobre 1737.

II

Aussitôt après l'incendie de 1737, la Chambre des Comptes
entreprit officiellement de reconstituer ses *Libri memoriales* et ses
Mémoriaux perdus. Par la déclaration du 26 avril 1738, tous les
détenteurs d'extraits authentiques de ces registres furent invités à
les représenter, « afin que la transcription en fût faite à nouveau ».
Douze conseillers-maîtres furent chargés de recevoir les expéditions,
de les vérifier, de les faire copier, de collationner et de parapher les
copies dont la collection devait tenir lieu désormais de ce qui avait
été brûlé. — Le travail dura longtemps et coûta très cher : il n'était
pas encore achevé quand la Révolution commença; et il fut très mal
fait, par des scribes négligents, placés sous une surveillance fictive.
On estime que les 146 volumes in-folio (aujourd'hui conservés aux
Archives nationales, P 2288-2433) qui forment la Reconstitution
officielle de l'ancienne série des *Mémoriaux* « ne renferment peut-
être pas la quinzième partie » de ce que renfermaient les deux cents
registres détruits [1].

Les promoteurs de la Reconstitution officielle du XVIIIe siècle ont
commis une faute grave en ne faisant appel qu'aux détenteurs d'expéditions authentiques. Des générations d'érudits, de feudistes et
d'officiers lettrés de la Chambre avaient, depuis le XIVe siècle, com-
pulsé les *Mémoriaux*; ils en avaient copié des fragments; ils en
avaient fait des extraits. Les copies et les extraits dispersés dans
leurs papiers ou dans leurs livres, pour n'être pas « authentiques », n'en étaient pas moins, pour la plupart, exacts. Ce fut
une erreur de procéder à la reconstitution des *Mémoriaux* sans
mettre à contribution ces sources excellentes. Il eût mieux valu,
dit très bien M. de Boislisle [2], « s'adresser de préférence, et avant
tout, aux dépôts publics et scientifiques, comme le Trésor des
chartes, les greffes, les archives ministérielles, etc., et aux collections particulières dans lesquelles il existait des copies anciennes
d'une valeur incontestable... »

1. A.-M. de Boislisle, *o. c.*, p. CXXVI.
2. A.-M. de Boislisle, *o. c.*, p. CXXVI.

La Chambre des Comptes fut balayée par la Révolution avec la plupart des institutions de l'ancien régime. La Reconstitution des *Mémoriaux* cessa dès lors d'avoir un intérêt pratique. La seule corporation qui fût en mesure d'apprécier l'importance de cette entreprise et d'en supporter les frais considérables ayant cessé d'exister, il parut que les *Mémoriaux* ne seraient jamais reconstitués. Les projets de M. Joly de Fleury, qui, vers la fin de l'ancien régime, avait recommandé, en vue d'une Reconstitution définitive, l'emploi de toutes les sources précédemment négligées, ne pouvaient plus aboutir.

Personne, en effet, n'a, depuis M. Joly de Fleury, rêvé de reconstituer, aussi complètement que possible, les 200 registres de *Mémoriaux* consumés en 1737. Plusieurs vies n'y suffiraient pas. Mais plus d'un historien moderne, frappé de la rare valeur des pièces qui figuraient dans les *Libri memoriales*, et de l'embarras que l'on éprouve à s'en procurer, soit la liste, soit des copies, a conçu la pensée de travailler à rendre au public des érudits un, ou quelques-uns, de ces livres fameux, si souvent cités, mais dont la table des matières est si peu connue et dont le texte n'a jamais été établi.

M. Marnier, bibliothécaire de l'Ordre des avocats à la Cour d'appel de Paris, s'est proposé, il y a cinquante ans, de reconstituer le plus ancien des *Libri memoriales* de la Chambre, connu sous le nom de *Saint-Just*. Il a donné à ce projet un commencement d'exécution en 1851 [1].

Le savant historien des archives de la Chambre des Comptes, M. de Boislisle, a longtemps recueilli des notes pour une Reconstitution des plus anciens *Mémoriaux*. On doit regretter vivement que d'autres travaux l'aient détourné de celui-là.

M. C. Couderc a fait connaître en 1888 son dessein de publier un essai sur ces mêmes *Mémoriaux* [2] ; mais il a été absorbé, lui aussi, par d'autres occupations.

Les choses en étaient là, lorsque j'ai résolu, en 1897, d'entreprendre, avec quelques étudiants de la Faculté des lettres, MM. Joseph Petit, Gavrilovitch, Maury et Teodoru, l'étude du problème difficile qui avait déjà séduit MM. Marnier, de Boislisle et Couderc.

---

1. Dans les *Mémoires de la Société des antiquaires de Normandie*, t. XVIII (Rouen, 1851, in-4°), p. IX et suiv. — Dans le même volume a été imprimée la table des 132 Mémoriaux de la Chambre de Rouen.

2. *Bibliothèque de l'École des Chartes*, 1888, p. 653.

III

Il s'agissait d'abord de déterminer avec précision, — ce qui n'avait jamais été fait, — la nomenclature des *Libri memoriales,* et de choisir ceux des plus anciens *Mémoriaux* dont la restitution serait tentée, puisqu'il ne pouvait pas être question de les restituer tous.

NOMENCLATURE DES PLUS ANCIENS MÉMORIAUX

I. — Voici les renseignements qui étaient dans le domaine public au sujet du nombre, des noms et de l'histoire des *Libri memoriales.* M. de Boislisle les avait donnés en 1873 ; depuis vingt-cinq ans, personne n'y avait rien ajouté[1].

« Les *Mémoriaux* anciens (*Libri memoriales*), dit M. de Boislisle[2], sont bien connus sous les noms de : 1er et 2e livres de *Saint-Just, Temporalitatibus, Liber rubeus, Croix, Pater, Noster* et *Qui es in cœlis.* »

Ces huit *Mémoriaux* anciens, M. de Boislisle les avait répartis en deux classes : les recueils de « miscellanées » et les registres consacrés à des matières spéciales. — Les recueils de *miscellanées* « présentaient entre eux une similitude de composition qui prouve qu'ils avaient dû être rédigés les uns sur les autres, probablement dans cet ordre : *Pater, Croix, Qui es in cœlis* et *Noster.* » — Le *Liber Rubeus,* « le plus gros de tous ces volumes, ne contenait guère que des chartes d'intérêt privé, des concessions du domaine royal, et se rapprochait plutôt de la série des CHARTES[3] que de celle des MÉMORIAUX. » Le registre *Temporalitatibus,* « daté du XVe siècle, était consacré, comme son nom l'indique, aux actes passés entre le roi et le clergé ». Enfin le *Saint-Just* était une copie, faite sous Philippe le Bel, d'un manuscrit

1. La plus récente notice sur les premiers *Mémoriaux* se trouve dans la Préface du *Répertoire numérique des Archives de la Chambre des Comptes de Paris* (Paris, 1896, in-4o, p. VII) : « Antérieurement à l'incendie de 1737, les *Mémoriaux* avaient été cotés comme il suit : le premier était désigné sous le nom de *Livre rouge* ; le second, sous celui de *Saint-Just* ; le troisième, sous celui de *Croix.* Les trois suivants étaient intitulés : *Pater, Noster, Qui es in cœlis.* Puis venait une série de registres placés par ordre chronologique et cotés A, B, C, D... »

2. *O. c.,* p. VIII.

3. Les registres des CHARTES formaient une série spéciale aux archives de la Chambre. Ils étaient réservés pour les actes royaux d'intérêt privé. Le plus ancien datait de 1349.

appartenant à Robert d'Artois et concernant principalement la Normandie.

M. de Boislisle avait remarqué en outre : 1° que « le *Liber rubeus* est souvent désigné sous le titre de *Liber dudum rubeus, nunc albus* » ; 2° que « *Pater* est désigné dans une pièce de *Croix* sous le nom de *Liber vetus memorialium* » ; 3° que, « en 1574, on fit recopier le registre *Croix* dans la même forme et dans le même langage », et que, « plus anciennement, on appelait ce registre *Liber viridis sine asseribus, signatus* † ».

Enfin M. de Boislisle avait attiré l'attention sur le ms. lat. 12814 de la Bibliothèque nationale. « Ce manuscrit, dit-il, provient de Saint-Germain-des-Prés, où il était entré en 1728. Il a dû être rédigé vers 1338, et, dans les quatre-vingt-dix pièces environ dont il se compose, on retrouve, à deux ou trois près, et généralement dans le même ordre, toutes celles que comprenait le *Qui es in cælis...* L'identification de ce manuscrit avec les *Mémoriaux* ne fait point difficulté, et il y faut reconnaître, sinon le *Qui es in cælis*, puisque les pièces en plus ou en moins, leur interversion ou les différences de foliotage ne le permettent pas, du moins un double de ce registre. Une partie des pièces étaient déjà entrées dans la composition des registres *Croix* et *Noster*, dont j'ai dit l'analogie avec *Qui es in cælis*. Sur les marges on trouve des notes de référence qui prouvent que, peu de temps après sa rédaction, il fut l'objet d'une comparaison avec les autres textes ; par exemple : « Similis ordinatio « libro †, fol. LVII. Et *Qui es in cælis*, fol. 72. Et dudum Rubeo, « fol. 211 ». Pourtant rien ne permet de croire qu'il ait jamais figuré dans les dépôts de la Chambre ; aucun inventaire n'en fait mention, et je n'ai pu découvrir par suite de quelles aventures, au bout de quatre siècles, il arriva entre les mains des Bénédictins. »

II. — D'anciennes listes, inédites, des *Libri memoriales* de la Chambre confirment en partie et permettent de rectifier, sur quelques points, les renseignements qui précèdent.

a. La plus ancienne remonte à la fin du XVe siècle. Elle se trouve dans les copies du Manuel de Jean le Bègue, greffier de la Chambre des Comptes [1]. Cinq registres seulement (au lieu de huit) y figurent :

---

1. Jean Le Bègue avait beaucoup pratiqué les plus anciens Mémoriaux. On relève, dans un recueil d'extraits du XVIIe siècle (Bibl. nat., lat. 9045, fol. 4),

un des deux livres *Saint-Just*, le *Liber rubeus* et le *Temporalitatibus* n'y sont pas. Le texte qui suit a été établi d'après trois exemplaires (Bibl. nat., fr. 5316, fr. 10988, lat. 12815).

Sequitur ordo librorum memorialium Camere Combotorum, et quo tempore durant.

Primo, unus liber in pergameno signatus †, corio viridi sine asseribus coopertus.

Item, alius liber signatus *Pater*, in quo continentur plures ordinationes de tempore regis Beati Ludovici et successorum suorum.

Item, alius liber corio viridi coopertus, signatus *Noster*, pene similis illi qui Cruce signatus est, qui, ut dicitur, perditus fuit in domo Reginaldi de Carnoto, cancellarii Francie. — Die xiiiᵃ Novembris M IIIIᶜ LXV, allatus et restitutus fuit dictus liber in dicta Camera Compotorum regis.

Item, alius liber coopertus viridi corio inter asseres cum decem clavis cupreis, quem dudum scribi fecit magister Johannes de Sancto Justo, in quo sunt multa statuta antiqua, Consuetudinarium Normanie, ab anno M IIᶜ VIII quo tempore primum post conquestam regis Philippi Augusti de ducatu Normanie fuit ordinatum sedere Scacarium in Normania, que bene sunt memorie tradenda. — Item in eodem libro sunt alia quamplurima valde bona.

Item, alius liber supersignatus *Qui es in cælis...*

b. Les greffiers de la Chambre des Comptes procédaient de temps en temps au récolement des registres du Greffe. Quelques-unes de ces opérations, effectuées au cours du xviiᵉ et du xviiiᵉ siècles, ont-elles laissé des traces ?

Une liste des premiers *Mémoriaux*, « d'après le récolement fait des registres Mémoriaux et autres pièces de Greffe de la Chambre en 1722 », se trouve dans le ms. 2642 de l'Arsenal (fol. 8) et dans le Recueil de Menant à la Bibliothèque de Rouen (VII, fol. 1) :

Registre de *Saint-Just*, premier et second, commencé en 1254 et finissant en 1356.
Registre de *Temporalitatibus*.
Liber Rubeus. Chartres depuis 1290 jusqu'en 1336.
Le registre *Pater*, commençant en 1254.
Noster, [commençant] en 1256, [finissant] en 1315.
Qui es in cælis, en 1223 et 1330.
Le registre *Croix*, avec sa copie, commençant en 1223 et finissant en 1332.

cette remarque : « Dans les anciens registres se trouvent quelques notes signées Le Bègue, qui vivait l'an 1427, comme il se voit au registre *Pater*, fol. VII [ˣˣ] XIX. »

Cette énumération est entièrement conforme, comme on voit, à celle de M. de Boislisle. Notons que, dans le Recueil de Menant, elle est précédée d'une autre :

Mémorial A, commençant en 1309 et finissant en 1320.

Registre cotté *Dix*. Ordonnances faites par plusieurs rois de France touchant les despenses de leur estat et maison.

Registre de la Chambre cotté *Bel*, a 1310, etc.

Liber arrestorum Camere Compotorum Parisius, cotté †.

Registre cotté *Armagnac* avec une †, et plus bas, *Revocatio donorum per regem Johannem et ejus predecessores factorum* [1].

c. Les anciens registres de la Chambre des Comptes ont été, de bonne heure, dépouillés par des érudits qui en ont fait des extraits. Quelques-uns de ces recueils d'extraits contiennent l'énumération des registres dépouillés, avec une description sommaire. Celle qui se trouve dans le ms. 3039 de la Bibliothèque Mazarine sera citée comme exemple :

Livre rouge.

Second livre des Ordonnances des métiers.

Livre de Jean de Saint-Just.

Déclaration des fiefs du duché de Bourgogne (un gros volume couvert de cuir vert).

Liber *de Temporalitalibus* (livre couvert de cuir vert).

Information touchant les bois de Valois (couvert de cuir vert).

Anjou, Maine et Touraine, 1380. Couvert de cuir vert. (VII^{xx} III feuillets).

Livre *Croix*, 1223-1334 (IX^{xx} XIX feuillets).

Qui es in cœlis, 1223-1330 (II^c XXIIII feuillets).

Noster, 1256-1307 (IIII^c IIII^{xx} XVI feuillets. Manquent les premiers feuillets).

Pater, 1254-1330 (III^c XXX feuillets. Manquent les premiers feuillets).

Deuxième et gros volumes coté A, 1309-1321 (II^c I feuillets).

Petit volume coté A, 1316-1322 (LXXII feuillets).

III. — La comparaison de toutes ces listes suggère plusieurs remarques.

En premier lieu, il est évident qu'il y avait, aux archives de la Chambre, quantité de registres divers qui n'étaient pas, à proprement

---

1. Cf. Bibl. nat., fr. 20685, fol. 131 : « Extrait d'un registre couvert de parchemin, où, d'un costé, est une croix noire, et, de l'autre, est escrit *Revocatio* » ; et fr. 20692, fol. 93.

parler, des *Mémoriaux*. Tels, le registre *Dix*, qui contenait des ordonnances de l'Hôtel, — analogue, sans doute, à celui qui est aujourd'hui conservé aux Archives nationales sous la cote JJ 57, — le registre des « Fiefs de Bourgogne », celui de l' « Information touchant les bois de Valois », les « Livres des Ordonnances des métiers », etc. Nous savons que plusieurs volumes de cette espèce, fort anciens et fort précieux, — entre autres les trois cartulaires de Champagne, *Liber principum*, *Liber ecclesiasticorum*, *Livre chartier des bailliages*, — qui avaient été placés pendant longtemps, à côté des *Libri memoriales*, dans le dépôt du Greffe, en furent retirés, sous Louis XIV, pour être transportés dans le dépôt des Fiefs ou dans celui des Terriers. — A cette catégorie de registres divers, mêlés pendant longtemps aux *Libri memoriales*, mais qui n'en étaient pas, appartenaient, certainement, quoi qu'en ait dit l'auteur du récolement de 1722 et (d'après lui ?) M. de Boislisle, le *Temporalitatibus* et le *Liber rubeus*. On a quelques extraits du *Temporalitatibus*[1], la table complète et de nombreux fragments du *Liber rubeus*[2] : il en ressort que le premier était un recueil de conventions entre le roi et le clergé, le second une collection de chartes royales à l'effet d'assigner des rentes ou d'accorder des dons ou des faveurs ; ni l'un ni l'autre ne rentre, par conséquent, dans la définition des *Libri memoriales*, ces manuels où les officiers de la Chambre avaient compilé en désordre des documents de toute espèce.

Il serait, certes, intéressant de savoir, au juste, combien il y avait de ces Registres Divers dans les archives domaniales de la Chambre, d'en connaître les titres, et d'entreprendre la restitution de ceux dont il existe des copies partielles ou des extraits[3]. Mais nous ne

---

1. Bibliothèque de Rouen, Recueil de Menant, V, 73 et suiv.; Bibl. Mazarine, 3039, fol. 7 v°; etc. Cf. Brussel, *Usage des fiefs*, I, 204.

2. La table du *Liber rubeus* est aux Archives nationales, dans PP 109. Nous avons copié cette table, et nous y reportons, au fur et à mesure que nous en trouvons, l'indication des très nombreux fragments du *Rubeus* qui sont dispersés dans les papiers des anciens érudits. Ce volume, qui devait présenter l'aspect des registres du Trésor des chartes, avait 579 feuillets, dont chacun contenait de 3 à 8 chartes royales, datées de 1290 à 1336. On lisait au fol. 426 v° (Extraits de Menant, V, 139) : « Hic finiunt dona et littere de tempore regis Ph. dicti Le Bel..... Incipiunt dona et littere Ludovici primogeniti sui et ejus in regno Francie successoris ». Deux mille chartes royales, au bas mot, qui, pour la plupart, ne se trouvent pas ailleurs, avaient été enregistrées dans le *Liber rubeus*. La reconstitution de ce recueil serait, par conséquent, utile.

3. Plusieurs problèmes d'identification analogues à ceux qui seront examinés ci-dessous au sujet des *Libri memoriales* proprement dits se posent au sujet des

pouvons qu'indiquer ici ce vaste sujet d'enquête. C'est exclusivement à la restitution des plus anciens *Libri Memoriales* ou *Mémoriaux* proprement dits que nous nous sommes appliqués.

En second lieu, des problèmes, non soupçonnés jusqu'ici, se posent au sujet de la nomenclature des *Libri memoriales* proprement dits.

La liste insérée, au XVᵉ siècle, dans le Manuel de Jean Le Bègue, en indique cinq : *Croix, Pater, Noster, Qui es in cœlis* et *Saint-Just*.

Pour deux de ces cinq volumes, il n'y a pas de difficulté. Toutes les sources fournissent des renseignements concordants sur *Pater* et sur *Qui es in cœlis*. Le premier, qui contenait des pièces datées de 1254 à 1330, était, depuis une époque reculée, incomplet : les 43 premiers feuillets manquaient ; il en avait 335. Le second, qui contenait des pièces datées de 1223 à 1330, avait 224 feuillets.

Pour *Noster, Croix* et *Saint-Just*, au contraire, les renseignements sont contradictoires, mais les contradictions, embarrassantes au premier abord, peuvent être résolues.

Noster. — D'après la liste insérée dans le Manuel de Jean le Bègue, le registre *Noster* était couvert en cuir vert (comme les registres *Croix* et *Saint-Just*). Il s'était égaré dans la maison de Renaut de Chartres, chancelier de France ; mais il fut rapporté à la Chambre le 13 novembre 1465. Il était « presque semblable » à *Croix*, « pene similis illi qui Cruce signatus est ».

Or, on lit, nous l'avons vu, dans le ms. 3039 de la Bibliothèque Mazarine, que le registre *Croix* avait 192 feuillets, et le registre *Noster* 496 feuillets, c'est-à-dire plus du double.

Registres Divers de la Chambre. — Le *Liber rubeus* a été souvent désigné, comme M. de Boislisle l'a noté, sous le nom de *Liber dudum rubeus, nunc albus*. C'est aussi lui qui est visé quand on parle du « Livre vermeil » ou du *Liber rubeus Campanie cum asseribus* (Bibl. nat., fr. 10988, fol. 124 vᵒ, 127). Il ne faut pas le confondre avec un autre « Livre rouge » très souvent cité aussi (Cf. le présent *Essai*, n. **358**) qui n'est autre que le registre de Philippe-Auguste, désigné par la lettre E dans la classification de M. L. Delisle. — Plusieurs registres divers étaient marqués d'une †, ce qui est une cause de confusions. — Le livre *Bel* doit être distingué de tous les autres. Les continuateurs du Glossaire de Du Cange l'ont connu (t. VII, p. 453) et utilisé ; il a été vu par Brussel (*Usage général des fiefs*, I, Introduction, p. LII, et II, Appendice, p. LXXXIII), et par Menant (Bibliothèque de Rouen, Recueil de Menant, V, fol. 18-19). Nous savons qu'il commençait en 1297 et finissait en 1320. Il en existe une table partielle (Bibl. nat., nouv. acq. lat. 2125, fol. 53 vᵒ.) Les extraits en sont assez rares.

D'autres raisons de douter que *Noster* ait été « presque semblable » à *Croix* se présentent en abondance. En voici une qui paraît décisive. Le registre PP 109, des Archives nationales, contient une table détaillée de *Croix*, une table détaillée de *Noster* : ces deux tables ne sont nullement identiques. D'après PP 109, *Noster* avait 496 feuillets [1], et contenait beaucoup plus de documents que *Croix* ; les documents qui étaient à la fois dans *Croix* et dans *Noster* sont peu nombreux, et n'étaient point disposés dans le même ordre.

Autre singularité. *Noster* a été souvent cité par les archivistes et par les érudits, depuis le XIVe siècle. Or, jamais les documents empruntés à *Noster* par les anciens archivistes et les anciens érudits ne se retrouvent, aux feuillets indiqués, dans la table de *Noster* que renferme PP 109. Les anciens inventaires du Trésor des chartes (Arch. nat., JJ 279) et de P. Amer (Bibl. nat., fr. 10988; cf. Bibl. nat., lat. 5991[A]) offrent plusieurs centaines de références à *Noster* : il n'y en a pas une seule qui se rapporte à *Noster*, tel que nous le connaissons par la table de PP 109. — D'autre part, dans tous les recueils de copies du XVIIe et du XVIIIe siècles, c'est bien du manuscrit dont PP 109 fournit la table qu'il s'agit lorsque *Noster* est cité : toujours les documents empruntés à *Noster* se retrouvent, désormais, aux feuillets indiqués, dans la table de PP 109.

Que conclure de là ? sinon qu'il a existé successivement deux registres *Noster* : l'un qui était couvert de cuir vert, presque semblable à *Croix*, que les gardes du Trésor des chartes, successeurs immédiats de Gérard de Montaigu, P. Amer et les anonymes du XVe et du XVIe siècle ont connu; l'autre, beaucoup plus gros, tout à fait différent du premier, dont se sont servis les extracteurs du XVIIe et du XVIIIe siècles ?

Cette hypothèse se vérifie aisément. — En effet, le ms. 2450 de l'Arsenal, exécuté au XVe siècle par ou pour l'ancien greffier au Parlement Chartelier, contient (fol. 279 v°) une table de *Noster* qui ne ressemble pas du tout à la table de *Noster* dans PP 109. Elle ressemble beaucoup, en revanche, à la table de *Croix* : ce sont à peu près les mêmes documents, qui se suivent à peu près dans le même ordre. Nul doute que nous n'ayons la table de *Noster*[1] dans le ms. de l'Arsenal, et la table de *Noster*[2] dans le ms. des Archives.

---

1. *Noster* avait 496 feuillets d'après PP 109, et 510 d'après PP 117. On avait ajouté à la fin (fol. 497-510) une table détaillée du registre E de Philippe-Auguste.

Ce n'est pas tout. Nous sommes en mesure d'établir que *Noster* [1] est le seul de tous les *Libri memoriales* de l'ancienne Chambre des Comptes qui n'ait pas été détruit. Il existe encore. C'est le ms. latin 12814 de la Bibliothèque nationale, dont on a fort bien dit qu'il n'est pas identique avec le *Qui es in cœlis*, mais dont on a eu tort de dire qu' « il ne figura jamais dans les dépôts de la Chambre » et qu' « aucun inventaire n'en fait mention ». — Ce manuscrit, égaré au xv⁰ siècle, retrouvé le 13 novembre 1465, a été égaré de nouveau à une époque indéterminée, jusqu'à ce qu'il soit venu échouer à la Bibliothèque de Saint-Germain-des-Prés en 1728. Il était en sûreté à la Bibliothèque de Saint-Germain-des-Prés lorsque l'incendie de 1737 détruisit tous les autres *Mémoriaux*.

La preuve péremptoire de ce fait se tire de ce que la table de *Noster* [1] dans le ms. de l'Arsenal est précisément la table du ms. lat. 12814, et de ce que toutes les anciennes références aux feuillets de *Noster* [1] correspondent aux feuillets de la foliotation primitive du ms. lat. 12814. Il suffira de produire deux exemples décisifs, entre cent [1]. — P. Amer cite [2] les « Juramenta constabularii, marescallorum, magistri balistariorum et aliorum capitareorum, libro signato *Noster*, in quodam dimidio folio annexo inter· VI^{xx} III et VI^{xx} IIII folia »; or, entre le feuillet VI^{xx} III et le feuillet VI^{xx} IIII du ms. lat. 12814 ont été intercalés six feuillets additionnels, d'un format plus petit, au bas desquels on lit cette note : « Asportatus in Camera Compotorum, VIII^a die Marcii anno M⁰ CCC⁰ LXXI⁰... »; ils contiennent les formules de serment à prêter par le connétable, les maréchaux, le maître des arbalétriers et les autres chefs de guerre. — P. Amer cite [3] les « Taxationes vadiorum procuratorum regiorum, libro parvo viridi, fol. VI^{to} ante primum, in medio »; or le ms. lat. 12814 offre cette particularité d'avoir deux anciennes foliotations distinctes, et les « Taxationes » y figurent en effet au 6⁰ feuillet avant le fol. 1 de la seconde foliotation.

Ainsi *Noster* [1], dit aussi *Liber parvus viridis* ou *Petit livre sans aiz* [4],

---

1. Nous avons vérifié que toutes les références à *Noster* du ms. r. 10988 et du ms. 931 de la Bibliothèque de l'Université, à la Sorbonne, qui sont nombreuses, se rapportent à la foliotation primitive du ms. lat. 12814.

2. Bibl. nat., fr. 10988, fol. 52 v⁰ et 54.

3. Ib., fol. 51 v⁰.

4. Bibl. nat., fr. 10988, fol. 52 v⁰ (Petit livre sans aiz signé *Noster*. Cf. lat. 5991^A, fol. 12).

et le ms. lat. 12814 de la Bibliothèque nationale ne sont qu'un seul et même manuscrit. — Mais qu'est-ce que *Noster*[2] ?

Noster[2], dont la table est dans PP 109, n'est étroitement apparenté à aucun des autres *Libri memoriales* primitifs. Mais, — et c'est encore là une circonstance qui n'a jamais été remarquée, — il avait la plus singulière analogie avec le ms. fr. 2833 de la Bibliothèque nationale.

Ce ms. fr. 2833 (anc. suppl. fr. 8406) est très connu [1]. Il a été décrit dans le *Catalogue des manuscrits français* (I, p. 500). « C'est, dit M. de Boislisle, un recueil, composé au xvᵉ siècle, d'après les autres *Mémoriaux*, — un mélange, sans ordre ni suite, d'ordonnances, d'inventaires et de tables, d'*avaluements* de monnaies, de contrats, de chartes, etc. Fontanieu en avait relevé la table, dans son portefeuille nᵒ 804 ». Mais on ne s'est pas avisé de comparer cette table — la table des matières du ms. fr. 2833 — à la table des matières de *Noster* dans PP 109. La comparaison aurait fait ressortir l'identité complète (ou peu s'en faut) de *Noster*[2] et du ms. de la Bibliothèque : les deux registres contenaient sensiblement les mêmes pièces, disposées dans le même ordre. — Le ms. fr. 2833 n'est pas *Noster*[2], car, sans parler de quelques légères différences de composition qui seront spécifiées plus loin, *Noster*[2] avait 496 feuillets, tandis que le ms. fr. 2833 en a, déduction faite des tables, 359 seulement. *Noster*[2] devait être écrit d'une écriture moins compacte, sur des cahiers de parchemin d'un plus petit format. Mais il reste que le ms. fr. 2833 a été copié, sinon sur *Noster*[2] lui-même, au moins, sur un manuscrit qui lui ressemblait comme un frère [2].

Noster[1] ayant disparu des archives de la Chambre, pour la seconde fois, on aura donné le nom (vacant) de *Noster* à un manuscrit très analogue au ms. fr. 2833, et c'est ce manuscrit qui, depuis, a toujours été cité comme *Noster*. Nous l'appelons *Noster*[2]. Il est perdu. Mais le ms. fr. 2833 en tient lieu [3].

---

1. M. Lehugeur, *Histoire de Philippe le Long*. (Paris, 1897, in-8), p. xx, note 2, a cru devoir, une fois de plus, en « signaler l'importance ».

2. Il est certain, par ailleurs, que le ms. fr. 2833 a été copié sur un recueil antérieur; les fautes grossières qui y foisonnent suffiraient à attester que l'auteur de ce manuscrit n'a pas vu lui-même les originaux.

3. Le ms. fr. 4596 (xvᵉ siècle) de la Bibliothèque nationale est un abrégé soit de *Noster*[2], soit du ms. fr. 2833. Il contient les principales pièces de *Noster*[2] et du ms. fr. 2833, dans le même ordre, sans références aux feuillets. Cf. le ms. fr. 20853 (souvent cité sous son ancienne cote, fonds de Notre-Dame, nᵒ 150).

CROIX ET SAINT-JUST. — Les listes précitées des plus anciens *Mémoriaux* signalent l'existence d'un livre couvert en cuir vert, sans ais, marqué d'une ✝, et d'une copie de ce livre.

Dans la liste du Manuel de Jean le Bègue, il n'y a qu'un seul livre *Saint-Just*, relié en cuir vert. Il y en a deux dans le récolement de 1722 qui ne contient, d'ailleurs, aucun détail sur ces deux livres.

a. Croix fut considéré de bonne heure comme « le livre des Memoriaulx » de la Chambre par excellence[1]; il était classé « le premier des registres du Greffe » au xvie siècle[2]. Il doit être distingué de plusieurs livres « croisés » des archives de la Chambre, qui faisaient partie de ce que nous avons appelé les Registres Divers : le « *Liber arrestorum* cotté ✝ », le registre « cotté *Armagnac* avec une ✝ », le registre de dons ✝ »[3], le « petit registre ✝ »[4], etc.

Croix, ou « le livre des Memoriaulx », ou « Croix vert », était un volume apparenté à *Noster*[1] et à *Qui es in cælis*.

La copie officielle de ce volume, exécutée au xvie siècle pour ménager l'original « dont l'écriture s'effaçait par antiquité »[5], portait aussi le nom de *Croix*. On s'explique par là ce fait, au premier abord singulier, que lorsque les érudits des deux derniers siècles citent des pièces de *Croix*, ils ne renvoient pas tous, pour les

Le n° XXI des « Livres inutiles » énumérés par G. de Montaigu dans son Inventaire du Trésor des chartes (fin du xive siècle) est ainsi décrit : « Continet registrum aliquorum negociorum Camere Compotorum, ordinacionum regiarum et monetarum, de tempore regis Philippi de Valesio. Et non est registrum authenticum vel regium, sed particulare, non continuatum quomodolibet vel perfectum. » (A. Bordier, *Les Archives de la France*, p. 166.) — Ce manuscrit ne doit être identifié avec aucun des anciens Mémoriaux de la Chambre. On peut s'en convaincre, car, quoiqu'il ait été jusqu'à présent considéré comme perdu, il existe encore (Arch. nat., JJ 79^B).

1. Le ms. fr. 2450 (xve siècle) de l'Arsenal contient une table partielle de *Croix* qui est précédée de ces mots : « Copia tabule rerum contentarum in libro gallice nuncupato *Le livre des Memoriaulx Camere Compotorum Parisius.* »

2. Cf. plus bas, note 5.

3. Bibl. de Rouen, Recueil de Menant, XII, fol. 145.

4. Ibidem, VI, fol. 16.

5. Le 30 août 1574, le greffier de la Chambre fut chargé de faire copier le livre coté *Croix* qui était sans doute en mauvais état, et de « le mettre en un lieu séparé pour n'estre plus tiré d'iceluy » (A.-M. de Boislisle, *o. c.*, p. 126). On lit dans le ms. Godefroy 184 de la Bibliothèque de l'Institut que, le 7 septembre 1585 (peut-être pour 1575), la Chambre ordonna de payer une somme de dix écus au soleil « pour la copie du livre cotté ✝, premier des registres du greffe, duquel l'escriture s'efface par antiquité ».

mêmes pièces, aux mêmes feuillets. Le registre *Croix* qui a été « entablé » dans PP 109 avait 213 feuillets ; celui dont se sont servis l'auteur du ms. 3039 de la Bibliothèque Mazarine et tous les autres anciens érudits en avait IX^{xx} XIX (199). C'étaient deux exemplaires du même ouvrage, dont le second avait été copié sur le premier, ou le premier sur le second, mais non pas page pour page [1].

b. Le Mémorial *Saint-Just*, composé de pièces relatives à la Normandie [2], était tout à fait différent de *Croix*, de *Pater*, de *Noster*[1] (et de *Noster*[2]) et de *Qui es in cœlis*.

Longtemps, il n'y eut qu'un livre *Saint-Just*, le *Saint-Just* normand. Qu'est-ce que le second livre *Saint-Just*, ou *Saint-Just*[2], que l'on voit souvent cité au XVIIe et au XVIIIe siècles ?

Il suffit de relever les références à *Saint-Just*[2] qui se trouvent dans les mss. fr. 16583 et 16584 de la Bibliothèque nationale, par exemple, et de les classer suivant l'ordre numérique des feuillets pour constater que *Saint-Just*[2] contenait exactement les mêmes pièces, disposées de la même manière, que le registre *Croix*. — *Saint-Just*[2] est donc le nom qui fut donné à une époque relativement récente, à l'un des exemplaires de *Croix* [3].

---

1. Il est très probable que le † à 199 feuillets était l'original, et le † à 213 feuillets la copie.

2. Cf. plus haut, p. VII.

3. Les renvois aux fol. 1 à 180 environ de *Saint-Just*[2] et de *Croix* (le † à 213 feuillets) coïncident presque tous ; et, jusqu'au fol. 180, les divergences s'expliquent facilement par des *lapsus* de copistes.

Du fol. 180 à la fin, au contraire, les renvois à *Saint-Just*[2] ne coïncident plus avec les renvois à l'exemplaire de *Croix* qui avait 213 feuillets. Mais ils coïncident parfaitement avec les renvois à l'exemplaire de *Croix* qui en avait 199. D'où il suit : 1° que *Saint-Just*[2] n'est qu'un autre nom du † à 199 feuillets ; 2° que les deux exemplaires de *Croix* étaient semblables, page pour page, jusqu'au fol. 180 environ. — Nous savons d'ailleurs qu'un cahier supplémentaire avait été cousu à la fin de l'un des exemplaires de *Croix* (ci-dessous, p. 70, note), le *Croix* à 199 feuillets.

On verra plus loin que la famille d'extraits des *Mémoriaux* dite de Saint-Germain-des-Prés se divise en deux catégories. Les exemplaires de l'une ne diffèrent de ceux de l'autre que parce qu'ils renvoient à *Croix* (P 2543) partout où les autres (P 2591$_A$ et dérivés) renvoient à *Saint-Just*[2]. M. J. Petit a donné ci-dessous (p. 12) un essai d'explication de cette anomalie. Si son hypothèse est fondée, l'origine du nom *Saint-Just*[2], donné au *Croix* à 199 feuillets, est simplement une erreur de scribe, causée par une erreur de reliure dans le ms. P 2569, source de P 2591 A . — Je note que c'est par suite d'une erreur du même genre que l'auteur du ms. lat. 9045 de la Bibl. nat. a écrit à tort (fol. 193) le mot « Saint-Just » au lieu du mot « Croix ».

IV. — En résumé, élimination faite des registres divers et des doubles, la liste des *Mémoriaux* (*Libri memoriales*) qui étaient placés avant le premier des *Mémoriaux* de la série régulière (Mémorial A) doit être ainsi établie : *Pater,* *Noster* [1], *Noster* [2], *Qui es in cælis, Croix* (et son double *Saint-Just* [2]), *Saint-Just* [1].

A l'exception de *Saint-Just* [1] (le *Saint-Just* normand), tous ces registres ont été composés de la même manière, dans le même esprit et, en partie, d'après les mêmes documents. Ils forment vraiment un ensemble.

Pater et *Noster* [2] sont des compilations indépendantes des trois autres et entre elles. *Noster* [1] (dont l'original existe encore), *Qui es in cælis* et *Croix* présentent de grandes analogies. Mais il n'est pas facile de déterminer lequel de ces registres à peu près contemporains est le plus ancien, lequel est le plus récent, s'ils ont été copiés les uns sur les autres ou s'ils ont une source commune [1], ni quels sont les noms des officiers de la Chambre par qui ou pour qui ils ont été rédigés. Il reste à indiquer ce que l'examen des textes nous a appris sur tous ces points [2].

On ne savait, jusqu'ici, que deux choses : le *Saint-Just* normand doit son nom à un maître bien connu de la Chambre des Comptes, Jean de Saint-Just, qui le fit exécuter (« quem dudum scribi fecit magister Johannes de Sancto Justo ») [3] ; *Pater*, désigné dans le texte (et non dans une note marginale) de *Croix* sous le nom de « Liber vetus memorialium », est plus ancien que *Croix* [4].

Nous sommes en mesure d'établir en outre que *Noster* [1] (lat. 12814) a été exécuté pour un maître de la Chambre des Comptes, non moins connu que Jean de Saint-Just, Jean Mignon [5], et qu'il est antérieur à *Croix* et à *Qui es in cælis.*

---

1. M. Borrelli de Serres (*Recherches sur divers services publics du XIIIe au XVIIe siècle*, Paris, 1895, in-8°, p. 75, note 2) a, sans insister, tiré argument d' « étranges erreurs » qui se trouvent « dans les Mémoriaux *Croix, Noster, Qui es* et *Saint-Just* », pour déclarer que « ces quatre Mémoriaux ont été en partie copiés l'un sur l'autre ».

2. Voir aussi les notices placées par M. Petit au commencement de l'essai de restitution de chaque Mémorial.

3. Ci-dessus, p. VII.

4. Cf. ci-dessous, n. **471**, en note. On a quelquefois dit, évidemment par erreur, en s'appuyant sur ce texte, que *Pater* était « le plus ancien » des Mémoriaux.

5. Sur Jean Mignon, voir A. de Dion, *Un gros propriétaire au XIVe siècle* (Versailles, 1889, in-8°. Extr. du *Bulletin de la Commission des Antiquités et des Arts de*

Le texte de l'ordonnance du Vivier-en-Brie sur la Chambre des Comptes et le Trésor (janvier 1320) est précédé, dans *Noster*[1] (lat. 12814, fol. 119 v°), de la note que voici :

Et lors fis le serement, et le Tresorier aussi, qui ne fut lors establi que comme garde, mes il fu confermé pour Tresorier seul environ la Chandeleur ce lan (*sic*) mesmes[1].

D'autre part, il a été démontré par M. Couderc[2] que ce Mémorial se composait primitivement de 14 cahiers de douze feuillets chacun; en tête de la plupart de ces cahiers, quelqu'un a indiqué (dans la marge, en haut, à droite) les pièces qu'ils contiennent. Or, en tête du cahier IX (fol. 109), où se trouve l'ordonnance du Vivier, on lit :

Item, ordinacio pro Camera compotorum et Thesauro facta apud Vivarium circa Epiphaniam Domini CCC XIX, et publicata in Camera xvii[a] Aprilis CCC XX, quam juramus[3] duo.

Qui donc a pu écrire qu'il avait prêté serment, immédiatement après la publication de l'ordonnance du Vivier-en-Brie, en même temps que le trésorier Jean Gaulart? C'est évidemment Jean Mignon, qui fut créé quatrième maître des comptes, en même temps que Jean Gaulart était nommé « garde du Trésor », par cette ordonnance du Vivier[4]. Nommés ensemble, Jean Gaulart et Jean Mignon ont dû prêter serment ensemble.

Voici d'ailleurs d'autres indices que *Noster*[1] a appartenu à Jean Mignon. On y relève (fol. 237) une charte de Philippe le Bel en faveur de Jean Mignon, qui n'a d'intérêt que pour Jean Mignon[5], et (fol. 224) un autographe de Jean Mignon, dit le Jeune, parent

---

Seine-et-Oise, IX), p. 9 et suiv., et mon Introduction (sous presse) à l'« Inventaire des comptes ordinaires et extraordinaires de la Chambre », par Robert Mignon. — Jean Mignon, fondateur du Collège Mignon en l'Université de Paris (dont la rue Mignon conserve le souvenir au Quartier latin), mourut en 1343.

1. Voir le facsimile placé au commencement du présent *Essai*. — C'est M. Borrelli de Serres qui, le premier, a remarqué cette note.

2. *Bibliothèque de l'École des Chartes*, 1888, p. 646. — M. Couderc a publié (p. 650) la note « quam juramus duo ». « Cette mention, dit-il, tendrait à faire croire que le manuscrit 12814 vient de la Chambre du Trésor [?], mais rien de ce que nous avons pu relever ne confirme cette hypothèse ».

3. Peut-être pour « juravimus ».

4. Voir le facsimile : « Maistre Jehan Mignon, que nous y metons de nouvel... ».

5. Ci-dessous, n. 449.

du maître institué par l'ordonnance du Vivier [1]. Enfin *Noster* 1 contient (fol. 219) une liste des « abbayes et d'autres lieus qui doivent charroi au roy » : elle diffère notablement d'une liste analogue qui figurait dans *Pater* (n. 17), et dans *Croix* (n. 440), comme un ancien possesseur de *Noster* 1 l'a remarqué en marge ; or, elle se retrouve, — conforme, sauf des différences de graphie, — dans un registre de la Chambre des comptes, contemporain de *Noster*, le ms. fr. 5291 (fol. 256), avec cette mention : « Le dit rolle estoit touz nouveaux et le me bailla messire J. Mignon ». On a transcrit dans *Noster* 1 la liste, incomplète, que Jean Mignon avait communiquée à l'auteur du ms. fr. 5291 ; c'est une preuve de plus que *Noster* 1 est le Mémorial de Jean Mignon [2].

A l'aide des observations qui précèdent, il est facile de montrer que les Mémoriaux *Croix* et *Qui es in cælis* ont été exécutés, en partie, d'après *Noster* 1 (lat. 12814). — En effet, la note « Et lors fis le serement » se trouve au commencement de l'ordonnance du Vivier dans les copies du Mémorial *Croix*, mais sous la forme suivante, déjà notée, comme bizarre, par les éditeurs des *Ordonnances* (I, 703) : « Et lors fit... le serment ». Le scribe qui exécuta *Croix* avait sans doute *Noster* 1 sous les yeux ; il a corrigé la note « Et lors fis... » parce qu'il ne l'a pas comprise. — Des pièces, qui, dans *Noster* 1, sont manifestement des additions, ainsi que l'indiquent les différences d'écriture, figuraient dans *Croix* (comme le n. 358 *bis*) ou dans *Qui es* (comme la charte qui n'intéresse que Jean Mignon, n. 449) ; ces pièces ont été certainement empruntées à *Noster* 1 par les compilateurs de *Croix* et de *Qui es*.

Toutes ces considérations relèvent singulièrement la valeur du ms. lat. 12814 de la Bibliothèque Nationale, dont on hésitait encore, il y a dix ans, à croire qu'il eût « jamais fait partie des archives de

1. Ci-dessous, n. 443. — Il paraît probable, du reste, que la note « quam juramus duo » ne peut être que de la main de Jean Mignon (cf. un autographe certain de ce personnage, sur le repli d'une charte, daté de juin 1318, Arch., nat. J 388, n° 3). Un assez grand nombre de notes marginales qui se trouvent dans *Noster* 1 sont de la même main que la note « quam juramus duo ».

2. Le ms. fr. 5291, daté de 1326, est un des rares Registres Divers de la Chambre dont l'original existe encore. Il est décrit dans le *Catalogue des manuscrits français*, IV, p. 689. Il contient fort peu de documents insérés dans les *Libri Memoriales* proprement dits. Un « livre a ez, couvert de cuir vert, que l'en ot de mestre Pierre La Reue », y est cité (fol. 261 v°).

la Chambre »[1]. C'est *Noster*; c'est le Mémorial des Mignon; et c'était, avec *Pater*, le plus ancien des *Libri Memoriales*[2].

CHOIX DES MÉMORIAUX A RESTITUER

Que l'on se propose de restituer un ou plusieurs des *Mémoriaux* de la Chambre des Comptes, les travaux préparatoires sont les mêmes; il faut d'abord, dans les deux cas, rechercher et classer toutes les collections, antérieures à 1737, où se trouvent des fragments ou des extraits des *Mémoriaux*. Ces recherches et ce classement effectués, c'est seulement l'énormité des besognes matérielles de dépouillement qui empêchera de procéder à la restitution de *tous* les volumes; il est clair que la restitution de n'importe quel Mémorial n'offrira plus de difficultés préalables dès qu'un seul Mémorial aura été convenablement restitué[3].

Nous avons pris un moyen terme en choisissant arbitrairement, pour essayer de les restituer, un certain nombre de *Mémoriaux*.

Nous avons choisi, naturellement les plus anciens, qui sont aussi les plus intéressants et les plus célèbres. Un seul des *Libri memoriales* a été exclu, le *Saint-Just* normand, parce qu'il a déjà été l'objet d'une monographie (celle de M. Marnier), et surtout parce qu'il est, à raison de son contenu, trop différent des autres : c'est plutôt parmi les « Registres Divers » de la Chambre que parmi les *Libri Memoriales* qu'il aurait dû, jadis, être classé. En revanche, il a

---

1. *Bibliothèque de l'École des Chartes*, 1888, p. 653.

2. Nous n'avons aucun moyen de savoir ni pour quel maître fut exécuté *Pater*, ni si *Pater* était antérieur au ms. lat. 12814. — Les pièces qui paraissent appartenir au premier état de ce dernier volume, — écrites de la main du plus ancien des scribes qui y ont collaboré, — sont antérieures à l'année 1326, comme l'a observé M. Couderc; et l'on peut même remarquer que Philippe Le Long est désigné dans l'une d'elles (n. **388**) comme « le roi qui ores est ». Mais, *Pater* ayant disparu, on ne saurait y distinguer maintenant les additions des parties primitives.

Quant à *Noster*[2], c'était sans doute le plus récent des *Libri memoriales*.

3. Notons cependant qu'il existe quelques recueils d'extraits qui intéressent exclusivement la restitution des *Mémoriaux* du XVIe et du XVIIe siècles (Bibl. nat., fr. 6760, etc.) Nous n'avons pas eu, naturellement, à les examiner. Ils ne sont pas signalés ici. Il les faudrait rechercher si l'on voulait entreprendre la restitution de tous les *Mémoriaux*.

paru bon de joindre à la restitution de *Pater*, de *Noster* [2], de *Qui es in cœlis* et de *Croix*, celle du Mémorial A[1], le premier des *Mémoriaux* de la série régulière, à titre de spécimen [2].

IV

Il est superflu d'insister sur l'utilité d'une restitution des plus anciens *Mémoriaux*. — Ces registres contenaient des pièces de la plus haute valeur historique : n'importe-t-il pas de savoir quelles pièces ils contenaient, quelles sont celles de ces pièces qui ont été conservées et celles qui sont, ou paraissent, perdues ? — Les grands dépôts de manuscrits, et, en particulier, la Bibliothèque nationale et les Archives nationales de Paris possèdent beaucoup de volumes composés d'extraits des *Mémoriaux*, qui ont été jusqu'ici consultés au hasard : n'est-il pas désirable de savoir ceux qui doivent être consultés de préférence, parce que les copies qu'ils renferment ont été faites directement sur les originaux perdus, et ceux qui sont négligeables, parce que, copiés sur des copies qui ont été conservées, ils ne diffèrent de ces copies que par des fautes?

Je n'insisterai pas non plus sur les difficultés de l'entreprise. Elles sont telles, cependant, que des érudits très courageux en avaient été rebutés. Il a fallu dépouiller tous les catalogues de manuscrits

1. Le Mémorial A[2], dont nous ne nous sommes pas occupés, était uniquement composé de lettres de don accordées par le roi Jean de 1354 à 1359. Il se rapprochait donc, au point de vue de la composition, du *Liber rubeus*, avec cette importante différence que les dons qui y sont enregistrés sont en deniers comptants, et non en rentes ou en droits.

Le Mémorial A[1] est ainsi décrit, à la suite des *Libri Memoriales*, dans le Manuel de Jean le Bègue :

« Item, unus liber Memorialium Camere signatus A, albo corio coopertus, cujus tempora non commode signari possunt. Tamen in principio, seu fol. III°, registrantur ordinationes aquarum et forestarum de tempore regis Philippi Pulchri de anno M III° IX usque ad annum M[um] III° XXI[um], quo regnabat Philippus, dictus le Long, rex Francie et Navarre... »

Le Mémorial A[1], intermédiaire entre les premiers *Libri memoriales* et les Mémoriaux de la série régulière, ressemblait plus à ceux-là qu'à ceux-ci.

2. M. Borrelli de Serres avait déjà remarqué (*Recherches sur divers services publics du XIII° au XVII° siècle*, p. 269) que « certaines variantes donneraient de curieuses et utiles indications sur les extraits des *Mémoriaux* ». Il a donné quelques exemples du parti que l'on peut tirer des variantes des divers recueils d'Extraits des *Mémoriaux* pour les classer (*ib.*, p. 269, 270; cf. p. 96 et suiv.).

(et plusieurs fonds qui sont encore dépourvus de catalogues) pour
dresser l'inventaire de tous les mss. où se trouvent des Tables ou
des Extraits des *Mémoriaux*. Il a fallu comparer ces manuscrits, pour
éliminer les doubles [1]. Il a fallu composer à l'aide de toutes les tables,
une table complète de chaque Mémorial, et placer, sous chaque
rubrique, la liste des exemplaires conservés qui méritaient d'être
signalés. Or, la dernière de ces opérations a été très laborieuse ; en
effet, de deux choses l'une : ou bien les extraits de tel Mémorial
sont accompagnés, dans tel recueil d'Extraits, de renvois aux feuillets
de ce Mémorial, ou ils ne le sont pas ; s'il n'y a pas de renvois,
c'est un travail assez long de retrouver, à l'aide des Tables (dont les
analyses sont quelquefois fort insuffisantes) l'endroit du manuscrit
original dont chaque extrait a été tiré ; s'il y a des renvois numé-
riques, ils sont souvent fautifs : les scribes ont souvent altéré,
par inadvertance, les chiffres qui représentaient le feuillet de
l'original ; et ces références erronées, — qui se sont perpétuées,
aggravées dans les copies successives, — sont une source de misé-
rables petits embarras qui n'ont pu être écartés qu'à force de temps
et d'attention.

Ajoutons, pour mémoire, que l'érudition contemporaine a plutôt
compliqué que simplifié le problème bibliographique de la restitution des *Mémoriaux*. Voici comment : au xviiie siècle, un très grand
nombre de pièces tirées des premiers *Mémoriaux* avaient déjà été
publiées (notamment dans les *Ordonnances du Louvre*) : ces éditions
anciennes ont, le plus souvent, la valeur de copies directes ; mais,
au xixe siècle, d'autres pièces ont été imprimées, soit d'après les
mss. 12814 et 2833, soit d'après des recueils d'extraits (dont
quelques-uns sont très incorrects). Il est devenu très hasardeux
d'affirmer que telle pièce des *Mémoriaux* est inédite, et nécessaire de
distinguer les bonnes des mauvaises éditions.

Précisément parce qu'elle était difficile, la restitution des premiers
Mémoriaux m'a paru être un excellent exercice, très propre à
donner l'habitude de la méthode et l'expérience des travaux d'érudition. Elle avait, d'ailleurs, l'avantage de pouvoir être entreprise en
commun, par plusieurs personnes associées qui se partageraient
la besogne. Enfin il était certain d'avance que, si imparfait que fût
le résultat final de la collaboration, il ne serait pas nul, et que, par
conséquent, l'effort dépensé ne le serait pas sans profit pour la

science. On découvrira peut-être des recueils d'Extraits des *Mémoriaux*, que nous n'avons pas connus, et qui fourniront le texte de documents dont l'analyse seule est indiquée ici ; mais toutes les notions nouvelles prendront place facilement dans les cadres que nous avons tracés; et ce sont les renseignements que nous avons réunis qui serviront à estimer promptement la valeur de ceux qui nous ont échappé. — Cet essai de restitution n'est qu'un essai, mais il suffira à dissiper l'état de confusion où, trop longtemps, est restée la bibliographie de quelques-uns des documents les plus précieux que les clercs des Comptes aient laissés[1].

Cɪɪ.-V. Lᴀɴɢʟᴏɪs.

1. La restitution des premiers *Mémoriaux* a été le sujet de l'une de nos conférences pendant l'année scolaire 1896-1897. M. Joseph Petit s'est chargé, en 1898, de centraliser et de mettre au point les notes recueillies pendant l'année précédente par lui-même et par MM. Gavrilovitch, Maury et Teodoru.

MM. de Boislisle et Couderc ont bien voulu nous faire profiter des notes qu'ils avaient par devers eux.

BIBLIOTHÈQUES DE PROVINCE

12. **Rouen, 3411.** (Coll. Leber, XIII). — Table des premiers *Mémoriaux*. — Papier, xviie siècle. — Provenance : J. Menant.

b. Les tables, méthodiques ou par ordre alphabétique, des noms propres ou des matières contenus dans tous les anciens *Mémoriaux*, ou dans quelques-uns d'entre eux, forment la seconde catégorie.

ARCHIVES NATIONALES

1. **JJ 278-280.** — Répertoire méthodique du Trésor des Chartes, dit « Répertoire de 1420 ». Pour chaque matière, l'auteur cite, après les documents contenus dans les layettes et les registres du Trésor, ceux qui se trouvent dans les Mémoriaux. Par exemple : « Littere tangentes regem et regnum Arragonum contente in scrinio signato XIIII^{xx} XIX (JJ 278, 82). — Littere... in regestris Thesauri (*ib.*, 85). — Littere... in libris Camere Compotorum (*ib.*, 86) ». — Le Garde du Trésor des Chartes a été, depuis Gérard de Montaigu (1380) jusqu'à Dreux Budé (1449), un maître de la Chambre des Comptes[1], ce qui lui permettait d'utiliser les deux dépôts, d'ailleurs voisins. — Parchemin, xve siècle. — L'auteur est inconnu; ces registres ont toujours fait partie du Trésor des Chartes.

2. **JJ 281-282.** — Inventaire du Trésor des Chartes disposé de la même manière que le précédent. — Papier, xve siècle, postérieur au précédent. — Auteur inconnu.

3. **PP 146.** — Table alphabétique des noms de lieu et de matières cités dans les Mémoriaux depuis *Croix* jusqu'en 1648. — Papier, xviie siècle. — Provenance inconnue.

BIBLIOTHÈQUE NATIONALE

4. **Lat. 5991ᴬ.** — Table des plus anciens Mémoriaux, copiée sur celle que contient le ms. fr. 10988, 23 (ci-dessous, n. 8). — Papier, xvie siècle. — Provenance : Colbert.

5. **Lat. 9847.** — Table des plus anciens Mémoriaux. — Papier, xviie siècle. — Provenance inconnue.

6. **Lat. 12815.** — Table copiée sur celle que contient le ms. fr. 5316, qui suit[2]. — Papier, xviie siècle. — Provenance : Saint-Germain-des-Prés.

1. A.-M. de Boislisle, *o. c.*, p. XLI.
2. Il existait une autre copie du Manuel de J. Le Bègue (n. 7) dans la Collection de Nicolaï; elle provenait de l'un des deux Antoine Michon, maîtres de la Chambre des Comptes à la fin du xvie siècle.

7. Fr. 5316. — Manuel de J. le Bègue. — Papier, xvᵉ siècle. — Provenance : Le Bègue, greffier de la Chambre.

8. Fr. 10988. — Manuel de P. Amer, qui contient une table méthodique des anciens Mémoriaux. — Papier, xvᵉ siècle. — Provenance : P. Amer, correcteur des comptes à la Chambre des Comptes.

9. Fr. 18484. — Table des noms de lieu contenus dans les plus anciens Mémoriaux. — Papier, xviiᵉ siècle. — Provenance : Coislin, puis Saint-Germain-des-Prés.

10. Fr. 23874-5. — Dictionnaire formé à l'aide d'extraits pris dans les Mémoriaux. — Papier, xviiᵉ siècle. — Provenance inconnue.

11. Fr. 32263. — Table des noms d'hommes, de légitimés, d'officiers, cités dans les Mémoriaux. — Papier, xviiiᵉ siècle. — Provenance : Cabinet des Titres.

12. Colbert (Vᶜ), 238. — Table méthodique des documents contenus dans les plus anciens Mémoriaux. — Papier, xviᵉ siècle. — Provenance inconnue.

13. De Camps, 82. — Liste des chevaliers cités dans les plus anciens Mémoriaux. — Papier, xviiiᵉ siècle.

14. De Camps, 114. — Liste des noms d'hommes, de villes et de matières cités dans les plus anciens Mémoriaux. — Papier, xviiiᵉ siècle.

15. Dupuy, 141. — Table des plus anciens Mémoriaux. — Papier, xviᵉ siècle. — Provenance : Pierre Pithou.

16. Fontanieu, 795-799. — Table des anciens Mémoriaux, faite d'après les mss. 3398-3410 de la Bibl. de Rouen (Cf. n. 20). — Papier, xviiiᵉ siècle. — Cf. la *Bibliothèque* du P. Lelong, n. 33843.

17. Parlement, 506. — Table des noms d'hommes, de légitimés, d'officiers, cités dans les Mémoriaux. Copiée sur le n. 11. — Papier, xviiiᵉ siècle. — Provenance : Chrétien-François II de Lamoignon († 1789).

AUTRES BIBLIOTHÈQUES DE PARIS

18. Sénat, 9306. — Table méthodique des anciens Mémoriaux. — Papier, xviiᵉ siècle. — Provenance inconnue.

19. Sorbonne (Bibliothèque de l'Université), 931. — Notes chronologiques, dont l'auteur a utilisé les *Libri Memoriales* de la Chambre des Comptes. — Papier, xviᵉ siècle.

BIBLIOTHÈQUES DE PROVINCE

20*. Grenoble, 1346. — Mémoriaux de la Chambre des Comptes de Paris. — Répertoire, rédigé par ordre alphabétique, des matières contenues dans les Mémoriaux. — Papier, xviiᵉ siècle. — *Catalogue général des manuscrits des bibliothèques de France*, VII, 399.

21. Rouen, 3398-3410. Collection Leber, VII et VIII. — Tables méthodiques des premiers Mémoriaux. — Papier, xviiᵉ siècle. — Provenance : J. Menant.

Le texte des documents contenus dans les *Mémoriaux* perdus est connu par des recueils de copies faites soit sur les originaux, soit d'après des recueils antérieurs. Les recueils qui en reproduisent d'autres sont nombreux, et la plupart se groupent en familles, de sorte que l'abondance apparente des ressources ne doit pas faire illusion. — Énumérons d'abord tous les recueils de copies et d'extraits dont l'existence est constatée.

ARCHIVES NATIONALES

1. P 2288-2433. — Reconstitution officielle des Mémoriaux, faite après 1737 à l'aide des expéditions authentiques délivrées d'après les registres brûlés. Les pièces ont été rangées dans le même ordre que dans les anciens Mémoriaux, au moyen de la table PP 109. Les registres, reliés en basane verte, contiennent tous les documents antérieurs à 1737 que la Chambre était parvenue à retrouver. Le registre P 2288 (1317 feuillets) se réfère à *Croix* et à *Qui es*; le registre P 2289 (966 feuillets) à *Pater* et à *Noster*[2] (la reliure indique qu'il se réfère aussi à *Qui es*; il n'en contient qu'une pièce); enfin dans P 2290 (908 feuillets) ont été transcrits les documents provenant de *A*. — Papier, xviiie siècle.

2. P 2529-2542. — Cette collection de copies exécutées pour Le Marié d'Aubigny, avocat général, fait partie de la plus importante des familles de copies, dite de Saint-Germain-des-Prés. Le tome Ier seul contient des documents empruntés aux plus anciens Mémoriaux. — Papier, xviiie siècle. — Provenance : Archives de la Chambre. — Il existe de cette collection une table dans l'ordre des pièces (PP 108), et une table méthodique sur fiches aux Archives nationales.

3. P 2543-2560. — Collection semblable à la précédente. — Papier, xviiie siècle. — Même provenance que le n. 2.

4. P 2569-2589. — Collection de Poncet, conseiller d'État. Elle représente aux Archives une autre grande famille de copies, celle de Saint-Victor. Les manuscrits de Poncet sont collationnés avec soin. — Papier, xviie siècle (probablement de 1604, date qui se lisait au fol. 1 et que l'écriture du registre permet d'accepter). — Il existe une table de cette collection dans l'ordre des pièces (PP 145).

5. P 2590. — Copie de P 2569. — Papier, xviie siècle. — Provenance : Archives de la Chambre.

6. P 2591[A]. — Collection de copies semblable à P 2529, prototype de la famille de Saint-Germain-des-Prés. — Papier, xviie siècle. — On lit au fol. 1 : « Du Bouchet, 20 l., 1649. »

7. P 2904. — Notes et copies de pièces relatives à l'amortissement, d'après les anciens Mémoriaux et d'autres documents des Archives de la Chambre. — Papier, xviiie siècle. — Provenance : Greffe de la Chambre.

8. AD^{ix} 99, 100, 101, 103. — Pièces détachées imprimées ou manuscrites, extraites des premiers Mémoriaux et copiées ou imprimées pour les officiers de la Chambre. — Papier, xviie et xviiie siècles. — Provenance : Gosset, auditeur à la Chambre des Comptes. Cf. n. 66.

BIBLIOTHÈQUE NATIONALE

9. Lat. 9045 et ss. — Exemplaire de la famille de Saint-Victor (n. 30). — Papier, xviie siècle. — Provenance : B. Le Ragois de Bretonvilliers, président à la Chambre des Comptes († 25 janvier 1700).

9 *bis*. Lat. 9848. — Manuel d'un officier de la Chambre, qui contient quelques pièces des plus anciens Mémoriaux. — Parchemin, xve siècle. — Il a appartenu à Adam Deschamps, notaire au Châtelet. — Deux autres manuels, copiés au xvie siècle sur celui-ci, avec addition de quelques pièces, sont conservés sous les cotes lat. 9849 et lat. 9850.

9 *ter*. Lat. 16068. Collection de copies des plus anciens Mémoriaux. — Papier, xviie siècle. — Provenance inconnue.

9 *quater*. Lat. 17057. — Collection de copies de la famille de Saint-Germain-des-Prés. — Papier, xviiie siècle. — Provenance inconnue.

10. Fr. 2755. — Copie presque complète de *Croix*, indépendante des autres copies. — Papier, xviie siècle. — Même provenance que le n. 9.

11. Fr. 2833. — Ce manuscrit, apparenté à *Noster* [2] , est étudié dans la Préface. Il sert de base à la 2e partie de notre Essai de restitution. Sous son ancienne cote « suppl. fr. 8406 » de la Bibl. Royale, il a été souvent cité. — Parchemin, xve siècle.

11 *bis*. Fr. 2835. — Table des plus anciens Mémoriaux, qui contient quelques copies de pièces. — Papier, xviie siècle. — Provenance : De Mesmes de Roissy.

12. Fr. 2838. — Extraits de *Pater*. — Papier, xviie siècle. — Provenance : De Mesmes de Roissy.

13. Fr. 4411-4424. — Collection de copies des Mémoriaux, faite pour Théodore Godefroy. — Papier, xviie siècle. — Provenance : Baluze et De Camps. — Décrite par Fontanieu, 694, 24 ; par le P. Lelong, *o. c.*, n. 33027 ; et par Montfaucon, *Bibliotheca bibliothecarum manuscriptorum nova*, II, 848.

14. Fr. 4425. — Extraits de *A*. — Même origine que le n. 13.

15. Fr. 4426-8. — Extraits des plus anciens Mémoriaux. — Même origine que le n. 13.

16. Fr. 4429. — Manuel d'un officier de la Chambre, qui contient quelques pièces des plus anciens Mémoriaux. — Parchemin, xvie siècle. — Provenance inconnue.

17. Fr. 4596. — Collection de copies de documents, apparentée à *Noster* [2] . Les pièces contenues dans fr. 4596 se retrouvent dans ce Mémorial, et dans le même ordre. — Papier, xve siècle. — Provenance inconnue.

18. Fr. 5317. — Copie presque complète de *Croix*, indépendante des autres. — Papier, xve siècle. — Pithou acheta ce volume à Paris, le 18 mars 1579; il a appartenu à Colbert.

19. Fr. 7852. — Copies des Ordonnances de l'Hôtel, faites d'après le ms. fr. 7855. — Papier, xviie siècle. — Provenance inconnue.

19 *bis*. Fr. 7855. — Collection qui contient quelques ordonnances prises dans les plus anciens Mémoriaux, avec beaucoup d'autres copiées sur les originaux ou empruntées aux registres du Trésor. — Papier, xviie siècle. — Provenance inconnue.

20. Fr. 11156. — Ordonnances sur les monnaies dont quelques-unes proviennent des anciens Mémoriaux. — Papier, xviie siècle. — On lit au fol. 1 : « Colligées par Du Tillet... »

21. Fr. 14371. — Protocole de la Chancellerie royale au temps de Charles VIII, contenant copie de quelques documents extraits des anciens Mémoriaux. — Parchemin, xvie siècle. — Provenance : Jehan Bellehure de Cherciey.

22. Fr. 16583-98. — Collection de copies qui a donné son nom à la famille dite de Saint-Germain-des-Prés. — Papier, xviie siècle. — Provenance : Séguier; donnée à l'abbaye de Saint-Germain-des-Prés par Henri de Coislin, évêque de Metz de 1697 à 1732.

23. Fr. 16600. — Copie de la plupart des documents contenus dans *Pater* et *Noster*[2]. Pour plusieurs pièces c'est l'unique source que nous connaissions. — Papier, xviie siècle. — Provenance : de Harlay.

24. Fr. 16601-16. — Collection semblable à fr. 16583 et ss. (n. 22). Collationnée avec soin. — Papier, xviie siècle. — Provenance : de Harlay.

25. Fr. 20685. — Extraits des anciens Mémoriaux. — Papier, xviie siècle. — Provenance : du Fourny.

26. Fr. 20691. — Extraits des anciens Mémoriaux. — Papier, xviie siècle. — Provenance : Nicolas-Charles de Sainte-Marthe.

27. Fr. 20853. Collection de copies de documents de même nature que le n. 17. — Parchemin, xve siècle. — Provenance : l'amiral de Graville; a appartenu à sa fille Anne et à Honoré d'Urfé (reliure aux armes).

28. Fr. 21405, 1-4. — Copie de quelques pièces de *A*. — Papier, xviie siècle. — Provenance : Gaignières.

29. Fr. 21407-17. — Collection de la famille de Saint-Germain-des-Prés, collationnée avec soin par une autre main que celle du copiste. — Papier, xviie siècle. — Provenance : de Sérilly.

30. Fr. 23869-73. — Collection qui a donné son nom à la famille dite de Saint-Victor, copiée sur celle de Poncet (n. 4) pour cette abbaye (note du fol. 1). — Papier, xviie siècle. — Provenance : Saint-Victor de Paris.

31. Fr. 32779 (autrefois Cabinet des Titres, 953). — Ordonnances copiées dans divers dépôts, quelques-unes sur les anciens Mémoriaux. — Papier, xviie siècle. — Provenance : Vion d'Hérouval.

32. Nouv. acq. lat., 2125. — Notes de Dom Carpentier pour le Glossaire de Du Cange, qui contiennent quelques pièces extraites des Mémoriaux. — Papier, xviie siècle. — Provenance : Dom Carpentier.

33. Baluze, 17. — Copies faites sur les anciens Mémoriaux et sur d'autres registres. — Papier, xviie siècle. — Provenance : Vion d'Hérouval.

34. Baluze, 284, 8. — Extraits de *Pater*. — Papier, xviie siècle.

35. Clairambault, 782. — Copie de quelques pièces extraites de *A*. — Papier, xviie siècle.

36. De Camps, 37-44. — Collection de copies : quelques-unes proviennent des anciens Mémoriaux. — Papier, xviiie siècle.

37. Dupuy, 230. — Ordonnances ; quelques unes copiées sur les anciens Mémoriaux. — Papier, xviie siècle.

38. Dupuy, 532-533. — Recueil d'ordonnances, sans aucune indication de source ; quelques pièces paraissent empruntées aux Mémoriaux. — Papier, xviie siècle. — Provenance : Du Tillet.

39. Dupuy, 673. — Quelques extraits de *Croix*. — Papier, xviie siècle.

40. Moreau, 341. — Extraits des anciens Mémoriaux relatifs à la Normandie. — Papier, 1764. — Provenance : Dom Lenoir, bénédictin de Fécamp.

41. Parlement, 485 et ss. — Collection de copies des anciens Mémoriaux de la famille de Saint-Germain-des-Prés, collationnée. — Papier, xviiie siècle. — Provenance : Louis Gon de Bergonne, conseiller maître à la Chambre des Comptes.

AUTRES BIBLIOTHÈQUES DE PARIS

42. Arsenal, 2636. — Extraits de *A*. — Papier, xviiie siècle. — Provenance : Bouvard de Fourqueux, procureur général de la Chambre des Comptes.

43. Arsenal, 3719. — Recueils de copies de pièces dont quelques-unes faisaient partie des anciens Mémoriaux. — Papier, xviiie siècle. — Provenance : copies faites pour Fevret de Fontette sur la Collection du président Bouhier (Bibl. de Troyes, mss. 28-36 ; cf. n. 60).

44. Arsenal, 4562-3. — Quelques extraits des anciens Mémoriaux. — Papier, xviie siècle. — Provenance : Villers de Rousserville.

45. Arsenal, 5261. — Copies extraites des plus anciens Mémoriaux. — Papier, xviiie siècle. — Recueil fait sur les notes de Du Cange, collationné à Passy en 1754.

46. Bibl. des avocats à la Cour d'Appel de Paris [1]. — Recueil de copies de la famille de Saint-Germain-des-Prés. — Papier, xviiie siècle. — Provenance : de Saint-Allais.

47. Bibl. de la Chambre des Députés. — Collection Lenain. — Recueil

---

1. Cette collection et celle de la Cour de Cassation ont été utilisées par Marnier, *Mémoires de la Société des Antiquaires de Normandie*, 1851, p. vii.

de copies de la famille de Saint-Germain-des-Prés. — Papier, xviii^e
siècle.

48. Bibl. de la Cour de Cassation. Dépôt, n. 632. — Collection de copies
de la famille de Saint-Victor (P 2569 et ss.). — Papier, xviiie siècle.
— Provenance : Louis-Denis Talon, président à mortier au Parlement
de Paris († 1er mars 1744).

49. Bibl. de l'Institut. Coll. Godefroy, 184. — Copie presque complète
de *Croix*, indépendante des autres. On lit au fol. 1 : « Cejourd'huy
sabmedy, septième jour de septembre mil cinq cens quatre vingt cinq,
la Chambre a ordonné à m^e Simon de Lavergne, commis au payement
des menües necessitez d'icelle, la somme de dix escus soleil sur estimation des peines, salaires et vacations qui luy seront cy après taxées par
ladite Chambre pour la copie qu'elle lui a ordonné faire du livre cotté †,
premier des registres du dit Greffe, duquel l'escriture s'efface par
antiquité. » Manuscrit copié, par conséquent, sur la copie officielle de
Croix; il n'est pas apparenté aux autres copies partielles de ce Mémorial.
Papier, xviie siècle. — Provenance : Antoine Moriau, procureur du roi.

50. Mazarine, 3036. — Collection de copies de la famille de Saint-Germain-des-Prés. — Papier, xviiie siècle. — Provenance : Bouvard de
Fourqueux.

51. Sainte-Geneviève, 1746-1746. — Recueil de pièces de même genre
que le n. 7. — Papier, xviie et xviiie siècles. — Provenance inconnue.

52. Sainte-Geneviève, 1751-1752 et 1767. — Recueils semblables au
précédent.

53. Sénat, 9299. — Collection de copies de la famille de Saint-Victor. —
Papier xviiie siècle. — Provenance inconnue.

54. Sénat, 9300. — Collection de copies de la famille de Saint-Germain-
des-Prés. — Papier, xviiie siècle. — Provenance inconnue.

55. Sénat, 9301. — Copie du ms. fr. 16600 (n. 23). — Papier, xviii^e
siècle. — Provenance inconnue.

56. Sénat, 9303. — Fragment d'une collection de copies de la famille
de Saint-Germain-des-Prés. — Papier, xviiie siècle. — Provenance
inconnue ; on lit au fol. 1 : « 1789. 1 vol., 42 l. ».

BIBLIOTHÈQUES DE PROVINCE

57*. Aix, 606-609. — Collection de copies extraites des Mémoriaux. —
Papier, xviie siècle, — *Catalogue général des manuscrits...*, XVI, 271.

58*. Clermont-Ferrand, 547. — Extraits des anciens Mémoriaux relatifs à
l'Auvergne. — Papier, xviiie siècle. — Provenance : Dulaure. — *Catalogue...*, XIV, 126.

59. Rouen, 3398-3415. — Collection Leber. Extraits des Mémoriaux et
d'autres documents provenant des Archives de la Chambre des Comptes.
On lit en tête de chaque volume : « Ces extraits ont été faits et écrits
de la main de M. Menant, auditeur et doyen en la Chambre des Comptes,

décédé le 8 avril 1699. Il les a laissés par son testament à M. de Hanaut, conseiller au Grand Conseil, son beau-père. ». — Nous les citerons sous le titre « Extraits de Menant » avec le numéro du volume, de I à XVIII. — Il existe des copies, faites d'après cette collection : 1º à la Bibl. nationale (Fontanieu, 39 à 69); 2º à la Bibliothèque municipale d'Aix sous les n. 390-394 de la Bibliothèque Méjanes. (Cf. L.-G. Pélissier, *Notes et extraits de quelques manuscrits de la bibliothèque Méjanes*, dans la *Revue des Bibliothèques*, 1894, pp. 262 et ss.)—Papier, xviiᵉ siècle. — M. H. Omont a donné une table détaillée de cette Collection dans le *Bull. de la Soc. de l'histoire de Paris*, XIV (1887), p. 48-57.

60*. Troyes, 26-38. — Collection de copies faites d'après les anciens Mémoriaux. — Papier, xviiᵉ siècle. — Provenance : le président Bouhier. — Cf. la *Bibliothèque* du P. Lelong, n. 33826.

DÉPÔTS DE L'ÉTRANGER

61*. Bruxelles. Archives du royaume. Fonds des cartulaires et manuscrits, n. 22ᴬ . — Collection de copies de la famille de Saint-Germain-des-Prés. — Papier, xviiiᵉ siècle. — Provenance inconnue.

62*. Londres. British Museum, Harleian, 4362. — Quelques pièces extraites des anciens Mémoriaux[1]. — Papier, xviᵉ siècle.

63*. Rome. Bibliothèque du Vatican (?). — Dans la Collection de la reine Christine, sous le n. 777, Montfaucon cite (*Bibliotheca bibliothecarum...*, I, 30) un : « Liber signatus *Pater* Camere Compotorum domini regis Franciæ, incipiens anno 1254, desinens anno 1330, in quo variæ formulæ litterarum regiarum continentur ». Ce volume est perdu ; on sait seulement qu'il avait 77 feuillets et portait la mention : « Ex dono summi pontificis Alexandri VIII, 1690 » ; il avait été donné en effet par ce pape aux archives du Vatican avec 71 autres manuscrits. M. de Manteyer, qui a étudié ces 72 manuscrits, n'en a retrouvé que 67, et celui-ci a échappé à ses recherches. Voir *Mélanges d'archéologie et d'histoire de l'École française de Rome*, 1897, p. 318.

IMPRIMÉS

Des copies prises par les anciens érudits sur les originaux brûlés en 1737 ont été imprimées dans un grand nombre de volumes; nous avons signalé ces éditions dans notre essai de restitution; elles ont, pour la plupart, autant de valeur que les meilleures des copies que nous venons d'énumérer[2]. Et nous croyons qu'un certain nombre de recueils impri-

---

1. Quelques pièces copiées sur ce manuscrit se trouvent à la Bibliothèque nationale dans la Collection Moreau, n. 683.

2. Pour savoir si les pièces contenues dans les anciens Mémoriaux ont été ou non imprimées avant 1737, nous nous sommes servi de la *Table chronologique* de

més de documents méritent, par le nombre des pièces empruntées directement aux Mémoriaux originaux qui s'y trouvent, d'être signalés ici en même temps que les recueils de copies manuscrites.

64. Du Cange, *Glossarium mediæ et infimæ latinitatis*. Paris, 1840-50, 7 vol. in-4°.

65. *Recueil des ordonnances des rois de France de la troisième race jusqu'en 1514*. Paris, 1723-1849, 23 vol. in-fol.

66. *Ordonnances, édits, déclarations, arrests et lettres patentes concernant l'autorité et la juridiction de la Chambre des Comptes, et réglements pour les finances et officiers comptables*. Paris, chez Jean Mariette, 1728, 2 vol. in-4°. — On trouve des fragments de ces volumes dans les recueils précités (n. 8. 51, 52) : AD^{ix} 99, 100, 101, 103, Sainte-Geneviève, 1746, 1747, 1751, 1752, 1767, et des exemplaires sous les cotes AD^{ix} 85 et Sainte-Geneviève, 1748. — L'auteur est Gosset, auditeur à la Chambre des Comptes. — Cf. la *Bibliothèque* du P. Lelong, III, n. 33774-6.

67. Brussel. *Nouvel examen de l'usage général des fiefs en France, pendant les XIe, XIIe, XIIIe et XIVe siècles*. Paris, 1750, 2 vol. in-4°.

COLLECTION PERDUE

68. L'incendie des Tuileries en 1871 a fait disparaître une collection de copies des anciens Mémoriaux dont nous ignorons la valeur ; elle contenait des documents de 1222 à 1596, en 11 vol. in-fol. Nous ne la connaissons plus que par la brève description du Catalogue de la Bibl. du Louvre, où elle portait le n. 2098. Cf. *Cabinet historique*, 1871, p. 18.

Dans l'énumération qui précède, nous avons signalé les manuscrits qui en reproduisent d'autres. Toutes les collections pour lesquelles nous n'avons rien dit de semblable sont indépendantes.

Mais il est nécessaire de rassembler ici quelques renseignements au sujet des deux grandes familles de copies auxquelles nous donnons, d'après le Catalogue de la bibliothèque Duret de Meinières [1], le nom de leur exemplaire le plus connu au xviiie siècle.

Bréquigny, complétée, pour les pièces postérieures à 1314, par les vol. 1105-1126 de la Collection Moreau, à la Bibliothèque nationale.

1. « On connaissait à Paris trois copies des anciens registres Mémoriaux de la Chambre des Comptes : la 1re était à la bibliothèque de l'abbaye de Saint-Germain-des-Prés, la 2e à celle de Saint-Victor et la 3e à la bibliothèque de M. le président de Meinières. C'est cette dernière copie que nous possédons : elle... a été faite avec un très grand luxe sur les originaux mêmes par les soins du savant abbé de Rothelin.. ; elle a été comparée et collationnée sur celles de Saint-Germain et de Saint-Victor par M. le commissaire Dupré ». (Bibl. nat., fr. 7573, fol. 365. Cf. le *Moniteur Universel* du 1er juin 1806.) — La collection Duret de Meinières, vendue aux enchères en 1806, a été dispersée et nous ignorons où se

1° La famille de Saint-Victor doit son nom au ms. fr. 23869 qui se trouvait dans la bibliothèque de l'abbaye de Saint-Victor. Dans cette famille les documents sont disposés suivant l'ordre qu'ils occupaient dans les anciens Mémoriaux. On trouve des exemplaires de cette famille sous les cotes P 2569, P 2590, lat. 9045-46, Sénat 9299, et à la Bibliothèque de la Cour de Cassation. L'exemplaire P 2569, provenant de Poncet, est le meilleur; il paraît être la source des autres, et le texte en est généralement très sûr [1].

2° La famille de Saint-Germain-des-Prés doit son nom aux mss. fr. 16583-98. Les documents y sont rangés par ordre chronologique, de 1137 à 1599. Cette famille, la plus nombreuse de toutes, ne diffère de la précédente que par le mode de classement des pièces, quelques omissions et quelques additions sans importance [2].

Le prototype de cette famille est, selon nous, le ms. P 2591[A] des Archives nationales, qui a été exécuté lui-même d'après P 2569 (prototype de la famille de Saint-Victor) [3]. En effet, dans P 2569, les pièces empruntées à *Croix* sont transcrites à la suite des extraits de *Saint-Just* [1], mais le dernier cahier des extraits de *Croix* a été relié par erreur après les extraits de *Pater*; l'auteur de P 2569 a, du reste, utilisé pour tous ·ses extraits de *Croix* un exemplaire autre que l'exemplaire à 213 feuillets de la table PP 109. Or, non seulement la foliotation des extraits de *Croix* est pareille d'après P 2591[A] et

trouvent actuellement les copies des Mémoriaux qui en faisaient partie. Dans la collection de Meinières, les pièces étaient rangées par ordre chronologique (de 1137 à 1599), comme dans la famille de Saint-Germain-des-Prés. Il est plus que probable que la Collection D. de M. n'était qu'un exemplaire collationné de la famille de Saint-Germain.

1. M. Borrelli de Serres (*o. c.*, p. 270) semble croire que l'auteur de la copie P 2590 est la source des autres. Mais il est certain, d'autre part, que P 2590 a été copié sur P 2569 : comparer les fol. 175 de P 2590 et 151 de P 2569 (interversion du dernier cahier des extraits de *Croix*, accidentelle dans P 2569, respectée par l'auteur de P 2590).

2. C'est ainsi, par exemple, que nos articles **438** et **507**, qui sont dans les exemplaires de la famille de Saint-Victor, manquent dans les exemplaires de la famille de Saint-Germain-des-Prés. — Citons aussi, comme exemple de faute ajoutée par les copies de la famille de Saint-Germain-des-Prés, l'erreur de foliotation notée ci-dessous, n. **394**.

3. Quelques mots, quelques phrases manquent, il est vrai, dans P 2569 qui sont dans P 2591[A] : par exemple « Rueil » est cité dans une liste de noms par P 2591[A] (fol. 50 v°), et ce nom manque dans P 2569 (fol. 37 v°). Cette anomalie, et toutes les autres du même genre, doivent être attribuées à des collations sur les originaux, dont subsistent, d'ailleurs, des traces matérielles.

P 2569, mais P 2591^A, qui attribue correctement à *Croix* les pièces du cahier relié à la suite des extraits de *Pater*, attribue, par une confusion dont la cause est évidente, à « un second livre *Saint-Just* » (*Saint-Just*[2]) les pièces de *Croix* copiées, dans P 2569, à la suite de *Saint-Just*[1].

P 2591^A, le plus ancien exemplaire de la « famille de Saint-Germain-des-Prés », a été copié, avant d'avoir été corrigé et pourvu de références aux originaux, dans P 2543 et suiv.. Après avoir été corrigé et collationné, il a été copié de nouveau : les collections fr. 16583 et fr. 21407 en sont alors dérivées directement; elles ont été copiées à leur tour : fr. 16601 reproduit la première de ces deux collections, et Parlement 485 la seconde. Tous les autres exemplaires de la famille (P 2529, lat. 17057, Mazarine 3036, Bibliothèques du Sénat, de la Chambre des députés et de la Cour d'appel, Archives de Bruxelles, etc.) sont aussi des copies de copies, plus ou moins éloignées de P 2591^A, et par conséquent négligeables.

Tous les exemplaires dérivés du second état de P 2591^A désignent les pièces de *Croix* comme extraites du « second livre *Saint-Just* ». Mais, dans l'exemplaire dérivé du premier état de P 2591^A (P 2543), l'erreur n'a pas été commise : une main très postérieure, ajoutant les références aux originaux qui manquaient primitivement dans P 2543 comme dans P 2591^A, a renvoyé à *Croix* pour toutes les pièces que l'auteur des références ajoutées à P 2591^A a, de son côté, par erreur, attribuées à un *Saint-Just*[2] imaginaire.

Aux deux grandes familles de Saint-Germain et de Saint-Victor, qui ne forment, en réalité, qu'une seule et même collection d'extraits, il convient d'opposer, en terminant, les principales des collections indépendantes. Les plus précieuses sont, certainement, celles des mss.fr. 16600 (pour *Pater* et *Noster*[2]), fr. 2755 et Godefroy 184 (pour *Croix*) : si elles ont été utilisées jusqu'ici, elles l'ont été très rarement; elles contiennent, cependant, des documents de premier ordre, qui ne sont nulle part ailleurs.

II

PLAN DE CET ESSAI DE RESTITUTION

Il reste à dire comment nous avons disposé les matériaux de notre essai de restitution. On se rendra compte aisément qu'il était difficile de grouper une masse aussi considérable de renseignements d'une manière brève, claire et pratique.

Tout d'abord nous avons divisé cet essai en quatre parties, dont chacune est consacrée à un Mémorial ou à une famille de Mémoriaux apparentés : ce qui nous a permis, dans ce dernier cas, de ne pas répéter l'analyse d'un document autant de fois qu'il se trouvait dans les divers Mémoriaux de la famille considérée. Les quatre groupes ainsi formés sont :

1º *Pater*.

2º Fr. 2833 et *Noster²* .

3º *Noster¹* (lat. 12814), *Qui es in cœlis* et *Croix* (*Saint-Just²*).

4º *A*.

Une numérotation continue a été donnée aux articles des quatre parties de l'Essai de restitution. Cette numérotation, en égyptiennes, permettra de citer désormais les documents d'une manière aussi abrégée que possible.

A la suite du numéro d'ordre en égyptiennes figure, au commencement de chaque article, un nombre, en caractères ordinaires, qui désigne le feuillet du Mémorial restitué (*Pater* et *A*, 1ᵉʳ et 4ᵉ groupes), ou celui du manuscrit original auquel nous rattachons des Mémoriaux disparus (fr. 2833 et lat. 12814, 2ᵉ et 3ᵉ groupes.)

Viennent ensuite les dates topographique et chronologique (cette dernière en nouveau style) du document, puis l'analyse. Le document était-il précédé, dans le registre original, d'une rubrique suffisamment claire? nous la reproduisons intégralement, en italiques. S'il y a lieu, cette rubrique est complétée par quelques indications, séparées d'elle au moyen d'un trait. Nous indiquons de plus, entre guillemets, l'*incipit*, lorsqu'il peut être utile pour l'identification de la pièce. La rubrique du registre original était-elle trop sommaire ? elle est remplacée par une analyse faite par nous d'après le texte de la pièce, et imprimée en caractères ordinaires. Enfin, quand la seule trace de l'existence d'un document est l'analyse qu'en a conservée la table PP 109 ou toute autre table, nous imprimons textuellement cette analyse en caractères plus petits.

Au-dessous de l'analyse sont placées les références aux copies qui subsistent, ou, à défaut de copies, aux extraits et aux analyses; mais, quand il n'y a pas de copie complète, il est toujours fait mention de la nature du texte visé : analyse ou fragment. — Les références sont ainsi disposées : d'abord les références aux copies qui sont conservées aux Archives nationales, les renvois à la Reconstitution officielle étant séparés des autres par un trait; sont ensuite énumérées les copies conservées dans les divers fonds (latin, français, petits fonds) de la Bibliothèque nationale, et dans les autres bibliothèques de la France et de l'Étranger. — Nous ne nous sommes pas astreints à citer, bien entendu, tous les exemplaires où le document se trouve, mais seulement les principaux, les meilleurs; nous négligeons, de propos délibéré, les copies de copies. Toutefois, dans chaque grand dépôt, nous utilisons au moins un exemplaire de chaque famille.

Nos références sont rédigées aussi brièvement que possible : l'indication de l'établissement où le recueil est conservé est supprimée, car on la trouvera facilement à l'aide des listes insérées dans la présente Introduction. Nous supprimons de même les mots « page » et « folio ». C'est ainsi que : P 2288, 827, doit s'entendre : Archives nationales, P 2288, folio 827.

Lorsque nous analysons en même temps plusieurs recueils (2ᵉ et 3ᵉ groupes), nous procédons de la manière suivante. — Dans le 2ᵉ groupe (fr. 2833 et *Noster*²), nous donnons d'abord l'analyse du document d'après fr. 2833 avec l'indication des éditions; puis, à la ligne suivante, l'indication, placée entre parenthèses, du feuillet de *Noster*² où se trouvait le document analysé, avec les renvois aux copies et aux éditions faites d'après *Noster*² . Une pièce se trouvait-elle dans *Noster*² , qui n'est pas dans fr. 2833 ? nous aurions pu la rejeter à la fin; mais les pièces communes aux deux manuscrits étant rangées dans le même ordre, nous avons cru préférable de la mentionner immédiatement après la dernière pièce qui se trouvait à la fois dans fr. 2833 et dans *Noster*² . En ce cas elle est analysée comme les pièces de fr. 2833, mais l'indication du feuillet est entre parenthèses. — Dans le

3ᵉ groupe nous prenons comme base le seul Mémorial dont l'original ait été conservé : *Noster*[1] (lat. 12814). Les analyses des documents qu'il contient sont suivies d'indications qui se réfèrent à chacun des Mémoriaux de la même famille. En tête de chaque groupe d'indications sont placés le nom d'un Mémorial et le numéro du feuillet où se trouvait, dans ce Mémorial, le document analysé d'après *Noster*[1]. Nous citons ainsi successivement *Qui es, Croix* et *Saint-Just*[2]. Toutes les pièces qui, insérées dans l'un ou l'autre de ces Mémoriaux, ne se trouvent pas dans *Noster*[1] sont rejetées à la fin. — Lorsque l'unique trace de l'existence des documents dans les registres perdus du 2ᵉ et du 3ᵉ groupes est l'analyse fournie par PP 109, nous indiquons, entre parenthèses, le feuillet du Mémorial sans le faire suivre d'aucune référence.

Après avoir cité les principaux exemplaires manuscrits d'un document qui était transcrit dans les plus anciens Mémoriaux, nous énumérons les éditions de ce document qui ont été faites, soit d'après les registres originaux, soit d'après des copies[1]. Quand une pièce, qui se trouvait dans plusieurs Mémoriaux, n'a été imprimée que d'après un seul, l'édition n'est indiquée qu'une fois. Soit, par exemple, une pièce qui se trouve dans *Pater* et dans *A*; elle n'a été éditée que d'après *Pater*, l'édition ne sera pas signalée dans la restitution d'*A*, où elle paraîtra inédite. Nous avons obvié à l'inconvénient qui résulte de cette disposition par des références appropriées de Mémorial à Mémorial.

Seules, les éditions antérieures à 1737 ont pu être faites d'après les originaux, mais nous n'avons pas cru devoir passer sous silence les éditions récentes de pièces des Mémoriaux, faites d'après la Reconstitution officielle ou des recueils de copies, — celles, par exemple, qui se trouvent dans les derniers volumes du *Recueil des historiens des Gaules et de la France*. De nombreux érudits, tels que MM. de Boislisle, Moranvillé, Viard, etc., ont, depuis une vingtaine d'années, remarqué l'importance de nos recueils de copies et les

---

1. Il va de soi que si une pièce a été publiée, non d'après les Mémoriaux, mais d'après les registres du Trésor des Chartes ou d'après une expédition, nous ne nous croyons pas obligés d'en signaler l'édition. Nous ne la signalons que si cela nous paraît utile : nous n'avons pas eu l'intention de dresser la bibliographie complète des pièces contenues dans les Mémoriaux; nous ne considérons ces pièces qu'en tant qu'elles ont été insérées dans les Mémoriaux.

ont largement mis à contribution. On nous aurait reproché avec raison de ne pas avoir tenu compte de leurs publications [1].

Enfin le dernier alinéa de chaque article est réservé à l'indication du numéro porté par le document analysé dans l'essai de restitution des autres Mémoriaux ; un très grand nombre de documents figuraient en effet dans deux, trois ou quatre Mémoriaux. — Les rapprochements ont été, du reste, réduits, dans le corps du travail, au strict nécessaire ; la table des noms et matières en suggérera beaucoup d'autres.

A la suite de cet Essai de restitution bibliographique des plus anciens Mémoriaux, on trouvera un certain nombre de documents imprimés *in extenso* : nous avons choisi, parmi les pièces les plus intéressantes de nos Mémoriaux que nous croyons inédites, celles qu'une analyse, même étendue, ne suffit pas à faire connaître. Notre intention a été d'en établir un texte aussi conforme que possible à celui des Mémoriaux perdus, en comparant les copies d'après les règles ordinaires de la critique. Mais, — nous ne nous le dissimulons pas, — même si nous y étions parvenus, ces textes ne seraient pas encore entièrement satisfaisants, car les Mémoriaux eux-mêmes, compilations grossières et hâtives, étaient déparés par des fautes de copie, par quantité de passages incorrects ou inintelligibles [2].

JOSEPH PETIT.

1. Les éditions récentes ont été faites, pour la plupart, non d'après les meilleures copies (car ces copies n'avaient pas été classées jusqu'à présent), mais d'après la première copie venue, bonne ou mauvaise, — le plus souvent d'après la Reconstitution officielle, dont les textes laissent, en général, beaucoup à désirer.

2. Les comptes faits et les barèmes qui figuraient dans les Mémoriaux contenaient, notamment, quantité de fautes grossières ; on se demande quels services les Gens des Comptes en pouvaient tirer.

ESSAI DE RESTITUTION

DE

PLUS ANCIENS MÉMORIAUX

I. — MÉMORIAL PATER

[Ce Mémorial, plus ancien que *Croix*, avait 335 feuillets; quelques feuillets au moins étaient écrits sur deux colonnes (n. **22** et **61**). Il était relié en cuir vert (n. **440**). Il contenait des pièces datées de 1253 à 1330. Sur les 135 documents analysés dans la table de ce Mémorial (PP 109), 22 ne nous sont connus que par des analyses. Plusieurs pièces y étaient copiées deux fois (**24-30, 22-31, 27-36, 59-121**)].

1. Les 43 premiers feuillets manquaient depuis une époque reculée [1].

2. 44. — Paris, décembre 1254. — Ordonnance pour la réformation des mœurs en Languedoc et en Languedoil [2].

> P 2288, 498, 1076. — Lat. 9847, 87; fr. 16600, 5 ; Extr. de Menant, XII, 7.
> *Ordonnances*, I, 67.

1. A quelle époque les 43 premiers feuillets ont-ils disparu? Nous n'en savons rien ; mais la date de cette disparition doit être reculée, car nous ne connaissons aucune référence sûre à ces feuillets. Celles que nous avons relevées sont sans valeur. En effet, la pièce n. **39** est dite, dans les *Ordonnances*, tirée du fol. 27 de *Pater*, mais il faut lire 127. Plusieurs pièces citées par le ms. lat. 9847 (fol. 13 v° et 21 v°) et par les Extraits de Menant (XIII, fol. 22 v°), soi-disant d'après *Pater*, le sont d'après les premiers feuillets de *Saint-Just* [1]. — La table du ms. lat. 5991 ᴬ, 112 v°. cite les premiers feuillets, mais en se référant au nouvel état de *Pater* : fol. 5 au lieu de 48 v° (44 étant le fol. 1); de même, fol. 2 pour fol. 45. — Le texte de l'ordonnance de Melun (1230) est dit dans les mss. P 2591ᴬ et fr. 16583 tiré du fol. 36 de *Pater*, mais ces manuscrits ne sont pas des copies directes, P 2543 renvoie pour cette pièce au fol. « 36 ou 114 », et cette pièce figure en effet au fol. 114 (n. **24**). — Toutes les tables, enfin, font remarquer cette ancienne lacune, par exemple : « Il y a eu des feuillets perdus au commencement de ce libvre » (Dupuy, 142, 29), ou bien elles commencent leurs citations au fol. 44, ce qui signale implicitement la lacune.

2. D'après le ms. lat. 5991 ᴬ, fol. 68, il y aurait eu au fol. 44 de *Pater* : « L'ordonnance faite sur le fait de marchandise pour le fait de l'ouverture du pont de Rouen ». En réalité cette ordonnance était au fol. 247.

3. 48 v°. — Paris, 27 mai 1320. — Ordonnance concernant les
receveurs royaux.

> P 2288, 1082. — Fr. 2835, 48 v°; fr. 16600, 11.
> *Ordonnances*, I, 712 [1].

4. 50. — [1320]. — Mandement des gens des Comptes au bailli de
Cotentin d'ordonner ses comptes conformément aux règles qu'ils
lui rappellent.

> P 2288, 1088.
> *Historiens de la France*, XXI, 517.

5. 51. — Le Tremblay, 3 janvier 1317. — Ordonnance concernant le Trésor et la Chambre des Comptes.

> P 2290, 385.
> *Ordonnances*, I, 628. — *Ordonnances, édits*, n. 9. — Lechanteur,
> *Dissertation historique et critique sur la Chambre des Comptes*, 238.

6. 53. — Pontoise, 18 juillet 1318. — Ordonnance « pour le proffit
du roy et le gouvernement de son hostel ».

> P 2288, 929. — Fr. 16600, 47 (la fin au fol. 13); Dupuy, 533,
> 516 v°.
> *Ordonnances*, I, 657.

7. 54 v°. — Longchamps, 10 juillet 1319. — *C'est l'ordonnance faite
a Longchamp par le roy et son grand conseil le* x *de juignet l'an de
grace MCCCXIX.* — Additions à l'ordonnance précédente.

> P 2288, 927. — AD^{ix} 100, n. 22. — Fr. 16600, 80.
> *Ordonnances*, I, 693. — *Ordonnances, édits*, n. 15.

8. 55. — Saint-Germain-en-Laye, 10 juillet 1319. — Crue à l'ordonnance du 18 juillet 1318 (n. 6).

> P 2289, 1.
> *Ordonnances*, I, 657.

9. 58. — Asnières, 2 juin 1319. — Ordonnance de Philippe V
sur les eaux et forêts.

> P 2289, 8. — Fr. 16600, 29.
> *Ordonnances*, I, 684.

10. 60 v°. — Le Vivier-en-Brie, environ l'Épiphanie 1320. —
Ordonnance concernant le Trésor et la Chambre des Comptes.

> P 2288, 949. — Fr. 2835, 52.
> *Ordonnances*, I, 703.

---

1. C'est sans doute par erreur que les *Ordonnances* renvoient ici au fol. 146 de
Pater.

11. 62 v°. — *Cy s'ensuit l'ordonnance du Tresor, baillée par la Chambre des Comptes a mestre Jehan Gaulart.* — Instructions de la Chambre à Jehan Gaulart, garde du Trésor.

> P 2288, 975. — AD[IX] 99, n. 19; AD[IX] 103, n. 1; fr. 16600, 51.
> *Ordonnances, édits,* n. 6.

12. 68. — S. d. et février 1322. — Ordonnances sur le fait des épiceries et des denrées qui se vendent au poids[1].

> P 2289, 20, 30.
> *Ordonnances,* I, 511.

13. 70. — Paris, 13 janvier 1313. — Mandement aux gardes des foires de Champagne de publier et de faire observer les ordonnances précédentes sur le fait des épiceries.

> P 2289, 40.
> *Ordonnances,* I, 514.

14. 71. — Paris, 1er février 1313. — Mandement aux mêmes de faire observer ces ordonnances.

> P 2289, 42.
> *Ordonnances,* I, 515.

15. 71. — Mandement du roy aux maitres des forêts de Languedoc pour faire donner caution par les acheteurs des ventes.

> Analyse dans Dupuy, 142, 30.

16. 72 v°. — 1272. — Listes de vassaux devant le service militaire au roi de France et convoqués pour l'ost de Foix.

> Fr. 16600, 82.
> De la Roque, *Traité du ban et de l'arrière-ban,* 81-94. — *Historiens de la France,* XXIII, 735.

17. 85 v°. — S. d. — Noms des abbayes qui doivent le charroi au roi allant en guerre en personne.

> Fr. 16600, 103; Baluze, 17, 65.
> De la Roque, *Traité du ban et de l'arrière-ban,* 59. — *Historiens de la France,* XXIII, 731.

17 bis. 86. — 1283. — *Servientes et quadrigarii pro exercitu contra regem Aragonie apud Burdegalas ad Pascham LXXXIII.*

> Fr. 16600, 104.

---

1. Cf. R. de Lespinasse, *Les métiers de Paris,* p. 500 et 503, dans la *Collection de documents* de la ville de Paris.

17 *ter.* 89. — S. d. — Prisée des sergents [1]. — Sommiers dus au roi [2].

Fr. 16600, 110.

17 *quater.* 91. — S. d. — *Financie villarum Arvernie pro exercitu Flandrie.*

Fr. 16600, 114.

17 *quinquies.* 92. — 8 mai 1272. — *Hi sunt qui comparuerunt Turonis in quindena Pasche* [3].

Fr. 16600, 117.

18. 101. — Paris, 15 novembre 1302. — Ordonnance pour l'organisation du Châtelet de Paris.

P 2289, 46. — Fr. 16600, 64.
D. Félibien, *Histoire de la ville de Paris*, V, 615. —*Ordonnances*, I, 352.

19. 102. — 1320. — *C'est ce qu'il semble a celuy qui cest escript baille qu'il seroit bon a faire et a ordener au Chastelet de Paris pour le proffit du roy nostre sire et du commun peuple.* — Mémoire au sujet de l'organisation du Châtelet de Paris.

P 2289, 50. — Fr. 16600, 66.
Ordonnances, I, 740, en note.

20. 105. — Pontoise, 13 juin 1320. — *Remembrance pour le proffit du roy et l'utilité publique sus l'estat du Chastelet de Paris et du Parloir aux Bourgeois.*

P 2289, 62. — P 2569, 132 v°; P 2591ᴬ, 220 v°; fr. 4412, 1; fr. 16584, 88 v°; fr. 16600, 72; fr. 21407, 263 v°; fr. 23869, 288.
D. Félibien, *Histoire de la ville de Paris*, V, 631. — *Ordonnances*, I, 744, en note.

21. 109. — Paris, 28 juillet 1315. — Ordonnance pour le rappel des Juifs pendant douze ans.

P 2289, 68.
Ordonnances, I, 595. — Brussel, *Usage des fiefs*, 614.

---

1. Édité d'après d'autres sources dans les *Historiens de la France*, XXIII, 722.

2. Édité d'après d'autres sources dans De la Roque, *Traité du ban et de l'arrière-ban*, 65. — *Historiens de la France*, XXIII, 723. — Cf. Borrelli de Serres, *Recherches sur divers services publics du XIIIᵉ au XVIIᵉ siècle*, 528.

3. Édité, peut-être d'après d'autres sources, dans De la Roque, *Traité du ban et de l'arrière-ban*, 67. — *Historiens de la France*, XXIII, 753.

22. 110. — Reims, 5 août 1315. — Commission à Guillaume Bernard, receveur de la sénéchaussée de Lyon et du bailliage de Mâcon, pour rechercher dans les sénéchaussées de Carcassonne, de Beaucaire et de Lyon les biens des Juifs qui auraient été dissimulés au préjudice du roi.

Soissons, 6 août 1315. — Ordre aux officiers royaux de délivrer aux commissaires nouvellement députés sur le fait des Juifs tous inventaires et documents concernant le dit fait.

Arras, 18 août 1315. — Pleins pouvoirs donnés à G. Bernard de transiger avec les débiteurs des Juifs.

P 2289, 72.
Ordonnances, I, 604[1].

23. 112. — Maubuisson, juillet 1312. — Ordonnance sur les usuriers, les Juifs, l'administration de la justice et les foires de Champagne.

P 2289, 76. — P 2569, 135 v°; P 2591^A, 165; fr. 4412, 5; fr. 16583, 322; fr. 21407, 190; fr. 23869, 293.
. *Ordonnances*, I, 496.

24. 114. — Melun, décembre 1230. — Ordonnance interdisant les usures et prescrivant de rembourser dans les trois ans toute somme due aux Juifs, qui devront faire vérifier leurs créances avant la Toussaint, sous peine de nullité.

P 2288, 676. — P 2569, 142; P 2591^A, 33 v°; fr. 4412, 9; fr. 23869, 301; Baluze, 284, 6.
Brussel, *Usage des fiefs*, 589. — Lancelot, *Recueil de pièces concernant les pairs de France*, pr., 38. — A. Duchesne, *Histoire généalogique de la maison de Vergy*, pr., 183. — F. Duchesne, *Recueil des historiens de France*, V, 421. — D'Achery, *Spicilège*, III, 606. — *Ordonnances*, I, 53.

25. 114 v°. — Janvier 1269. — Ordre aux baillis de chasser hors du royaume les Juifs, les Lombards, les Cahorsins et autres usuriers étrangers.

P 2289, 84. — P 2569, 142; P 2591^A, 53 v°; fr. 4412, 11; fr. 16583, 98; fr. 21407, 43 v°; fr. 23869, 303.
Ordonnances, I, 96.

26. 115. — Parlement de l'Assomption 1274. — Ordre aux baillis

---

1. Les éditeurs des *Ordonnances* spécifient que l'acte du 5 août était écrit dans *Pater* au fol. 120 (*sic*), col. 1, et celui du 6 août au fol. 110, col. 2.

de chasser hors du royaume les Lombards, Cahorsins et autres
usuriers étrangers.

> P 2289, 88; etc., comme au n° précédent.
> *Ordonnances*, I, 299.

27. 117. — S. d. — *Precepta data commissariis super facto usurario-*
rum. — « Est assavoir que les commissaires... » — Instructions
données aux commissaires au sujet des usuriers.

> P 2289, 100. — P 2569, 144 v°; P 2591ᴬ, 65; fr. 16584, 114;
> fr. 21407, 58; fr. 23869, 306.
> Cf. n. **36**.

28. 117. — Paris, 28 juillet 1314 (*sic*). — Mandement de Louis X
aux commissaires sur le fait des Juifs, de faire délivrer le tiers de
leurs créances légitimes à des mandataires des Juifs nommément
désignés.

> P 2289, 108. — P 2569, 150; fr. 4412, 14; fr. 16584, 2 et
> 338 v°; fr. 23869, 314.

29. 118. — Paris, 1ᵉʳ avril 1316. — Ordonnance de réformation pour les provinces du Midi.

> *Ordonnances*, I, 553.

30. 118 v°. — Paris, 28 juillet 1315. — Ordonnance pour le rappel
des Juifs pendant douze ans.

> P 2289, 8. — P 2569, 146; P 2591ᴬ, 182 v°; fr. 4412, 17; fr.
> 16584, 3; fr. 21407, 203; fr. 23869, 308; Arsenal, 2450, 288.
> *Ordonnances*, I, 595. — Brussel, *Usage des fiefs*, 614.
> Cf. n. **21**.

31. 120 v°. — Autre copie du n. **22**.

> P 2569, 169; P 2591ᴬ, 172; fr. 4412, 39; fr. 16584, 7; fr.
> 21407, 206; fr. 23869, 346.

32. 121 v°. — Paris, 9 juillet 1315. — Ordonnance touchant les
obligations des marchands italiens en France, fixant les villes où
ils peuvent résider, les redevances qu'ils doivent, et instituant des
courtiers pour les foires de Champagne.

> P 2289, 114.
> *Ordonnances*, I, 584.

33. 122. — Compiègne, 1ᵉʳ novembre 1295. — Philippe IV et
Jeanne, sa femme, exemptent de tout impôt et service les Lom-

bards établis en France, à la requête de Biche et Mouche, à charge
de payer au roi, par livre de marchandise vendue, 1 d., ob. et
pougeoise, et de ne pas sortir des limites de la ville où ils ont
bourgeoisie.

> P 2289, 110, 104.
> *Ordonnances*, I, 326.

34. 124 v°. — Vincennes, septembre 1295. — Philippe IV notifie
que les Lombards lui ont accordé un denier par livre de marchandise vendue ou argent changé, et qu'il charge Biche et Mouche,
ses receveurs, de la recette.

> *Ordonnances*, I, 326 (en note, d'après *A*). La présence de cette
> pièce dans *Pater* n'est signalée que par la table PP 109.

35. 125. — Paris, 2 juillet 1315. — Mandement à Louis de Villepreux et au bailli de Tours, commissaires chargés de saisir les
biens des « casaniers » italiens qui n'ont pas payé la taxe ordi-
naire. Les marchands italiens payeront désormais, pour toute
subvention, « cent sous pour cent livres de ce qu'ils auront
vaillant » et seront exempts d'ost et de chevauchée.

> P 2289, 122.
> *Ordonnances*, I, 582.

36. 125. — S. d. — Instructions, en français, aux commissaires sur le
fait des usuriers. — « Est assavoir que les commissaires.... »

> P 2289, 124.
> *Ordonnances*, I, 299, en note.
> Cf. n. **27.**

37. 125. — 5 août 1315. — Commission pour recevoir des marchands
italiens les denier et maille pour livre.

38. 126 v°. — Paris, 14 février 1317. — Commission pour procéder
contre les marchands italiens qui ne se conformeraient pas aux
ordonnances antérieures.

> P 2289, 128.
> *Ordonnances*, I, 630.

39. 127. — Paris, 28 août 1312. — Ordonnance interdisant de
transporter des armes, des chevaux, etc., hors du royaume.

> P 2289, 132. — Fr. 16600, 17.
> *Ordonnances*, I, 505.

40. 128. — Octobre 1293. — Faculté à Biche, Mouchet et Colin, frères, de transporter hors du royaume mille charges de laine par an pendant quatre ans.

41. 129 v°. — *Ordonnance concernant le transport des laines.* — « Commission de Philippe IV à Guillaume de Marcilly et à Godefroy Cocatrix au sujet de l'exportation des laines, 1308. »

> Extr. de Menant, XIII, 91 v° (Analyse).
> Cf. n. **572.**

42. 130 v°. — Paris, 25 février 1318. — Commission royale à Pierre de Chalon, en qualité de « conservateur des ordonnances sur les draps » et de « garde des passages en Languedoc ».

> Fr. 16600, 21.
> Cf. n. **704.**

43. 131. — Paris, 26 avril, s. d. d'année. — Instructions à Pierre de Chalon au sujet des draps de Narbonne et d'un certain nombre d'affaires litigieuses dans cette région.

> Fr. 16600, 35.

44. 133. — Commission à Pierre de Chalon et aux autres sur le fait du passage des laines, toiles et autres marchandises dont le transport hors du royaume était deffendu.

45. 135 — Article de la commission donnée audit Pierre de Chalon concernant la garde des passages.

> Cf. n. **694** et suivants.

46. 135. — Règlement sur le paiement des dépenses de l'hôtel du roi.

47. 142. — Toussaint 1275. — Ordonnance au sujet des acquisitions faites par les ecclésiastiques.

> P 2288, 524; 805. — Fr. 16600, 37.

48. 142 v°. — 1291. Ordonnance sur le même sujet.

> P 2288, 813. — Fr. 16600, 35.

49. 145. — Paris, mars 1321. — Ordonnances sur les amortissements, les nouveaux acquêts et les francs fiefs.

> P 2289, 140. — K 166ᴬ , n. 8 ; ADⁱˣ 100, n. 132; fr. 16600, 41.
> *Ordonnances*, I, 745. — *Ordonnances, édits*, n. 17.

50. 145. — Paris, mars 1321. — *Instructions sur les finances des acquetz faiz par les eglises et les personnes non nobles en France.*

> P 2289, 143, 148. — Fr. 16600, 43.
> *Ordonnances*, I, 747, en note.

51. 147 v°. — Paris, mars 1321. — *Instructions de lever les finances des acquets faits par les eglises et les personnes non nobles en la Languedoc.*

P 2288, 1136. — P 2904, 23 v° (extraits) ; fr. 16600, 45.
Ordonnances, I, 748, en note.

52. 148. — Paris, 23 janvier 1329. — Charles IV amortit les acquêts des clercs moyennant quatre ans de leur revenu et ceux des non nobles, si ceux-ci sont suffisants pour desservir le fief, moyennant trois ans. — Suivent les *Declarationes ultime super financiis feodorum* du 27 juillet 1329.

P 2288, 1132. — Fr. 16600, 38.
Cf. n. **456**.

53. 152 v°. — Fragment sur les devoirs dus au roi dans les châtellenies de Poitiers, Niort et Montmorillon.

Fr. 5317, 8 v° ; fr. 16600, 59 ; fr. 20685, 1.

54. 152 v°. — 1314. — *Noms des villes qui ont eu souffrances pour le payement des subsides pour la milice du roi de Navarre jusqu'a la quinzaine de la Toussaint.*

P 2289, 170. — Fr. 5317, 8 v° ; fr. 16600, 61.

55. 153. — Paris, 6 août 1314. — Mandement au bailli de Caen pour la convocation de l'arrière-ban contre le comte de Flandre.

Fr. 16600, 53.

56. 153. — Paris, 29 juillet 1311. — Ordonnance prohibant les duels et guerres privées.

P 2289, 160.
Du Cange, *Joinville*, 345. — *Ordonnances*, I, 538.

57. 153. — Paris, 6 août 1314. — Commission pour la convocation de l'armée à Arras.

P 2289, 156.
Ordonnances, XI, 128 (qui renvoient par erreur au fol. 193 de *Pater*).

58. 153. — Autre pareille convocation dans le bailliage de Meaux et de Provins.

59. 154. — 1314. — Instructions secrètes aux commissaires sur le fait de la convocation de l'ost à Arras. — « Premierement l'en a fait crier partout que toutes manieres de gens... »

P 2289, 164. — Fr. 16600, 57 v° ; Dupuy, 673, 8.

De la Roque, *Traité du ban et de l'arrière-ban*, 8. — E. Boutaric, *Notices et Extraits des manuscrits*, XX [2], 214.

60. 155. — Liste des prélats, abbés et abbesses qui ont payé 100 s. au bouteiller de France lors de leur promotion, depuis le temps de Jean d'Acre, dressée à la requête de Jean de Montaigu.

P 2288, 702. — P 2569, 171; P 2591[A], 185 v°; fr. 4412, 42; fr. 16584, 10; fr. 21407, 210 v°; fr. 23869, 347.
Du Cange, *Glossaire*, au mot « Buticularius ».

61. 155 v°. — État des droits du bouteiller de France, d'après les relevés de Jean de Saint-Just.

P 2288, 692. — P 2569, 172; P 2591[A], 187 v°; fr. 2755, 72 v°; fr. 4412, 44; fr. 16584, 14 v°; fr. 21407, 211 v°; fr. 23869, 349. Cf. Extr. de Menant, XIII, 72 et 91 v°.
Du Cange, *Glossaire*, au mot « Liagium » (d'après *Pater*, 155 v°, col. 1) et au mot « Buticularius » (d'après *Pater*, 156 v°, col. 1).

62. 158. — *Ce sont les droits que le bouteiller de France doibt avoir en la ville de Paris en plusieurs celiers la ou l'on vend a la broche. — Ce sont les droits de la bouteillerie en la ville d'Orleans.*

P 2288, 699: etc., comme sous le n. **61**.

63. 160. — 1223. — Rôle des gîtes que le roi Louis a pris en 1223.
Du Cange, *Glossaire*, au mot « Gistum » (fragment).
Cf. n. **313**.

64. 163. — Ordonnance sur le sacre et le couronnement du roi.
P 2288, 706, 716.

65. 164. — Autre sur le sacre et le couronnement de la reine.
P 2288, 714, 723.

66. 165 v°. — Rouen, 20 avril 1309. — Mandement au bailli de Rouen d'observer l'ordonnance (y transcrite) faite en l'Échiquier de Pâques 1306 sur l'administration royale en Normandie.
P 2289, 817.
Ordonnances, I, 461.

69 [1]. **172.** — Quatrevaux, 8 décembre 1299. — Albert, roi des Romains, fait alliance avec Philippe le Bel, roi de France [2].

P 2569, 176; P 2591[A], 109 et 115 v°; fr. 4412, 48; fr. 16584,

---

1. Les n. 67 et 68 sont vacants, par suite de suppressions que nous avons dû opérer.

2. Pour cet acte et les suivants, tous édités d'après d'autres sources, cf. Böhmer, *Regesta Imperii* (1re édition), à la date du 8 décembre 1299.

207 ; fr. 21407, 112 ; fr. 23869, 356 ; de Camps, 37, 241 ; de Camps, 39, 157.

70. 172. — Même date. — Albert, roi des Romains, précise les conditions consenties par Philippe le Bel, roi de France, à des Bourguignons du comté de Bourgogne.

71. 172 vº. — Même date. — Albert, roi des Romains, consent à la nomination d'arbitres choisis tant par lui que par le roi de France, qui connaîtront des différends entre les deux couronnes.

72. 172 vº. — Même date. — Albert, roi des Romains, donne à Rodolphe d'Autriche, à l'occasion de son mariage avec Blanche, sœur de Philippe le Bel, diverses seigneuries, et assigne le douaire de Blanche.

73. 173. — Même date. — Albert, roi des Romains, notifie les conditions du mariage entre Rodolphe et Blanche.

74. 174. — Même date. — Albert, roi des Romains, notifie que le traité d'alliance conclu avec le roi de France a été juré par Gui, comte de Saint-Pol, pour ledit roi, et pour Albert par Richard, comte de Schomberg.

75. 174. — Même date. — Albert, roi des Romains, déclare que les droits de Jeanne, fille d'Oton, comte de Bourgogne, ne péricliteront pas, tant qu'elle ne sera point citée à sa cour.

76. 175. — Même date. — Albert, roi des Romains, s'engage à faire justice aux prétentions de Jeanne, fille d'Oton, comte de Bourgogne.

Ces sept pièces sont copiées à la suite du n. **69** dans tous les manuscrits énumérés sous cet article.

77. — *Les gaiges des gens d'armes comme il est trouvé par plusieurs comptes commençant en 1294 et 1295.*

Meilleures analyses que dans PP 109 dans lat. 5991ᴬ, 20 (reproduite ici) ; Fontanieu, 797, 133 vº ; Dupuy, 142, 31 vº.

78. 178. — Autre état des gages des arbalétriers.

79. 179. — 1308-1311. — *C'est ce qui s'est trouvé a la Chambre sur l'estat des admiraux et de monseigneur Thibaut de Cepoy lors a la besogne de Romanie pour monseigneur de Valois...*

Cette rubrique du ms. original est fournie par les Extraits de Menant, XIII, 92. Cf. Dupuy, 142, 31 vº.

80. 181. — État des gages de plusieurs officiers : chauffe cire, chambellans, bouteiller, maréchal de Champagne, connétable et autres. Extraits des tablettes de Jean de Saint-Just pour les années 1282 à 1303 sur les droits des gens de l'hôtel.

> P 2569, 196; P 2591^A^, 112 v°; fr. 4412, 71; fr. 16583, 214; fr. 21407, 115; fr. 23869, 387.

81. 182 v°. — Description du caractère des Romains par saint Bernard [1].

82. 182 v°. — Gémissements de la France.

83. 183. — État des droits du connétable de France « pour le fait des guerres. »

> P 2289, 168. — P 2569, 198 v°; AD^IX^ 96, n. 24; P 2591 ^A^, 381 v°; fr. 4412, 74; fr. 16584, 346 v°; fr. 23869, 392.
> Du Cange, *Glossaire,* au mot « Comes Stabuli ». — Brussel, *Usage des fiefs,* 634, en note.

84. 183 v°. — *Modus ordinandi compotos ordinarios tam in receptis quam in expensis.*

> P 2569, 200; P 2591 ^A^, 382 v°; fr. 4412, 75; fr. 16584, 371 v°; fr. 23869, 394; de Camps, 40, 292.
> *Historiens de la France,* XXI, 518.

85. 185 v°. — Prophéties touchant l'expulsion des Anglais de l'isle Britannique [2].

> Analyses conformes dans : lat. 5991 ^A^, 158 v°; lat. 11836, 161 v°; Dupuy, 142, 31 v°.

86. 186. — *Les villes de la prevosté de Paris qui se dient franches de la subvention de la chevalerie le roy de Navarre.*

> P 2289, 153. — P 2569, 203; P 2591 ^A^, 8 v°; fr. 4412, 79; fr. 23869, 397.
> Brussel, *Usage des fiefs,* 181 (Extraits).

87. 186 v°. — *Ce sont les villes de la baillie de Sens qui se dient franches de la subvention de la chevalerie le roy de Navarre.*

> P 2289, 152. — P 2569, 201 v°; P 2591 ^A^, 9; fr. 4412, 80; fr. 16583, 224; 16600, 62 et 245; fr. 21407, 120.

88. 186 v°. — Listes analogues de villes du bailliage de Senlis et de la sénéchaussée de Saintonge.

> P 2289, 173 ; etc., comme au n. **87.**

---

1. Il s'agit peut-être ici des jugements sévères portés par saint Bernard sur la cour de Rome dans le *De consideratione libri quinque.* Cf. Migne, *Patrologie,* CLXXXII, c. 773 et 828.

2. Il s'agit sans doute ici des Prophéties de Merlin.

89. 191. — État des droits que les maîtres et les clercs des Comptes doivent prendre sur la terre de Champagne.

> P 2289, 174. — Fr. 16600, 139 v°; British Museum, Harl. 4362, 75.

90. 192 v°. — *Antiquus modus receptionis et distributionis pecunie provenientis ex litteris de sigillo regis*[1].

> Analyses semblables dans Dupuy, 142, 82; lat. 9847, 10; lat. 5991^A, 105; lat. 16068, 59 *bis*.

91. 193. — *C'est la maniere du seel des foires de Champagne.*

> P 2289, 174. — AD^ix 99, n. 10; AD^ix 103, n. 6; Sainte-Gene-viève, 1752, 118.

92. 193. — Coutumes du sceau de Champagne.

> P 2289, 177. — Fr. 16600, 142 v°.

93. 193 v°. — Coutumes du sceau de Navarre.

> Fr. 16600, 143 v°.

94. 194. — Droits des clercs de la Chambre des Comptes.

> Cf. n. **245.**

95. 194 v°. — Autres droits desdits clercs.

Cf. une autre analyse dans le ms. Arsenal, 2635, 4 : « Copie d'une cédule de la main de m^e... sur les dettes faites, sur le droit de messieurs des Comptes contre les receveurs, sans date ».

96. 195. — Serment des clercs des Comptes lors de leur réception.

> P 2289, 190. — Fr. 16600, 144.

97. 195. — Liste des privilèges accordés aux rois de France par les papes.

> P 2289, 192. — Fr. 16600, 144; Extr. de Menant, XII, 7 v° (Extraits).

98. 196 v°. — Liste des privilèges accordés aux reines de France.

> P 2289, 196. — Fr. 16600, 146.

99. 201. — S. d. — *Ordinatio facta a beato Ludovico de usuris receptis de debitis Judeorum restituendis hiis a quibus habita fuerint, vel eorum heredibus, si possint reperiri.*

> P 2289, 198. — Fr. 2755, 8.
> *Ordonnances*, I, 85. — Brussel, *Usage des fiefs*, 594, en note.

---

1. Édité d'après d'autres sources par Tessereau, *Histoire chronologique de la Chancellerie royale de France*, I, 13.

100. 201. — Mémoire touchant les salines de Peccais pour recevoir de celles-ci 36.000 l. de plus qu'auparavant.

>Fr. 16600, 147.

101. 202 v°. — Paris, Parlement de l'Ascension 1272. — Ordre aux sénéchaux d'envoyer au roi le nombre des châteaux et forteresses du royaume et un état des gages des châtelains.

>P 2289, 202. — Fr. 16600, 148.
>*Ordonnances*, I, 296 (sans renvoi à *Pater*).

102. 205 [1]. — Estimation et comparaison des mesures des grains et des vins en différents lieux.

>Nouv. acq. lat., 2125, 3.
>Cf. n. **326.**

102 bis. 205 v°. — *Ce sont les estimations des mesures dont blez et avennes sont venuz a Saint-Quentin.* — De même pour Péronne, Arras, Lens, Lille et Courtrai.

>Nouv. acq. lat., 2125, 3 v°.
>Cf. n. **327.**

103. 213. — Valeur des dites mesures.

>Nouv. acq. lat., 2125, 9.

104. 226. — Rapport des jaugeurs de Paris au sujet des différentes mesures de vin comparées à celles de Paris[2].

>Nouv. acq. lat., 2125, 13.

105. 229. — Rapport des mesures des blés [3].

>Nouv. acq. lat., 2125, 16.

106. 235. — Saint-Ouen, 5 octobre 1314. — Interdiction des joûtes et des tournois.

>P 2289, 204. — Fr. 16600, 149; Baluze, 17, 63.
>*Ordonnances*, I, 539 (qui renvoient au fol. 325 de *Pater*).

107. 236 v°. — Paris, 13 janvier 1307. — Ordonnance sur la

---

1. La pièce précédente étant très courte, si nous ne nous trouvons pas en présence d'une lacune de la table PP 109, il faut supposer qu'il y avait là quelques feuillets en blanc comme il en existe plusieurs dans *Noster* [1], ou quelques feuillets perdus comme les 44 premiers.

2. Ce document est analogue au n. **325.**

3. Ce document est à rapprocher du n. **103.**

manière dont doivent payer les marchands qui achètent ou ont acheté du bois dans les forêts du roi.

> P 2289, 208.
> *Ordonnances*, I, 445.

108. 236 v°. — Mandement au bailli de Senlis sur le même sujet.

109. 237. — Paris, 25 septembre 1315. — Mandement à Louis de Villepereux et à maître Élie d'Orli de faire enquête au sujet de l'accaparement du sel et d'agir contre les accapareurs.

> P 2289, 210. — Fr. 16600, 151 v°.
> *Ordonnances*, I, 606 [1].

110. 243. — Paris, juillet 1315. — Ordonnance sur le régime de la navigation commerciale sur la Seine, de Paris à la mer.

> P 2289, 214.
> *Ordonnances*, I, 598.

111. 247. — Délibération du prévôt des marchands et échevins de Paris sur l'ouverture du pont de Rouen et les droits qui doivent être payés tant en descendant qu'en remontant.

> Analyses : Lat. 5991 ^,68 ; Dupuy, 142, 32 v°.

112. 249. — Avis concernant les impositions sur toutes sortes de marchandises.

> Analyse : Dupuy, 142, 32 v°. — Du Cange, au mot « Zedoaria » (fragment).
> Cf. n. **172**.

113. 256. — *C'est l'avis des choses sur quoi imposition se peut faire, et de combien, et comment, des choses qui seront transportées hors du royaume et dedans.*

> Rubrique fournie par Fontanieu, 797, 174. Cf. Dupuy, 142, 33.
> Cf. n. **174**.

114. 257. — Autre avis touchant l'imposition sur les marchandises qui se débitent dans le royaume.

> On lit dans Dupuy, 142, 33 : « *Pater*, 257 : *Hec sunt que fuerunt promissa in concessione fouagii* ».

---

1. Cette ordonnance est publiée dans les *Ordonnances* en français et en latin. Les deux textes parallèles sont empruntés à *Pater*. L'auteur de la table PP 109 les a pris pour deux ordonnances différentes, qu'il analyse ainsi : « Ordonnance sur le fait du sel. — Mandement pour faire la perquisition des fraudes qui se commettent à la vente des sels ».

115. 258. — Instructions sur le fait du centième et du dixième[1]. — « Premièrement que ou vaillant de chascun... »

  P 2289, 230. — Fr. 16600, 152 v°.

116. 259 v°. — Paris, 2 juillet 1301. — Au sénéchal de Beaucaire; instructions pour la punition des contraventions aux ordonnances sur les monnaies.

  P 2289, 234. — Fr. 16600, 154 v°[2].

117. 260. — Autre sur le fait de l'usure.

118. 261. — Instruction sur la convocation de l'ost. — « Item il est a scavoir que en la besongne de l'ost vous ne devez requerre... »

  Fr. 16600, 155 v°.
  Cf. n. **592.**

119. 216 v°. — Autre sur le fait des monnoyes.

120. 262. — Autre sur le fait des usures.

121. 262. — 1314. — Autre instruction aux commissaires sur le fait de la guerre. — « Ce sont les instructions que les commissaires envoyez par le royaume doivent faire et tenir secretes. Premierement l'en a fait crier... »

  Fr. 16600, 156 v°.
  Cf. n. **59.**

122. 264. — Paris, 18 juillet 1326. — Ordonnance sur le fait des nouveaux acquêts et des francs fiefs en Languedoc.

  P 2288, 1122, 1128.

123. 265. — Mars 1321 — Semblable ordonnance pour la Langue d'oïl.

  P 2288, 1120, 1126.

124. 266. — [Novembre 1321]. — Instruction pour l'établissement d'une seule monnaie, d'une seule mesure et d'un seul poids dans tout le royaume.

  Fr. 16600, 158 v°.

125. 273. — Rieti, 7 juillet 1289. — Lettre du pape Nicolas IV au sujet de la décime pour l'Aragon.

  P 2288, 758.
  Cf. n. **380.**

---

1. Ce document a été publié, d'après l'original conservé aux Archives nationales, (J 938) dans les *Notices et Extraits*, XX², 108.

2. Ce document, connu par ailleurs (Bibl. nat., lat. 9192, 73) a été publié par Ménard, *Histoire de Nismes*, I, pr., 142.

126. 278. — Titres des cardinaux de l'Église romaine.

Fr. 16600, 160.

127. 279. — Liste en français et en latin des archevêchés et évêchés du royaume de France. — Liste en français et en latin de noms de pays étrangers et de provinces de la France. — *Provincie regni* (liste en latin des évêchés de France rangés par ordre de provinces ecclésiastiques).

P 2289, 238. — Fr. 4429, 14.

128. 281. — Valeur des bénéfices ecclésiastiques non exempts du payement de la décime dans la ville et diocèse de Reims.

129. 282. — Autre, dans le diocèse et province de Bourges.

130. 282 v°. — Autre, dans le diocèse et province de Sens.

131. 283 v°. — Autre, dans le diocèse et province de Rouen.

132. 284. — Autre, de la province de Tours.

133. 285. — Autre, du diocèse et province de Bourdeaux.

134. 286. — Autre, du diocèse et province de Lyon.

135. 287. — Autre, du diocèse et province de Vienne.

136. 288. — Autre, du diocèse et province de Narbonne.

137. 290. — Autre, du diocèse et province d'Auch.

Pour les n. **128** à **137**, cf. n. **331.**

138. 290. — Valeur totale des décimes de tous les bénéfices du royaume.

P 2289, 250. — Lat. 9848, 39 v°.

139. 292. — [1306]. — Liste des bénéfices dont le pape Clément V a accordé la nomination à Philippe le Bel et des candidats présentés par celui-ci.

Fr. 16600, 162 v°.

139 bis. 295. — *Iste sunt prebende de quibus dominus rex vult quod dominus Narbonensis archiepiscopus faciat provisionem personis infrascriptis et ad hoc a domino rege nominatis.*

Fr. 16600, 166.

140. 299. — Paris, 7 juillet 1306. — Nicolas, évêque de Meaux, commissaire apostolique, excommunie conditionnellement l'abbé et les moines du monastère prémontré d'Hermières, au diocèse de Paris, au cas où ils refuseraient d'admettre parmi eux un certain Jean, fils de Philippe Coutelier, demeurant à Paris,

désigné par le roi aux termes d'un privilège de Clément V.
Dans ce document sont vidimés : 1° la lettre de Clément V
(1er janvier 1306); 2° la lettre de Philippe le Bel qui désigne
Jean, adressée à l'évêque de Meaux (Paris, 8 mai 1306).

P 2569, 205 v°; P 2591ᴬ, 12 et 139; fr. 4412, 80 v°; fr. 16583,
272; fr. 16600, 171 v°; fr. 21407, 154; fr. 23869, 403 ; de Camps,
40, 380 (qui renvoie par erreur à *Saint-Just*, 299).

141. 302. — Paris, 9 janvier 1316. — Mandement de l'évêque
d'Auxerre et des autres commissaires députés sur le fait des
décimes, à l'archevêque de Rouen, de faire lever les décimes
dans sa province sur tous les biens possédés par l'Église, même
sur ceux des Hospitaliers.

Fr. 16600, 177 v°.

303. — Paris, 15 septembre 1315. — Les mêmes désignent
comme collecteur maître Jean « de Pilosis », chantre de Bray.

Fr. 16600, 180.

303. — Paris, 25 septembre 1315. — Louis X promet à
l'archevêque de Rouen et à ses suffragants de les garantir contre
toute réclamation de la part du pape et des cardinaux, au sujet
des sommes payées aux collecteurs de la décime.

Fr. 16600, 181.

303. — Paris, 26 septembre 1315. — Louis X s'engage à
rendre à l'abbé de Saint-Ouen de Rouen les deniers levés pour la
décime qu'il a dû prendre pour la guerre de Flandre.

Fr. 16600, 182.

304. — Paris, 17 juin 1316. — Louis X mande aux commissaires : l'évêque d'Auxerre, Gilles, abbé de Saint-Denis, et
Geoffroi du Plessis, notaire apostolique, de lever la décime avec
plus de rigueur.

Fr. 16600, 182 v°.

304 v°. — Paris, 16 juin 1316. — L'évêque d'Auxerre et les
autres commissaires nomment collecteur dans la province de
Sens Pierre d'Aubigny, doyen de la Sainte-Chapelle de Bourges,
déjà commissaire dans la province de Reims.

Fr. 16600, 184 v°.

142. 311. — Avril 1229. — *Ordinatio facta a beato Ludovico pro* *hereticis et ruptariis capiendis et excommunicatis expellendis a tota civitate et diocesi Nemausensi.* — « Cupientes... »

P 2289, 252. — P 2569, 212 v°; P 2591ᴬ , 30 v°; fr. 4412, 36; fr. 16583, 54; fr. 21407, 22; fr. 23869, 414.
Ordonnances, I, 50.

143. A la suite on lisait dans le registre *Pater* un fragment sans titre et sans date d'un règlement pour la discipline du clergé. — « Item, nullis regularibus... »

P 2569, 215 ; etc., comme sous le n. **142.**
Ordonnances, I, 52, note *dd.*

144. 312 v°. — Procès-verbal des commissaires députés par le roi pour examiner certains torts faits à l'église de Chartres, contenant des lettres de Philippe IV, qui adresse à ses envoyés en cour de Rome, l'archevêque de Sens et l'évêque d'Auxerre, ses instructions détaillées au sujet des réponses à faire au pape, relativement à l'affaire de l'église de Chartres, pour la défense des droits et libertés de l'Église gallicane [1].

P 2569, 179; P 2591ᴬ , 116 *bis*; fr. 4412, 51; fr. 16583, 230; fr. 21407, 123 v°; Baluze, 17, 258 (qui renvoie par erreur à *Croix,* 313).

145. 319. — Longchamps, 3 mars 1300. — Philippe le Bel accorde des privilèges aux églises de Normandie à la requête des prélats de la province de Rouen.

P 2289, 264. — ADⁱˣ 99, n. 76 ; fr. 16600, 186.
Ordonnances, I, 334.

146. 321. — Paris, 15 juin 1304. — Philippe IV accorde des privilèges à l'église de Saint-Malo [2] et à celle de Mende.

P 2289, 268. — Fr. 16600, 187 v°.
Ordonnances, I, 412.

147. 323. — Paris, 19 mars 1294. — Ordre de Philippe le Bel à maître Nicolas de Longpré, son clerc, de lire en parlement la

---

1. Ce document du plus haut intérêt sera prochainement publié par M. Digard dans son livre intitulé *Philippe le Bel et le Saint-Siège*; nous avons renoncé pour cette raison à le publier en appendice.

2. On lit « Mâcon » dans les Extraits de Menant (XII, 93) et « ecclesia Macloviensi » dans la table du ms. lat. 5991ᴬ, fol. 34; il y avait en réalité « Macloviensi ».

citation à comparaître qu'il adresse au roi d'Angleterre [1]. — « Olim homines de Bayonna... »

> P 2289, 274. — P 2569, 216 v°; P 2591 ᴬ, 106; fr. 4412, 89; fr. 16583, 198; fr. 21407, 106; fr. 23869, 420; de Camps, 39, 210.

148. 326. — Fragment d'un mandement de Mahaut, comtesse d'Artois et de Bourgogne.

149. 330. — Tableau de ce qu'une picte, une obole et denier par jour fait par an.

> Lat. 9848, 10.

150. 333. — Paris, 21 mars 1329 — Ordonnance sur le cours des monnaies dans la sénéchaussée de Beaucaire. — « Comme nous, qui sommes desirans... »

> P 2289, 286. — Fr. 16600, 190.
> *Ordonnances*, II, 27.
> Preconisatio facta virtute precedentium litterarum quarto nonas maii anno M CCC XXIX : « Baros manda la cort de part de nostre senhior le rey de Malhorgas... »
> P 2289, 291.
> S. l. n. d. — Ordonnance sur la fabrication et le cours de la monnaie royale dans la sénéchaussée de Beaucaire. — « Nos que mot deziram lo bon estamen de nostre realme... »
> P 2289, 293.

151. 333 v°. — Paris, 16 décembre 1329. — Mandement sur le cours des monnaies, adressé au sénéchal de Beaucaire.

> P 2289, 300. — Fr. 16600, 193 v°.

151 *bis.* 333 v°. — Paris, 4 décembre 1329. — Mandement au bailli de Valois sur le cours des monnaies.

> *Ordonnances*, II, 42. — De Saulcy, *Documents relatifs aux monnaies...*, 214.

152. 334. — Paris, 10 décembre 1329. — Ordonnance pour régler la manière de payer les rentes.

> P 2289, 306. — Fr. 16600, 195 v°.
> *Ordonnances*, II, 43.

153. 335. — *C'est ce que les gros tournois ont valu puis l'an trois cent vingt.* — État de la valeur des monnayes depuis l'an 1320 jusqu'à Pâques 1330.

> P 2289, 303. — Nouv. acq. lat., 2125, 1.

---

1. Ce document a été publié d'après les Registres du Parlement par M. Beugnot. (*Olim*, II, 3).

II. — MS. FR. 2833 ET NOSTER [2]

[Le Mémorial *Noster* [2] avait 510 feuillets ; de plus on y avait intercalé des feuillets : 119 *bis*, 120 *bis*, 122 *bis*, 123 *bis*, 199 *bis*, 201 *bis*, 203 *bis*, 205 *bis*, 211 *bis*, 212 *bis* et 291 *bis* ; c'était donc le plus volumineux de ceux que nous reconstituons. Il contenait 177 pièces, de 1256 à 1315. Toutefois quelques pièces postérieures avaient été ajoutées : cf. n. **173, 275**. Le ms. fr. 2833 contient 5 pièces qui manquaient dans *Noster* [2], si (ce qui est très douteux : cf. n. **203, 220, 251, 265, 268, 340, 341**) la table de *Noster* [2] dans PP 109 n'offre pas, en ces cinq endroits, de lacune ; et *Noster* [2], d'après la table, en contenait 10 qui ne se retrouvent pas dans fr. 2833. Sur ces 10 pièces, 2 seulement ne nous sont connues que par des analyses.]

154. 5 [1]. — *Tabula major.* Grande table de l'Inventaire des comptes ordinaires et extraordinaires de la Chambre, par Robert Mignon.

(1) [2]. — P 2569, 270 ; P 2591[A], 248 ; fr. 4412, 130 ; fr. 16584, 144 ; fr. 16600, 202 ; fr. 21407, 297 v° ; fr. 23869, 494.
Historiens de la France, XXI, 520.

155. 6. — *Nomina regum Francie et quot annis vixerunt* [3].
(1). — P 2289, 314.

156. 6 v°. — Fragment historique, commençant par : « Domina Margarita, comitissa Valesii [4]... »

(120). — Fr. 4426, 265 ; Arsenal, 3719, 242 ; et les autres copies citées par les *Historiens de la France* [5].
Du Cange, *Joinville*, 81. — *Historiens de la France*, XXI, 403.

---

1. Avant ce feuillet se trouve une table du manuscrit précédée de quelques notes sur les droits acquittés à Paris par les différents vins (extraites du n. **173**), et de quelques mots empruntés au préambule de l'*Inventarium compotorum ordinariorum et aliorum* de Robert Mignon (cf. l'édition de cet Inventaire, par M. Ch.-V. Langlois (sous presse), p. 1) : « In maledictis correctionem..... »

2. Les chiffres entre parenthèses indiquent les feuillets de *Noster* [2], d'après la table PP 109.

3. Cette liste peut être comparée avec celles de Bernard Gui (L Delisle, *Les manuscrits de Bernard Gui, Notices et Extraits*, XXVII[2], 252).

4. Au feuillet 1 se trouvent deux autres notes de cette nature, indiquant la date de la mort de Philippe VI et de la prise de Jean II.

5. Les éditeurs des *Historiens* disent à tort que ce fragment est tiré de *Pater*.

157. 12 v°. — *Tabula Inventarii compotorum particularium.*

  (15). — *Historiens de la France*, XXI, 528. — Ch.-V. Langlois, *Inventaire de Robert Mignon* (sous presse), p. 14, en note.

158. 13 v°. — Paris, 1256. — *Ordinatio regia pro utilitate subjectorum regni Francie.*

  (17). — P 2288, 732. — Lat. 16068, 61 ; fr. 4596, 1 ; etc., comme au n. **154.**

159. 15 v°. — Paris, décembre 1254. — Texte latin de l'ordonnance de réformation du royaume, exemplaire adressé aux sénéchaux de Beaucaire et de Carcassonne.

  (20). — P 2288, 498. — Fr. 16600, 206.
Ordonnances, I, 67.
Cf. n. **2.**

160. 18. — Avril 1229. — Ordonnance concernant les hérétiques du midi. — « Cupientes... »

  (23). — P 2289, 260. — Fr. 16600, 212 v° ; Dupuy, 533, 673 v°.
  Benoist, *Histoire des Albigeois*, II, 323. — Brisson, *Code de Henri III*, fol. 826. — Du Cange, *Joinville*, 401. — Duchesne, *Recueil des historiens de la France*, V, 420. — *Ordonnances*, I, 50. — De la Mare, *Traité de la police*, I, 313.
Cf. n. **142.**

161. 19. — Vincennes, avril 1259. — Lettre de Louis IX à ses enquêteurs (inquisitoribus restitucionum et emendarum suarum) dans les sénéchaussées de Carcassonne et de Beaucaire au sujet des biens des hérétiques [1].

  (24). — P 2289, 316. — Lat. 16068, 68 ; fr. 16600, 214 v°.
Ordonnances, I, 61 (sans indication de source).

162. 21. — Paris, mercredi avant la Saint-Luc [17 octobre 1274] [2]. — Ordonnance de Philippe III au sujet des infractions à la paix : « Propter dubietates que frequenter emergunt... »

  (27). — Lat. 16068, 70 ; fr. 16600, 218 v°.
Ordonnances, I, 344 (note *b*).

---

1. Édité d'après JJ 30ᴬ , 198, dans l'*Histoire générale de Languedoc*, VIII, 1440.
2. La table PP 109 donne à tort la date 1302 ; le *Recueil des Ordonnances* donne la date 1274. Quant à la date de jour, elle se trouve dans fr. 2833. — Lorsque la date est placée comme ici, entre crochets, c'est que nous la connaissons par la table de *Noster* ² ou pour toute autre source, et non par le ms. fr. 2833, où elle manque.

163. 21 v°. — Paris, 29 novembre [1274]. — Lettre de Philippe III
à ses clercs Foulques de Laon et Thomas de Paris, « super singulis ad nos missis articulis, de quibus curiam nostram consulere
voluistis ».

> (27). — P 2289, 328. — Lat. 16068, 70 v°; fr. 16600, 219 v°.
> *Ordonnances*, I, 301. ·

164. 22. — Paris, 23 octobre 1274. — Philippe III au sénéchal de
Carcassonne au sujet des fonctions et des honoraires des avocats.

> (28). — P 2289, 332. — Lat. 16068, 71 v°; fr. 16600, 221.
> *Ordonnances*, I, 300.

165. 22 v°. — Mêmes dates. — Philippe III au dit sénéchal : ordre
d'expulser les Juifs, les Cahorsins et les usuriers.

> (29). — P 2289, 88. — Lat. 16068, 73 ; fr. 16600, 222.
> *Ordonnances*, I, 298.

166. 23. — S. d. [1275]. — Ordonnance de Philippe III sur l'amortissement : « Ecclesiarum utilitati... »

> (29 v°). — P 2288, 524. — Lat. 16068, 73 ; fr. 16600, 224 v°;
> Dupuy, 532, 121.
> *Ordonnances*, I, 304.

167. 23 v°. — Paris, 1ᵉʳ septembre [1275]. — Lettre de Philippe III
à ses clercs Pierre Vigier et Étienne de Lorris, pour expliquer, à
leur demande, quelques points de l'ordonnance sur les amortissements.

> (30). — P 2289, 336. — Lat. 16068, 73 v°.
> *Ordonnances*, I, 304, en note.

168. 24 v°. — S. d. — Ordonnance de Louis IX contre les blas-
phémateurs.

> (31). — P 2289, 338.
> Du Cange, *Joinville*, 104. — *Ordonnances*, I, 99.

169. 25 v°. — Parlement de l'Ascension 1272. — Résumé de
diverses ordonnances touchant les sergents à gages, l'argent dû
par les baillis et l'exécution de l'ordonnance précédente.

> (31). — *Ordonnances*, I, 296 (sans indication de source).
> Cf. n. **101.**

170. 26. — S. d. — *L'ordonnance des coustumes de Paris, combien
chascune marchandise doit paier de peage.*

> (33). — P 2289, 344.

171. 30. — « C'est le temps que la faulce coustume commença à Rouen... » — Mémoire au prévôt des marchands sur les coutumes levées à tort en divers lieux de Normandie à la fin du xiiie siècle et au commencement du xive.

(39). — P 2289, 360. — Moreau, 341, 239.

172. 30 v°. — [13 décembre 1324]. — « C'est l'advis des choses sur quoy imposition se pourroit faire, et de combien, et comment, des choses qui seront transportées hors du royaume. Premierement de chascun tonneau de vin qui sera traiz... »

(40). — P 2289, 362.
Ordonnances, I, 783.

173. 31. — *Modus levandi imposicionem quatuor denariorum pro libra Parisius, annis CCCXLIX, L et LI.*

174. 31 v°. — [Décembre 1324]. — *C'est l'advis sur quoy imposicion se pourroit faire, et de combien, et comment, ou royaume.* « Premierement de chascun tonneau de vin qui sera vendu... ».

(41). — P 2289, 364.
Ordonnances, I, 784.

175. 32. — Paris, 7 janvier 1326. — *Interpretatio precedentis ordinacionis facta anno CCCXXV, mense Januarii, pro acquisitis in Petragoricensi et Xanctonensi senescalliis.*

(43). — P 2289, 372. — Lat. 16068, 74 v°; fr. 16600, 227.
Ordonnances, I, 787.

176. 32 v°. — [1302]. — *Instructions de ceulx qui sont envoiez par les baillies et par les senechaussées pour les finances de l'ost de Flandres.* — « Premierement l'en doit appeler des plus souffisans d'une ville ou de plusieurs... »

(48 v°). — P 2289, 378.
Ordonnances, I, 370, note.

177. (49). — Paris, 8 juillet 1302. — Instruction en latin sur le même sujet. — « Quia rebellium nostrorum et regni vires, favores et auxilia... ».

P 2289, 374. — Fr. 16600, 231 v°.
Ordonnances, I, 350 (note).

178. 33. — 1324. — *Instructio facta anno MCCCXXIII super financiis ab ecclesiis et personis innobilibus in Francia levandis pro subsidio habendo pro guerra Vasconie tunc.*

(42). — P 2289, 368. — Lat. 16068, 74; fr. 16600, 225 v°.
Ordonnances, I, 786.

179. 34. — [Parlement de la Toussaint 1291]. — Ordonnance sur les amortissements.
>   (44). — P 2288, 813. — Lat. 16068, 75 ; fr. 16600, 228 ; Dupuy, 532, 122.
>   *Ordonnances*, I, 323.
>   Cf. n. **48.**

180. 34 v°. — 1275. — Fragments de l'ordonnance de Philippe III sur les amortissements et pièces annexes.
>   (44 v°). — P 2288, 805. — Lat. 16068, 76 ; fr. 16600, 229.
>   Cf. n. **47.**

181. (45). — Paris, mars 1321. — Règlement sur les amortissements.
>   P 2288, 1120.
>   Cf. n. **49.**

182. 36. — [1262]. — *Ordinatio facta a rege de bonis villis*, etc....
>   (49). — P 2288, 746. — Lat. 16068, 77 v° ; fr. 16600, 232.

183. 36. — [1256][1]. — *Ordinatio facta a rege de bonis villis suis Normannie*, etc...
>   (50). — P 2288, 744. — Lat. 16068, 78 ; fr. 16600, 232.

184. 37. — *Nomina villarum in quibus sunt aut solent esse communie.*
>   (51). — P 2288, 756. — Fr. 16600, 233 v°.

185. 37 v°. — Vincennes, janvier 1286. — Ordonnance de l'hôtel du roi et de la reine.
>   (51 v°). — P 2288, 773. — K 1713, 15 (fragment) ; fr. 2838, 10 ; fr. 4596, 8 v° ; fr. 7852, 31 ; fr. 7855, 37 ; fr. 20853, 22 ; fr. 32779, 11 ; Dupuy, 532, 140 ; Arsenal, 3719, 211.
>   Du Cange, *Joinville*, 112. — Extr. dans Martène, *Thesaurus anecdotorum*, I, 1199.

186. 46 v°. — Paris, 19 mars 1303. — Grande ordonnance pour la réformation du royaume.
>   (63). — *Ordonnances*, I, 354 et II, 453.

187. 55 v°. — *C'est l'ordonnance faicte en l'Eschiquier de Pasques l'an CCCVI...*, etc.
>   (76). — P 2288, 817. — Lat. 16068, 79 ; fr. 16600, 234.
>   *Ordonnances*, I, 462.
>   Cf. n. **66.**

---

1. Au sujet des dates des n. **182** et **183**, qui ne se trouvent pas dans fr. 2833, mais dans les copies citées ici et dans la Reconstitution officielle, voir Borrelli de Serres, *o. c.*, 97-8.

188. 58. — Lorris, 17 novembre 1317. — Ordonnance de l'hôtel du roi.

 (79). — P 2288, 845. — K 1713, 7; lat. 16068, 81; fr. 2838, 27; fr. 4596, 19 v°; fr. 16600, 237; fr. 20853, 32; fr. 32779, 137; Dupuy, 532, 423; Arsenal, 3719, 217.

189. 69. — Longchamps, 10 juillet 1319. — Crue.

 (95). — P 2288, 887; etc., comme au n. **188**.

190. 70. — Vincennes, décembre 1316. — Ordonnance de l'hôtel de la reine Jeanne.

 (96). — P 2288, 891. — Lat. 16068, 92; fr. 4596, 40; fr. 16600, 255; Dupuy, 532, 396; etc., comme au n. **188**.

191. 75 v°. — Crue.

 (104). — P 2288, 919. — Lat. 16068, 96 v°; fr. 4596, 50; Dupuy, 533, 513; etc., comme au n. **188**.

192. 75 v°. — Autre crue.

 (104 v°.) — P 2288, 920. — Lat. 16068, 97, etc., comme au n. **188**.

193. 77. — Pontoise, 28 (*sic*) juillet 1319. — Ordonnance pour le profit du roi et le gouvernement de son hôtel.

 (107). — P 2288, 929. — Lat. 16068, 97; fr. 4596, 51 v°; fr. 16600, 265 v°; etc., comme au n. **188**.

 Ordonnances, I, 656.
 Cf. n. **6**.

194-5. 81 v°. — [Le Vivier en Brie, janvier 1320]. — *C'est l'ordonnance que nous avons faicte pour nostre Chambre de nos comptes* [1].

 (112). — P 2288, 949. — AD[ix] 99, n. 20; AD[ix] 100, n. 116; AD[ix] 103, n. 1; Dupuy, 533, 524; Sainte-Geneviève, 1752, 137.
 Ordonnances, I, 703. — Lechanteur, *Dissertation historique et critique sur la Chambre des Comptes*, 242.
 Cf. n. **10**.

196. (115 v°). — S. d. — Ordonnance [2] prescrivant aux Gens du Conseil du roi de renvoyer au Parlement et à la Chambre des Comptes les affaires qui sont de la compétence de ces juridictions, établissant des maîtres des requêtes, etc.

 P 2288, 996. — AD[ix] 103, n. 1.

---

1. Les éditeurs des *Ordonnances* ont noté (I, 705) que le texte de cette ordonnance était plus complet dans *Croix*.

197. 84 v°. — [Novembre 1320]. — *C'est l'ordonnance du Tresor bailliée par les maistres des comptes a maistre Jehan Gaulard pour ce que l'on y face ce qui y appartient ordonneement et bien.*

> (115 v°). — P 2288, 975. — Fr. 4596, 63; Dupuy, 533, 625. Cf. n. **11.**

198. 86. — *C'est ce que les baillis et seneschaulx doivent jurer.*

> (116). — P 2288, 498, 1076. — Fr. 4596, 64 v°; Dupuy, 532, 407.
> Cf. n. **2** (dont cet article est un extrait).

199. (117 v°). — Liste des bailliages et senéchaussées du royaume.
> P 2289, 380. — Lat. 9848, 64 v°.

200. (117 v°). — Liste des vicomtés de Normandie.
> P 2289, 382. — Lat. 9848, 64 v°.

201. 88. — Paris, 27 mai 1320. — *C'est l'instruction des receveurs.* Expédition au sénéchal de Lyon et de Mâcon.

> (118). — P 2288, 1082. — Fr. 4596, 68; Dupuy, 533, 551. *Ordonnances,* I, 712.
> Cf. n. **3.**

202. 89 v°. — S. d. — *C'est l'ordonnance qui est faicte pour mettre l'ostel le roy et l'ostel la reine tout a ung.*

> (119). — P 2289, 384, 392. — Lat. 16068, 101 v°; fr. 4596, 70; fr. 16600, 272 v°; Arsenal, 3719, 231 v°.

203. 91 v°. — S. d. — *Alia ordinatio pro regina.* — « Hec sunt de veteri : ordinatum est a domino rege quod domina regina pro omnibus elemosinis suis [1]... »

> (121). — Cet article manque dans la table PP 109, mais il a été copié dans lat. 16068, 103; fr. 4426, 267; fr. 16600, 274 v°; fr. 32779, 201; Arsenal, 3719, 232.

204. 92 v°. — S. d. — *Ce sont les memoires que les gens des Comptes ont extraictes des nouvelles ordonnances afin qu'il plaise a nostre seigneur le roy a y mettre remede et attrempement pour son evident proffit.*
> (122). — Lat. 16068, 104; fr. 16600, 276 v°.

205. 94. — Melun, 19 septembre 1312. — *Ordinacio super prisiis pro rege et hospicio suo.*

> (119 bis). — P 2289, 398. — Lat. 16068, 105; fr. 16600, 279; Dupuy, 532, 261.

---

1. Édité d'après d'autres sources dans les *Ordonnances,* I, 808.

206. 95. — *C'est l'ordonnance coment les bailliz de France, de Normandie, et les seneschaulx et les commissaires de par le royaume doivent venir compter.*

(120 bis). — P 2288, 1098. — Fr. 4596, 73 v°.

207. 97. — 4 juillet 1323. — État de ce que les sénéchaux, les trésoriers et autres prennent par an.

(122 bis).

208. 97. — *Taxationes vadiorum custodum prepositurarum*[1] *Campanie facte*[2] *per magistros Compotorum ad O. S. CCXCIIII.*

(122 bis).

209. 97 v°. — S. d. — *Modus corrigendi scripta.*

(123 bis). — P 2288, 833.

210. 98 v° — Paris, 17 mai 1320. — Ordonnance des forêts.

(125). — P 2288, 1060. — Lat. 16068, 106 v° ; fr. 4596, 76 v° ; fr. 16600, 281 v° ; Dupuy, 533, 541.
Ordonnances, I, 708.

211. 102 v°. — Notes brèves et définitions concernant les ventes des bois. — « Vende boscorum... », etc[3].

Lat. 9848, 65.

212. 103. — Longchamps, 10 juillet 1320. — « Tous seaulx et escriptures seront venduz dorenavant... », etc.

(133). — P 2288, 973. — Fr. 16600, 288.
Ordonnances, I, 716.

213. 103 v°. — Poissy, 19 janvier 1311. — Philippe le Bel donne pleins pouvoirs aux Gens des Comptes pour révoquer tous « notaires, escrivains, enregistreurs, gardeurs de registres, examinateurs, accenseurs des proufits des seaux, executeurs des seaux, les viguiers et prevosts mis en garde et les chastellains et concierges », et pour assigner les rentes de blé, d'avoine et de vin dues par le roi sur les chastellenies, vicomtés,... etc. Il leur

---

1. Ms. : custodi prepositure.
2. Ms. : facto.
3. Il est probable qu'entre les articles **210** et **212** s'intercalait aussi dans *Noster*[2] cette pièce que nous trouvons dans fr. 2833. Cf. lat. 5991[A], 110.

ordonne de faire dresser l'état des châteaux qui sont « en
marches » et des noms des châtelains.

> (133). — P 2289, 414. — Fr. 16600, 288 v°.
> *Ordonnances*, I, 476.

214. 104 v°. —Pontoise, 15 juin 1320. — *C'est ce que ly roys ordonne
des eaues, des maçons et charpentiers du royaume.*

> (134). — P 2288, 998. — Fr. 16600, 290; Dupuy, 533, 555.
> *Ordonnances*, I, 715.

215. 105. — Paris, 19 mai 1321. — Philippe V mande aux gardes
des ports et passages de ne laisser sortir hors du royaume, sans
l'approbation des Gens des Comptes, aucune des matières dont
l'exportation est interdite.

> (136). — P 2289, 418. — Fr. 16600, 291.
> *Ordonnances*, I, 750.

216. 105. — Paris, 11 mai 1322. — Charles le Bel mande au sénéchal de Beaucaire et aux gardes des ports et passages du royaume
de ne pas laisser sortir de grains hors du royaume.

> (136). — P 2289, 420. — Fr. 16600, 291 v°.
> *Ordonnances*, I, 768.

217. 105 v°. — *Res extra regnum extrahi vetite.*

> (137). — P 2289, 422. — Fr. 16600, 292 v°.

218. 106. — S. d. — *Ce sont les ordonnances que les gardes des passaiges sont tenuz jurer.*

> (137). —Fr. 16600, 292 v°.

219. 107. — Saint-Denis, 4 juin 1320. — *Ce est ce que ly roys ordonna pour les changes et forges de dessus Grand Pont de Paris.*

> (140). — P 2288, 965. — Fr. 16600, 294 v°; Dupuy, 533, 544.
> *Ordonnances*, I, 714.

220. 107 v°. — [Même date]. — *Ordonnance faite adonc pour les
receptes du royaume trop chargées.*

> (141). — P 2288, 967. — Fr. 16600, 295; Dupuy, 533, 600.

221. 108. — Paris, 16 juin 1320. — *C'est la declaration que les gens
du Parlement ont faite pour la finance que doit faire l'abbé de
Moissac pour certains acquets, laquelle finance doit estre faite a la
volenté du roy et de son Conseil raisonnablement.*

> (142). — P 2289, 424. — P 2569, 222 v°; P 2591 ^, 229; fr.

4412, 94; fr. 16584, 107; fr. 16600, 295 v°; fr. 21407, 274 v°;
fr. 23869, 429.

222. 109. — Paris, décembre 1320. — Ordonnance touchant le Parlement.

> (144). — P 2288, 1008. — Fr. 4596, 84 v°; Dupuy, 533, 560.
> *Ordonnances*, I, 728.

223. 112. — S. d. — *L'ordonnance des poursuivans le roy.*

> (147 v°). — P 2288, 1022. — Fr. 4596, 91; fr. 16600, 297.
> *Ordonnances*, I, 732.

224. 113. — S. d. — *C'est ce que les notaires non poursuivans*, etc.

> (149). — P 2288, 1025. — Fr. 4596, 93; fr. 16600, 298.
> *Ordonnances*, I, 733.

225. (149 v°). — Tableau réglant l'ordre des sessions du Parlement et la composition des sections.

> P 2288, 1032.
> *Ordonnances*, I, 734, en note.

226. 113 v°. — Février 1321. — *L'ordonnance du seel de Chastelet.*

> (151). — P 2288, 1050. — Dupuy, 533, 571.
> *Ordonnances*, I, 738. .

227. 115 v°. — Février 1321. — *L'ordonnance faitte pour le grant sceau le roy*[1].

> (154). — P 2289, 426. — Fr. 4596, 95 v°; Dupuy, 533,
> 566.
> *Ordonnances*, I, 736.

228. 117. — Vincennes, 5 avril 1322. — Charles le Bel révoque les aliénations de domaines faites par ses prédécesseurs.

> (156). — P 2289, 431. — Fr. 4596, 99 v°; fr. 16600, 299.
> *Ordonnances*, I, 762. — Brussel, *Usage des fiefs*, pr., LXXXVIII.

229. 118. — Vincennes, 5 avril 1322. — Charles le Bel mande au bailli de Mâcon d'exécuter les ordonnances relatives aux domaines aliénés.

> (157). — P 2289, 432. — Fr. 4596, 100; fr. 16600, 301 v°.

230. 118 v°. — *Ce qui s'ensuit fu fait et ordonné par le roy en son Grant Conseil, a Vincennes, le lundi devant Pasques, V^e jour en avril*

---

1. Édité d'après d'autres sources par Tessereau, *o. c.*, I, 10.

l'an CCCXXI sur le fait des domaines. « Premierement, comme Marguerite de Chambely, dame de Ronquerolles... » — Révocation de divers dons conformément à la précédente ordonnance. (158). — P 2289, 438. — Fr. 4695, 101 ; fr. 16600, 302. *Ordonnances*, I, 762, en note.

231. 121 v°. — Pontoise, 18 avril 1322. — Décisions prises par le Grand Conseil touchant les restitutions à faire au domaine royal par maistre Jehan de Bellaymont, Pierre de Machaut, Hugues de Bourgogne, l'évêque d'Amiens, Robert le Veneur, Oton de Granson, etc. (163). — P 2289, 450. — Fr. 16600, 307.

232. 122 v°. — *Ce sont les memoires portées au roy a Gisors environ la Saint Jehan CCCXXIII, dont l'on avoit a parler a lui, et ses responses faictes par maniere d'ordonnance renvoiées en la Chambre des Comptes le IIe jour de juillet en l'an dessus dit.* « Premierement des gens qui ont esté des hostelz des roys nos seigneurs que Dieu absoille... » (164). — P 2289, 412. — Fr. 4596, 106 v° ; fr. 16600, 307 v°. Cet article manque dans PP 109, mais il se trouve dans la table de *Noster²* contenue dans Dupuy, 142, 24 v°.

233. 123. — Angers, novembre 1323. — *Ordonnances faites à Angiers, present le roy et son Conseil, ou mois de novembre MCCC XXIII.* — Sur le Trésor et la Chambre des Comptes. (165). — P 2288, 979. — P 2569, 223 v° ; AD^{IX}, 101, n. 18 ; P 2591ᴬ, 244 v° ; fr. 4412, 95 ; fr. 4596, 167 v° ; fr. 16584, 137 ; fr. 16600, 308 v° ; fr. 21407, 293 ; fr. 23869, 431. Fournival, *Recueil général des titres concernant les trésoriers de France*, 52. — *Ordonnances*, I, 776. — *Ordonnances, édits*, n. 25.

234. 125. — 22 décembre 1323. — *C'est l'ordonnance de l'Argenterie.* — « Premierement Pierre de Toussac sera chargié de toute l'office de l'argenterie... » (167). — P 2289, 454. — Et les mss. cités sous le n. **233**. Douët d'Arcq, *Recueil des comptes de l'Argenterie des rois de France*. Paris, 1851, in-8, p. III.

235. 125. — S. d. — « Item, l'en a escript a mons. Alphonse d'Espaigne qu'il parle au roy, assavoir mon s'il luy plaist que l'ordonnance tiengne qui faicte fu a Saint-Denis [1] des forges et des

1. Cf. n. **219**.

changes dessus le Grand Pont de Paris, laquelle est ou Livre rouge.
« Item, ordinatum extitit quod nulla deducio fiat nisi de tempore ad tempus, et in personam illius cui debebatur et qui debebit illi qui cappiant firmas regis seu mercata exipiuntur » (*sic*)[1].

(167 v°). — P 2569, 228 ; P 2591ᴬ , 247 ; etc., comme au n. **233**.

236. 125 v°. — 16 juin 1323. — Décision de la Chambre des Comptes au sujet des dépenses d'écritures pour la recette de Champagne à allouer aux receveurs de Champagne.

(168). — P 2289, 456. — P 2569, 228 v°; etc., comme au n. **233**.

237. 126. — S. d. — « Avant que marchans repairans es foires de Champaigne eussent oncques parlé du denier de la livre et du quart denier, du courretaige ne male touste, les foires de Champaigne valoient bien les sommes qui s'ensuivent. »

(170). — P 2288, 458. — Fr. 4596, 113 ; Champagne, 99, 79. Du Cange, *Glossaire*, au mot « Nundinae ».

238. 127. — S. d. — *Les foires de Champaigne et les sommes du denier de la livre.* — « Premierement la foire de may de Provins, l'an IIᶜIIIIˣˣXVI... »

(170). — Mêmes références qu'au n. **237**.

239. 127. — S. d. — *La valeur du seel de Champaigne.*

(171). — Mêmes références qu'au n. **237**.
Cf. n. **92**.

240. 127 v°. — *Valor magni sigilli regis.*

(171 v°). — P 2289, 462. — Lat. 16068, 59 *bis*; fr. 4596, 115 ; fr. 16600, 521.
Cf. n. **90**.

241. 128. — 27 janvier 1329. — Déposition de maître Geoffroi du Plessis, Ami d'Orléans et Jean de Dijon sur le fait de la Chancellerie.

(172). — Fr. 16600, 521 v°.

242. 128 v°. — S. d. — *C'est ce que prenoit cil qui portoit le seel ou temps le roy saint Loys.* —Déposition de frère Pierre de Condé, reçue par maître Saince de la Charmoye.

(172). — Lat. 16068, 56 v°; fr. 16600, 522 ; Arsenal, 3719, 244.

---

1. On lit dans les copies de *Noster*² : « illi qui capient firmas regis seu mercata ex ipsis ».

243. 128 v°. — S. d. — *Feoda debita magistris et clericis Camere in baillivia Trecensi et apud Pruvinum.*

> (174 v°). — P 2289, 178. — AD^{ix} 103, n. 5; fr. 4429, 137.
> Cf. n. 89.

244. 130 v°. — S. d. — « Les fiefs des clercs des comptes en Champaigne pour l'an feni a la Magdaleine CCCXX. »

> (176 v°). — P 2289, 174. — AD^{ix} 99, n. 9; AD^{ix} 103, n. 7; lat. 9849, 118.
> Lechanteur, *Dissertation historique et critique sur la Chambre des Comptes*, 191.

245. 132 v°. — 1325-1328. — *Jura clericorum pro scriptis Francie solent sic percipi...* — Droits divers du personnel de la Chambre des Comptes.

> (178 v°). — P 2289, 466. — AD^{ix} 99, n. 5; lat. 9849, 125 v°.
> Lechanteur, *o. c.*, 192.

246. 133 v°. — Paris, mai 1327. — Ordonnance sur les foires de Champagne.

> (181). — P 2289, 468.
> *Ordonnances*, I, 800.

247. 135 v°. — *C'est ce en quoy le roy peut avoir proffit quant aux emoluments du seel et des registres des foires de Champagne et au proffit et seurté des marchans.* — « Premierement que toutes les congnoissances... »

> (181). — P 2289, 177.

248. 136. — *Ce sont les cas et les meshains [1] qui aviennent de jour en jour es foires de Champaigne par quoy elles sont perdues et desolées* — « Premierement lesdites foires furent fondées... »

> (182). — P 2288, 188.
> Du Cange, *Glossaire*, au mot « Nundinæ ».

249. 139. — Février 1319. — *Ordinatio facta a rege pro Judeis potestatis sue.*

> (185). — P 2289, 476. — P 2569, 229 v°; P 2591 *, 205 v°; fr. 4412, 100; fr. 23869, 439.
> *Ordonnances*, I, 682.

---

1. « Mescus » dans *Noster²*, fol. 182, d'après Du Cange.

250. 139 v°. — *Ce sont les choses baillées a mons. Eude, maistre de la chappelle royal de Paris.*

(196). — P 2289, 480. — Fr. 4426, 269; Arsenal, 3719, 232 v°.

251. 140. — S. d. — *Ce sont les choses qui sont trouvées es coffres demourans ou Tresor que l'en porte aucunes fois avec le roy pour les festes.*

(197). — Cet article manque dans PP 109, mais il est copié dans fr. 4426, 270; Arsenal, 3719, 233.

252. 141 v°. — Calcul de ce que diverses sommes (de 1 picte à 1000 l.) par jour font par an.

(199). — Cf. n. **149.**

253. 142. — *L'evaluement des monnoyes pour le temps que le groz tour- noys valoit X d., ob. par.. au temps que il a couru pour XII d. t., c'est assavoir de Pasques CCCXXX en ça. — L'avaluement de XX s. t. courans les années qui s'ensuivent a la monnoie courant apres Pasques CCCXXX.*

(200). — P 2289, 486.

254. 144. — *Estimacio valoris grossorum turonensium secundum cursus quos habebant tempore retroacto, reductorum ad cursum quem nunc habent, videlicet de XII d. t.*

(201). — P 2289, 491.

255. 146. — 1330. — *Modus solvendi in Thesauro debita de temporibus retroactis...* — « De toto tempore preterito usque ad annum CCCI exclusive solventur debita consideracione cursus grossi turonensis pro X d., ob. par... »

(204). — P 2289, 493. — Fr. 16600, 313.
Leblanc, *Traité historique des monnaies de France*, 217 et 255.

256. 146 v°. — Renseignements sur les quatre « marcs » du royaume (Troyes, Limoges, Tours, La Rochelle), sur l' « argent le roy » et sur diverses monnaies.

(204). — Du Cange, *Glossaire*, aux mots « Argentum » et « Marca ». Cf. de Saulcy, *Documents relatifs aux monnaies...*, 22.

257. 148. — Paris, 1394 (*sic*). — Vidimus par Guillaume de Hangest, garde de la prévôté de Paris, d'un diplôme de Louis VIII, confirmant un accord conclu entre les maîtres et les ouvriers monnayeurs de Paris.

> Cf. Ch. Petit-Dutaillis, *Actes de Louis VIII*, n. 289, à la suite de son *Étude sur la vie et le règne de Louis VIII*. Paris, 1894, in-8.
> On lit dans lat. 16068, fol. 56 v° « Pro facto monete, fol. 198, Ordinatio super facto monete anno 1294, fol. 199. — La pièce de « 1294 » doit sans doute être identifiée avec le n. **257**.

258. (199 *bis*.) — 1265. — Ordonnance sur le fait des monnayes.

> Cf. n. **609**.

259. 148 v°. — Paris, 16 février 1307. — Ordonnance sur le payement des fermes et les monnaies à employer.

> (200 *bis*). — P 2289, 504.
> *Ordonnances*, I, 446.

260. 149 v°. — Paris, 18 janvier 1309. — Ordonnance de Philippe le Bel sur les monnaies et le cours des différentes espèces. Exemplaire adressé au comte de la Marche.

> (201 *bis*). — P 2289, 508.
> *Ordonnances*, I, 454. — Leblanc, *Traité historique des monnaies*, 180. — De Saulcy, *Documents relatifs aux monnaies...*, 190.

261. 151 v°. — Messy, 4 octobre 1306. — Instruction de Philippe le Bel au prévôt de Paris, touchant le cours des monnaies. — « Comme nous ayons pieca ordené et fait crier par nostre royaume... »

> (203 *bis*). — P 2289, 516.
> *Ordonnances*, I, 444. — De Saulcy, *Documents relatifs aux monnaies...*, 165 (fragment).

261 *bis*. (205). — *Valor marche argenti ab anno 1294 ad diem Pasche 1305.*

> Lat. 9848, 12 ; lat. 16068, 56 v°.
> Cet article manque dans PP 109, mais il est cité par lat. 16068, 56 v°, et édité par Du Cange, *Glossaire*, au mot « Marca », et par de Saulcy, *Documents relatifs aux monnaies...*, 10.

262. 153. — *C'est le pris que l'argent a valu puis que l'on commença a faire les doubles parisis et tournoys.*

> (205 *bis*). — De Saulcy, *Documents relatifs aux monnaies...*, 16.

263. 155. — S. d. — Mémoire au roi au sujet des monnaies. « A

la fin que bonne monnoye puisse estre recouvrée dedans ung
an... »

   (207)[1].

264. 155 v°. — 1314. — *Ensuit l'accort qui fut fait par les gens des
bonnes villes qui furent mandées pour le fait des monnoyes l'an
CCC et XIIII.*

   (208). — P 2289, 522.
   Ordonnances, I, 548. — Leblanc, *Traité historique des monnaies*,
222. — De Saulcy, *Documents relatifs aux monnaies...*, 188. — *Bibl.
de l'École des Chartes*, 1876, 176.

265. 156 v°. — *C'est la forme et la maniere comment sera faite la monnoie d'or que nostre seigneur le roy veult faire faire par le maistre qui
la fera, et le pois et la loy, et le prix comment il seront pris et mis par
le royaume. Et ce signifie ledit maistre as maistres de la court le roy...*

   (209). — Lat. 16068, 56 v°. — Cet article manque dans PP 109.

266. 158. — S. d. — Tableau de ce que vaudront diverses espèces de
monnaies « a paier du denier a l'aignel pour xv s. »

267. 158 v°. — *C'est ce que Nicolas de Maignianes, Guillaume Conlel
et Jehan Dismier font assavoir à nostre seigneur le roy sur le fait des
monnaies.*

   (213). — Dans ce document est citée une ordonnance de Louis
IX (du 6 septembre 1229), cotée fol. 213 par PP 109 et fol. 212
par les copies suivantes qui l'ont conservée : P 2569, 232; P
2591^A, 206 v°; fr. 4412, 101; fr. 16584, 56; fr. 21407, 243;
fr. 23869, 442.

268. 159 v°. — *S'ensuit le fait de la monnoie de Tournay.* — Compte de
ce que le monnayeur de Tournay doit au roi.

   Cet article manque dans PP 109, mais il est cité par lat. 16068,
56.

269. 160. — Mémoire au roi de Betin Caucinel, « maistre de la
Monnoie », sur le fait des monnaies. — « Pour le profit de nostre
chier seigneur le roy et de ses monnoyes requiert Betin Caucinel.. »

270. 161. — Paris, 23 mars 1295. — Philippe le Bel défend à tous

---

1. Les Extraits de Menant (XIII, 6) signalent, probablement par erreur, au
fol. 207 v° de *Noster*[2] une « Ordonnance sur le sacre des reines de France »; cf.
n. **288**.

ceux qui n'ont pas 6000 l. t. de rente d'avoir de la vaisselle d'or
et d'argent, et ordonne de porter ladite vaisselle à la monnaie.

    (211 *bis*). — P 2289, 524. — P 2569, 233; P 2591 ^A^, 105 v°;
fr., 4412, 103; fr. 16583, 196; fr. 21407, 105; fr. 23869, 445.
    Ordonnances, I, 324. — Ménard, *Histoire de Nismes*, I, pr.,
137.

271. 161 v°. — Tableau des monnaies qui courent dans le royaume.

    (212 *bis*). — Leblanc, *Traité historique des monnaies de France*,
223 — *Historiens de la France*, XXI, 563.

272. 162 v°. — 30 septembre 1329. — *L'ordonnance de la monnoye
faicte l'an XXIX et criée par le royaume le samedi d'apres la Saint
Michel lors.*

    (215). — P 2289, 526.
    Ordonnances, II, 37. — Leblanc, *Traité historique des monnaies de
France*, 209.

273. 164 v°. — *C'est l'aviz que l'on a eu avec le Conseil du roi, a
savoir mon a quelle monnoie et a quel pris toutes debtes a treves et toutes
rentes en deniers, tous contraulx, marchiez et fermes et ventes de bois se
paieront apres le jour de Noel qui sera l'an CCCXXIX.*

274. 165 v°. — *C'est ce que le gros a valu puis l'an CCCXX.*

    (218). — Leblanc, *Traité historique des monnaies*, 240.
    Cf. n. **153**.

275. (218). — Paris, 27 juin 1381. — Apurement des comptes
de Bernard de Montlhéri.

    P 2289, 534.

276. 166. — Vincennes, 25 mars 1305. — Testament de Jeanne,
reine de France et de Navarre. — Vincennes, 25 mars 1305.
Approbation de ce testament par Philippe le Bel. — Vincennes,
31 mars 1305. Articles additionnels à ce testament; approbation
de ces articles par Philippe IV et Louis le Hutin.

    (219). — P 2289, 536, 547, 554, 570, 584, 592, 596. — P
2569, 234 v°; P 2591 ^A^, 126; fr. 4412, 104; fr. 4426, 273; fr. 4596,
116; fr. 16583, 250; fr. 21407, 138; fr. 23023, 55; fr. 23869, 447.
    Bulæus, *Historia Universalis Parisiensis*, IV, 82. — D. Félibien,
Histoire de Paris, III, 316. — J. de Launoy, *Opera omnia*, VII, 293.

277. 171. — [31 avril 1315]. — Statuts du Collège de Navarre, fondé
par la reine Jeanne.

    (228). — P 2289, 572. — Fr. 4426, 283 v°; etc., comme
sous le n. **276**.
    Mêmes éditions que sous le n. **276**.

278. 177. — Avignon, 25 janvier 1317. — Jean XXII confirme les statuts du Collège de Navarre.

(239). — P 2289, 634. — Fr. 4426, 301; etc., comme au n. **276**.

279. (228). — Conflans, près Carrières, 21 août 1321. — Ordonnance qui charge la Chambre des Comptes de l'administration du Collège de Navarre.

P 2289, 652.

280. (228). — Paris, 10 mars 1373. — Ordonnance qui change le nom de Collège de Navarre en celui de Collège de Champagne.

P 2289, 660.

281. 180. — *Ce sont les choses appartenant a l'office de la clergie du prevost de Paris, que Philippe Becot a tenue par son temps, dont ly emolumens doit appartenir, si comme on dit, au clerc d'icelle clergie et a sa chambre.*

(246).

282. 180 v°. — *Domania in prepositura Parisiensi, ut in compoto ejus dicitur de anno CCCXXI.*

(246 v°).

283. 181. — *Les parties vendues en la ferme de la boiste au blé.*

284. 181 v°. — *Hale quas rex debet sustinere, tradite per magistrum Johannem de Serenz, mercurii post [festum] Omnium Sanctorum XCVI.*

(247).

285. 181 v°. — [Vincennes, mai 1262]. — *Ensuivent les rentes que la prieure et le couvent de la maison de La Saulçoye ont et prennent chascun an a tousjours en l'ostel nostre seigneur le roy et madame la royne de France et de leurs enfans.* — Don de Louis IX [1].

(247 v°). — Arsenal, 3719, 234 v°.

286. 182. — Paris, 8 juillet 1302. — *Instructio missorum pro financiis recipiendis pro exercitu Flandrie, et ista debent teneri secrete et non revelari alicui nisi illi qui missus est ex parte regis...*

(249). — P 2289, 374, 664. — Fr. 4426, 313.
Ordonnances, I, 350 et 351, en note.
Cf. n. **177**.

---

1. Édité d'après d'autres sources : Malingre, *Antiquités de Paris*, 97. — Du Breuil, *Antiquités de Paris*, 1006.

287. 184. — *Modus coronandi regem Francie.*
>   (250). — P 2288, 706, 716. — Fr. 4596, 124 v°; fr. 16600, 316.
>   Cf. n. **64.**

288. 185 v°. — *Modus inungendi seu coronandi reginam.*
>   (252). — P 2288, 714, 723. — Fr. 4596, 128 ; fr. 16600, 320.
>   Cf. n. **65.**

289. 186. — Lyon, 16 septembre 1316. — Raoul « de Perellis », clerc du régent, a reçu de « Felisius Colombi », clerc du dit régent, les privilèges pontificaux, au nombre de 49, dont la liste suit.
>   (254).

290. 187. — 16 janvier 1317. — Reçu du même au même de lettres pontificales dont la liste suit.
>   (255).

291. 187 v°. — 10 avril 1317. — Reçu par Pierre de Chappes, chancelier, à maître Felisius, de lettres pontificales dont la liste suit, à déposer provisoirement dans le trésor de la cathédrale de Bourges [1].
>   (256).

292. 190 v°. — *Littere novissime.* — Inventaire de lettres pontificales relatives aux affaires de la couronne de France, d'Honorius III à Jean XXII.
>   Cf. A. Bordier, *Les Archives de la France*, 154.

293. 195 v°. — *L'abregement des despens faiz en la voye d'Arragon.*
>   (268). — Fr. 20853, 10 ; Arsenal, 3719, 234.
>   *Historiens de la France*, XXI, 516.

294. 196 v°. — S. d. — « C'est l'ordonnance que ly legaz Symons, messire Erart de Valery et ly connestables de France ont faicte des gens que ly roys et ly legaz envoient oultremer ».
>   (269). — P 2289, 668. — Fr. 4596, 129 v° ; fr. 16600, 321.

295. 197. — [1269]. — *Cy sont les chevaliers qui deurent aler avec le roy saint Loys oultremer et les convenances qui furent entre eulx et le roy.*
>   (280). — P 2289, 669. — Fr. 16600, 322 ; fr. 20853, 1.
>   Ménard, *Édition de Joinville*, 345. — *Historiens de la France*, XX, 305.

---

1. Cf. *Historiens de la France*, XXIII, 724.

296. 198. — *Cy sont les chevaliers de l'ostel le roy pour la voye de Tunes.*
(282). — P 2289, 674. — Fr. 16600, 324 v°; fr. 20853, 3.
Ménard, *Édition de Joinville*, 349. — *Historiens de la France*, XX,
307, et XXIII, 733.

297. 199 v°. — 1268. — *Contractus navigii regis cum Venetis.*
(284). — P 2289, 680. — Fr. 4596, 135; fr. 16600, 325 v°.
Leibniz, *Codex diplomaticus*, I, 24. — Dumont, *Corps diplomatique*, I, 227. — A. Jal, *Archéologie navale*, II, 355.

298. 201 v°. — 1268. — *Contractus navium Massiliensium.*
(285). — P 2289, 690.
Du Cange, *Glossaire*, au mot « Escharfach » (fragment). —
Mélanges historiques de la collection des documents inédits, 1re série,
I, 609.

299. 202. — Avignon, 5 décembre 1316. — Jean XXII adresse un
appel aux évêques de France en faveur de la croisade : « Gaudea-
mus et exaltemus... »
(287). — P 2289, 692. — Fr. 4426, 315; fr. 4596, 140; fr.
16600, 331.

300. 204. — Jeudi saint 1330. — Indication d'une bulle de Jean
XXII concédant des indulgences. — Suit la formule de la prière
indulgenciée.
(290). — P 2289, 698. — Fr. 16600, 335.

301. 204. — *Ce sont les indulgences octroyées par le pape pour cause du
saint voiaige d'oultremer.*
204 v°. — *Extrait des choses octroyées par le pape, et dont esmolu-
ment peut venir pour convertir au proffit du saint passage.*
(291 v°). — P 2289, 700. — P 2569, 249; P 2591^A, 177; fr.
4412, 124; fr. 4426, 319 v°; fr. 4596, 144 v°; fr. 16584, 181;
fr. 16600, 337; fr. 20853, 3; fr. 21407, 326; fr. 23869, 465.

302. 205 v°. — Mémoire sur les voies et moyens de l'expédition
d'outremer. — « Quant a l'article premier, de quoy l'on doit
avoir advis... »
(291 bis). — *Quæstio habita in consilio regis an ad susceptionem belli
sacri utilius sit iter maritimum quam terrestre, quod magis placuit.*
P 2289, 703. — P 2569, 251 v°; P 2591^A, 178; fr. 4412, 127;
fr. 4596, 152; fr. 16584, 182; fr. 16600, 339; fr. 21407, 328;
fr. 23869, 467.
J. Delaville le Roulx, *La France en Orient au XIVe siècle*, II,
7, n. II.

303. 208. — *Commant (sic) une informacion des choses qui appartiennent au saint passaige, et par le premier de la seigneurie du royaume de Jerusalem et des passaiges qui ont esté faiz jusques a ore, et par qui, et par quelles parties.*

(292 *bis*). — P 2289, 714. — Fr. 16600, 344.

304. 209 v°. — *Decime panis et vini quas rex debet.*

(292). — Lat. 16068, 115 ; fr. 16600, 346 v° ; Arsenal, 3719, 235.

305. 210 v°. — *De quodam rotulo Camere Compotorum extraxit magister Petrus de Stampis que infra scribuntur, cujus rotuli signum est 8. — Milites et armigeri et alii qui debent servicium,* etc.

(293). — Lat. 16068, 116 ; fr. 16600, 349 v°.
Cf. n. **430.**

306. 212. — *Hii sunt archiepiscopi, episcopi, abbates et abbatisse regni Francie qui solverunt domino Johanni d'Acre, buticulario Francie.*

(295). — P 2288, 702. — Fr. 16600, 350 v° ; Arsenal, 3719, 244.
Cf. n. **60.**

307. 213 v°. — Noms des abbayes qui doivent charroi au roi.

(297). — Cet article manque dans PP 109, mais il est copié dans : fr. 16600, 351 v° ; lat. 16068, 57 et 117 v°.
Cf. n. **17.**

308. 214. — *Servicia debita regi in Normannia et persone debentes ea.*
(298). — Fr. 16600, 352. — Cf. fr. 5291, 258.
Historiens de la France, XXIII, 729.

309. 214 v°. — *Iste sunt ville juxta Peronnam que tempore regis Philippe reddebant exercitum domino regi et que post non reddiderunt nisi due.*
(299). — Lat. 16068, 118 v° ; fr. 16600, 353.

310. 215. — Paris, 9 mai 1365. — Confirmation par Charles V des privilèges de la confrérie des secrétaires et notaires du roi.

(299). — P 2289, 722. — Lat. 16068, 119 ; fr. 16600, 354.

311. 219. — « A quodam registro Guarini, episcopi Silvanectensis... extraxit magister Petrus de Stampis quosdam summarios debitos regi qui subscribuntur. » — Liste d'abbayes qui doivent des sommiers. — Suit une liste acéphale de noms de Juifs.

(305). — Fr. 16600, 361 ; Arsenal, 3719, 236. — Cf. fr. 5291, 263.

312. 228. — *Gisla regis.*
(306). — Fr. 16600, 362 v° ; fr. 20684, 629.

313. 223. — *Gista que dominus rex cepit anno Domini CCXXIII.* — Suivent les gîtes pris par le roi de 1224 à 1225 et de 1254 à 1269.

>   (314). — Fr. 16600, 365 v°; Arsenal, 3719, 238.
>   Les gîtes de 1254-1269 ont été édités par Du Cange, *Joinville,* 101; Brussel, *Usage des fiefs,* 553; et *Historiens de la France,* XXI, 397.
>   Cf. n. **63.**

314. 227. — Rieti, 12 novembre 1289. — Vidimus de la bulle de Nicolas IV du 7 juillet 1289, au sujet de la décime.

>   (321). — P 2289, 742. — Baluze, 17, 34.
>   Cf. n. **125.**

315. 230 v°. — *Interpretatio Curie talis est.* — Au sujet des amortissements.

>   (326). — P 2289, 758.
>   Cf. n. **180.**

316. 231. — *C'est la maniere comment le subside pour l'ost de Flandres, l'an CCCIIII, fu fait et levé, et que il monta selon ce que on peut trouver par les comptes renduz a court.*

>   (354). — P 2289, 760. — ·Lat. 16068, 142; fr. 4596, 156; fr. 16600, 393; fr. 20853, 11.
>   *Historiens de la France,* XXI, 564.

317. 233. — *C'est le subside de l'an CCCXIIII.* — Notes analogues pour 1314.

>   (355). — P 2289, 769. — Lat. 16068, 145; fr. 4596, 162; fr. 16600, 396 v°; fr. 20853, 14.
>   *Historiens de la France,* XXI, 567.

318. 236. — Notes semblables pour 1315 ; subside de Paris.

>   (357). — Mêmes références que sous le n. **317.**

319. 236. — *C'est la maniere coment le subside fu fait pour l'ost de Flandres CCCXXVIII et que il monta, selon ce que on peut trouver par les comptes renduz.*

>   (358). — P 2289, 785. — Lat. 16068, 148 ; fr. 4596, 166; fr. 16600, 401 v°; fr. 20853, 15.
>   *Bibliothèque de l'École des Chartes,* 1840-41, 170.

320. 237 v°. — *Les paroisses et les feuz des baillies et seneschaussées de France.*

>   (364). — P 2289, 716. — Fr. 16600, 404; fr. 20853, 19; Dupuy, 233, 4; Moreau, 341, 195.
>   *Bibliothèque de l'École des Chartes,* 1840-41, 173.

321. 239 v°. — *Ville capituli Parisiensis.*

(368). — P 2289, 796, 803. — Fr. 16600, 407 v°.

321 *bis.* 240. — Liste des prévôtés de plusieurs baillages de France.

(368). — P 2289, 818. — Fr. 16600, 407 v°.
Brussel, *Usage des fiefs*, 700.

322. 240. — « La queullette de X^m l. p. que la ville de Paris paia pour la chevallerie du roy Loys, filz du roy Philippe le Bel l'an CCCXIII fu faite par les rues qui ensuivent... »

(366). — P 2289, 808. — Fr. 16600, 407 v°.
D. Félibien, *Histoire de la ville de Paris*, V, 618.

323. (326). — *Modus levandi subsidium pro guerra.*

Cet article manque dans PP 109, mais il est indiqué dans lat. 16068, 57.

324. 242. — *Adequaciones mensurarum.* — Rapports entre les muids des différents pays du nord de la France, suivis de notes semblables pour la Navarre.

(327). — Lat. 16068, 129; fr. 16600, 372 v°.
Du Cange, *Glossaire*, au mot « Modius ».

325. 250 v°. — *C'est le rapport que les jaugeurs de Paris firent a noz seigneurs des comptes sur les moisons des tonniaulx*, etc.

(339 v°). — Lat. 16068, 136; fr. 16600, 385.
Cf. n. **104.**

326. 251 v°. — *Adequationes mensurarum.* — Notes sur les mesures du blé et de l'avoine, suivies de notes sur les rapports entre les mesures des terres.

(341). — Lat. 16068, 137; fr. 16600, 386.
Cf. n. **102.**

327. 251 v°. — *Ce sont les estimacions.* — « C'est l'estimacion des mesures des lieux dont blez et avenes sont venuz a Saint-Quentin, Peronne, Arras, Lens, Lille, Courtrai. »

(342). — Lat. 16068, 137; fr. 16600, 387.
Cf. n. **102** *bis.*

328. 255 v°. — *L'estat des deniers promis au roy et a ses predecesseurs par les traictez faiz avec les Flamens pour cause des guerres de Flandres et les paiemens qui ont esté faiz.*

(356). — Lat. 16068, 140.
E. Boutaric, *La France sous Philippe le Bel*, 305. — F. Funck-Brentano, dans la *Revue d'histoire diplomatique*, 1897, 385.

329. 256 v°. — Relevé des sommes levées dans diverses paroisses de Paris pour la chevalerie de Louis, roi de Navarre.

330. 258. — *Nomina villarum vicecomitatus Parisiensis.*

 (368). — P 2289, 776, 803, 818. — Fr. 16600, 414 v°.
 D. Félibien, *Histoire de la ville de Paris*, V, 621. — Brussel, *Usage des fiefs*, 700.

331. 259. — *Valor decimarum.*

 (359). — P 2289, 250. — Lat. 16068, 152; fr. 4429, 11 v°; fr. 16600, 415 v°.
 Historiens de la France, XXI, 541.
 Cf. n. **138.**

332. 261 v°. — *Taxatio decime IIII°ʳ annorum regi concesse pro negocio Aragonie... in ordine Cisterciensi. — Taxatio decime III°ᵘᵐ annorum pro eodem ordine Cisterciensi.*

 Cet article manque dans PP 109, mais il est signalé dans *Noster* 2 par les mss. lat. 16068, 154, et fr. 16600, 420 v°. Les articles **333** et **334** y étaient aussi, car, à cette place, PP 109 passe brusquement de l'analyse d'une pièce écrite au fol. 368 à celle d'une pièce écrite au fol. 381, et ces deux articles figurent dans fr. 16600.
 Historiens de la France, XXI, 531.

333. 262 v°. — *Valor decime per compotos magistri J. de Cerens pro anno CCCXIII, primo videlicet anno decime regi Philippo Pulcro a papa concesse usque ad sex annos pro subsidio Terre Sancte.*

 (?). — Fr. 16600, 421 v°.
 Historiens de la France, XXI, 558.

334. 265 v°. — *Taxatio seu valor decime triennii pro Arragonia beneficiorum non exemptorum.*

 (?). — Lat. 16068, 156; fr. 16600, 425 v°.
 Historiens de la France, XXI, 546.

335. 275 v°. — Cîteaux, 21 décembre 1333. — Guillaume, abbé de Cîteaux, mande à ses coabbés en France qu'il a reçu des Gens des Comptes l'ordre de dresser un état des abbayes cisterciennes en France et de lever leur contribution pour la décime. Il leur demande des renseignements et leur communique les siens. — Suit une liste des abbayes cisterciennes de France, rangées par provinces ecclésiastiques.

 (381). — P 2289, 822. — Lat. 16068, 164 v°; fr. 4426, 323; fr. 16600, 445 v°.

336. 280 v°. — *Isti sunt articuli qui continentur in litteris apostolicis de negocio Sancte Crucis.* — « Conceditur plena indulgentia... ».

     (393). — Lat. 16068, 168 v°; fr. 16600, 453 v°.

337. 282 v°. — 9 mai 1337. — « Vous nous avez mandé que nous vous feissions savoir quelz gens ont gardé ou temps passé les ports depuis Calays jusques au Mont Saint Michiel, combien de garde chascun d'iceux avoit, et quelz gaiges ilz prenoient... Nous avons fait veoir les escriptz de vostre Chambre et vous envoions en ung roulet abregié avec ces lettres ce qui en fu fait par monseigneur le connestable et monseigneur Mahy de Varennes, en l'an CCCXXIIII. Item en ung aultre roulet ce qui en fu fait l'an CCCXXVI par Mouton de Blainville et monseigneur Guillaume de Merle. »

     (395). — Lat. 16068, 170; fr. 16600, 458; Arsenal, 3719, 245.

338-9. 284. — [1310-1315]. — *C'est ce qui a esté prins sus le roy pour gaiges de barons et de chevaliers et de soudoiers estans es guerres pour le roi, par les comptes qui s'ensuivent.*

     (398 v°). — Fr. 16600, 460 v°; Arsenal, 3719, 246 v°.

340. 284 v°. — *C'est le nombre des gentilshommes qui furent en la garde de la marine avec monseigneur Guillaume Bertran l'an CCIIII[xx]XV, environ la saint Nicolas d'yver, pour la guerre de Gascoigne.*

     Aussi dans *Noster* ², quoique l'indication manque dans PP 109 : fr. 16600, 462; Arsenal, 3719, 247.

341. 285. — *Ce sont les nons des gardes de la mer pour la guerre de Gascoigne, et leurs gaiges prins sus le roy par le compte monseigneur Eustache de Torly, bailli de Caulz, a la Toussaint CCIIII[xx]XVI.*

     Aussi dans *Noster*² : fr. 16600, 462 v°; Arsenal, 3719, 247 v°.

342. 285 v°. — 1283. — Notes sur les gages de divers soudoiers, d'après les comptes des archives de la Chambre.

     (399). — Arsenal, 3719, 247.

343. 286 v°. — Notes : 1° Sur « la subvencion ordonnée sus les marchandises alans et venans par mer, pour l'aide de l'armée d'icelle » (octobre 1327-Pâques 1329); 2° Résumé d'une ordonnance s. d. sur ce qu'auront à payer ceux qui ont 500 l. t. vaillant en meubles.

     (399 v°).

344. 286 vᵒ. — *Ce sont les chandelles des mois de l'an mises en Chastellet.*

   (400).

345. 287. — *Vadia officialium regis in bailliviis, senescalliis et aliis terris regni; item, in hospicio regis et regine.* — Renseignements extraits de comptes.

   (401). — P 2289, 838, 874. — P 2569, 285; P 2591ᴬ, 25; fr. 4412, 146; fr. 4596, 178 vᵒ (fragment); fr. 16584, 159; fr. 16600, 463; fr. 21407, 308; Arsenal, 3719, 249.
   Brussel, *Usage des fiefs*, 326 (fragment). — *Bibliothèque de l'École des Chartes*, 1890, 240.

346. 297 vᵒ. — Renseignements sur les gages des officiers royaux, extraits de comptes. — « Anciennement le prevost de Paris souloit prendre... »

   (415). — P 2289, 404, 870. — Fr. 16600, 478 vᵒ.
   Le fragment relatif au Chancelier est édité dans le Glossaire de du Cange au mot « Cancellarius ». — Cet article a été intégralement édité dans la *Bibliothèque de l'École des Chartes*, 1890, 263.

347. 300. — *Ce sont les noms des officiers de l'ostel le roy, et combien chascun doit prendre de gaiges.*

   (425). — Fr. 4596, 180; fr. 16600, 481; Arsenal, 3719, 242.
   Bibliothèque de l'École des Chartes, 1890, 265.

348. 301 vᵒ. [1322 et 1323]. — *Hec sunt ordinata in regno Navarre per nos Johannem Paste, decanum Carnotensem, et Hugonem de Viciaco, militem, reformatores dicti regni per dominum regem deputatos*[1].

   (436). — P 2289, 878. — Lat. 16068, 183; fr. 6538, 3; fr. 16600, 483; Arsenal, 3719, 259.
   Brussel, *Usage des fiefs*, 608, note (fragment). — *Historiens de la France*, XXII, 757, note (fragment).

349. 307. — 1322. — *Ordinaciones mesnaderiorum Navarre facte de mandato regis per dominum Johannem Paste, decanum Carnotensem, Hugonem de Vissiaco, militem, et Alphonsum de Rouvreyo, gubernatorem Navarre, reformatores dicti regni.* —Suivent (fol. 310) : 1ᵒ une « Ordinacio de castellanis castrorum regni Navarre » par les mêmes; 2ᵒ une liste de ces châtelains; 3ᵒ une liste des mesnadiers, sur laquelle sont notés les changements apportés ou constatés par les enquêteurs.

   Mêmes références que sous le n. **348**.

----

1. Cf. Bibl. nat., fr. 6539, 3 et 8.

350. 316 v°. — *Paris, 21 mars 1313.* — *Première composition faite par les Hospitaliers au roy Philippe le Bel de II^c M l. t.*

> (453). — P 2289, 912; — P 2569, 257 v°; P 2591^A, 167 [2] v°; fr. 4412, 120; fr. 16583, 325 v°; fr. 16600, 509; fr. 21407, 193; fr. 23869, 477.
> Fournival, *Recueil général des titres concernant... les trésoriers de France*, etc., 36. — D. Félibien, *Histoire de la ville de Paris*, III, 320. — L. Delisle, *Mémoire sur les opérations financières des Templiers*, dans les *Mémoires de l'Acad. des Inscr. et Belles-Lettres*, XXXIII[2], 228.

351. 317 v°. — *Paris, 14 février 1316.* — *Seconde composition par les dix Hospitaliers au roy Loys pour les 11 pars des meubles.*

> (454). — P 2289, 916. — P 2569, 259; P 2591^A, 167 3 v°; fr. 4412, 121 v°; fr. 16583, 327 v°; fr. 16600, 510 v°; fr. 21407, 194; fr. 23869, 479.
> Fournival, *o. c.*, 39. — Félibien, III, 320. — L. Delisle, XXXIII[2], 229.

352. 319 v°. — *Paris, 6 mars 1318.* — *Tierce et derreniere composition faite par les Hospitaliers au roi Ph. le Grant pour les debtes deues des biens du Temple.*

> (458). — P 2289, 924 — P 2569, 264 v°; P 2591^A, 167 6 v°; fr. 4412, 125 v°; fr. 16583, 332; fr. 16600, 514; fr. 21407, 198; fr. 23869, 486.
> Fournival, *o. c.*, 42. — Félibien, III, 322. — L. Delisle, XXXIII [2], 234.

353. 322 v°. — *L'avaluement du marc d'argent.* — Suivent des comptes faits.

> (461). — Fr. 4426, 15 v°.
> De Saulcy, *Documents relatifs aux monnaies frappées en France...*, 14.

354. 336. — Supputation du revenu d'une année par rapport à celui d'un jour. — Supputation du revenu d'un jour par rapport à celui d'une année. — Instruction pour l'évaluation de l'once d'or par rapport au prix des marcs.

> (474 v°). — Fr. 4429, 30 v° (fragment).

355. 339 v°. — Notes sur la valeur et le cours des espèces de monnaie fabriquées à Paris du 20 septembre 1330 au 21 avril 1352.

> (478). — Lat. 9848, 30 v°.
> De Saulcy, *o. c.*, 28.

356. 340. — Tableau chronologique des nombres d'or, des lettres dominicales et des dates de Pâques pour les années 1304 à 1400.

(479). — Lat. 9848, 9.

357. 341 v°. — 1345 et années suivantes. — *Cursus florenorum ad scutum.*

(480). — Lat. 9848, 34 v°.

358. 345. — *Intitulatio eorum que sequuntur in Libro Rubeo*[1] *qui est in Thesauro privillegiorum regis.*

1. Cet article manque dans PP 109. Nous le trouvons dans PP 117 qui signale dans *Noster*[2], fol. 496, « une table de plusieurs matières non expliquées. *Nota.* C'est la table du Livre Rouge. » — On sait par l'analyse contenue dans le ms. 2635 de la Bibl. de l'Arsenal (fol. 4 v°) que la Table du Livre Rouge occupait dans *Noster*[2] les fol. 496 à 510. — Le Livre Rouge en question est le registre E de Philippe-Auguste (L. Delisle, *Catalogue des actes de Philippe-Auguste*, p. XIV.)

III. — NOSTER [1], QUI ES IN CŒLIS, CROIX et SAINT-JUST [2]

[Ces quatre manuscrits étaient étroitement apparentés et contenaient à peu près les mêmes pièces : toutefois vingt-sept pièces de *Croix* ne se retrouvent pas dans *Noster*[1], vingt-cinq ne se retrouvent pas dans *Qui es*. Quatorze pièces seulement de *Qui es* manquent dans *Noster*[1], ce qui a fait croire pendant longtemps que ce dernier en était la copie. *Qui es* et *Croix* paraissent avoir été composés après et d'après *Noster*[1] (ci-dessus, p. xv). — Le Mémorial *Qui es* avait 224 feuillets et contenait 77 pièces de 1223 à 1330; les exemplaires de *Croix* avaient respectivement 199 et 213 feuillets, et contenaient 101 pièces de 1223 à 1337. Au sujet de *Saint-Just*[2], voir la Préface et l'Introduction].

358 bis[1]. 5. — 1311. — Notes, extraites de l'*Extractus Thesauri* de la Toussaint 1311, sur le salaire des clercs qui assistent aux offices de la chapelle royale.

> *Croix*, 6. — P 2569, 30; fr. 2755, 6; Extr. de Menant, VII, 1 v°.

359. 7. — *Tenor cedularum parlamenti quas debent habere procuratores regii Lingue Occitane pro vadiis suis habendis per receptores locorum suorum, existendo in parlamento Parisius, et eundo et redeundo ad partes suas, de X s. t. per diem, ultra vadia sua ordinaria de III s. t. per diem que percipiunt ratione dicti officii procuratores in locis suis.*
— Les formules sont datées du 14 mars et du 2 juillet 1328.

> ·*Qui es*, 1[2].
> ·*Croix*, avant 1[3]. — P 2569, 29; fr. 2755, 5; fr. 4411, 96 v°; fr. 23869, 125; Bibl. de l'Institut. Ms. Godefroy, 184[4], 4.
> *Saint-Just*[2], 3 v°. — P 2591ᴬ, 274; fr. 21407, 323.

360. 7 v°. — Décompte du nombre de jours que prennent pour venir et pour aller les procureurs des sénéchaussées du Midi[5].

> Mêmes références que sous le n. **359**.

---

1. Ce chiffre indique le feuillet de *Noster* 1 (lat. 12814) d'après la foliotation actuelle.

2. Quand nous ne possédons pas sur *Qui es* ou *Croix* d'autre renseignement que ceux de la table PP 109, nous indiquons ainsi le feuillet du Mémorial perdu.

3. Le mémorial *Croix* débutait par plusieurs feuillets non numérotés qui contenaient trois pièces, dont celle-ci.

4. Ce manuscrit, qui contient une copie presque complète de *Croix*, étant cité à presque tous les articles, et seulement pour ce Mémorial, nous abrégeons de la manière suivante les références que nous en donnons : God., et un chiffre qui indique le feuillet.

5. On a ajouté quelques détails sur les procureurs des bailliages de Tours et de

361. 8. — *Nomina regum Francie et quot annis vixerunt.*
> *Qui es*, 1.
> *Croix*, av. 1. — Fr. 2755, 6 [1]; God. 1.
> Cf. n. **155**.

362. 9. — S. d. — Louis IX charge Guillaume, évêque d'Orléans, l'abbé de Bonneval et l'archidiacre de Poissy dans l'église de Chartres d'informer au sujet des biens confisqués, avant le départ du roi pour la croisade, sur les Juifs et les usuriers de Normandie et de réparer et punir les distractions qui en auraient été faites.

> *Qui es*, avant 21. — P 2288, 676 [2].
> *Croix*, av. 1. — Dupuy, 532, 32; God. 3 vᵒ.
> Brussel, *Usage des fiefs*, 594 (note).

363. 9 vᵒ. — *Ecclesie cadentes in regaliam per compotos regaliarum.*

> *Qui es*, 193. — P 2288, 1156.
> *Croix*, 157 [1]. — P 2569, 114; lat. 9848, 11; fr. 2835, 29; fr. 4411, 38 vᵒ; fr. 4429, 10 vᵒ; fr. 14371, *m* vᵒ; fr. 23869, 260; Sainte-Geneviève, 1752, 85.
> *Saint-Just* [2], 157. — P 2591ᴬ, 240 vᵒ; fr. 16584, 130; fr. 21407, 288.
> Brussel, *Usage des fiefs*, 292.

364. 9 vᵒ. — Note relative à l'exemption de la régale accordée par Philippe-Auguste à l'église d'Arras.

> *Croix*, 157. — P 2288, 1158. — P 2569, 115; fr. 2835, 30; fr. 4411, 39; fr. 14371, *n* vᵒ; fr. 23869, 260; Sainte-Geneviève, 1752, 91.
> *Saint-Just* [2], 157. — P 2591ᴬ, 241 vᵒ; fr. 16584, 130; fr. 21407, 288 vᵒ.

Lille : « Procurator baillivie Turonensis, prout est in alio libro consimili, in fine istius capituli... » Ce « liber » est probablement *Qui es*, car cette note additionnelle n'était pas dans *Croix*.

1. Ce ms. nous apprend que dans *Croix* les noms de Louis VII et de ses deux successeurs manquaient et que la liste avait été continuée jusqu'à Louis XIII. On lisait en marge : « Alibi inferius vide in folio VIIIˣˣXVIII latius et melius. »

2. La Reconstitution officielle des Mémoriaux (P 2288 et ss.) renvoie, pour les copies qu'elle fournit, à tous les Mémoriaux de notre troisième groupe dans lesquels la pièce figurait; nous ne la citons qu'une fois, pour *Qui es*, et nous faisons remarquer ici que cette citation vaut aussi pour *Croix*.

3. A la suite de cette pièce figure, dans le ms. fr. 14371, fol. o rᵒ, une liste des églises de Bretagne exemptes de régale et des chapitres qui doivent demander au roi la permission d'élire leur évêque.

Brussel, *Usage des fiefs*, 307. — Martène, *Amplissima collectio*, I, 1042. — Lemère, *Mémoires du clergé*, XI, 694. — *Bibl. de l'École des Chartes*, 1888, 648. (Lire, dans cette édition, « MCCIII »).

365. 10. — *Ce sont les enseingnemenz que monseigneur saint Loys fist a son ainzné filz Phelippe* [1].

    Qui es, av. 21. — Extr. de Menant, VI, 18.
    Croix, 1. — Fr. 2755, 9 ; God. 5 v°.
    Moreau, *Discours sur l'histoire de France*, XX, app., p. III.

366. 13 v°. — *C'est ce que il semble au genz des fores [le]roy que il devroit suffire aux marcheans que l'en leur paiast pour les moles de busche que li roys donne es fores chascun an, senz les dons qui anciennement furent fait a heritaige, lesquiex ne sont point compris en ce regart.*

367. 14. — *Adequationes mensurarum bladorum, avenarum et vinorum regni.*

    Qui es, av. 21.
    Croix, 4. — Fr. 2755, 13 ; God. 11.
    E. Boutaric, *Revue des Sociétés savantes*, 1860, 2ᵉ série, III, 324.
    Cf. n. **324.**

368. 22. — *Gista domini regis.*

    Qui es, 21. — P 2288, 684.
    Croix, 20. — P 2569, 31 v° ; fr. 2755, 29 ; fr. 4411, 99 v° ; fr. 23869, 128 ; God. 29 v°.
    Saint-Just 2, 20. — P 2591ᴬ, 174 ; fr. 16583, 77 ; fr. 21407, 227.
    Brussel, *Usage des fiefs*, 560. — Du Cange, *Glossaire*, fragments au mot « Gistum ».
    Cf. n. **312.**

369. 23. — *Gista que dominus Campanie capit in Campania.*
    Qui es, 22. — P 2288, 688. — Champagne, X, 136.
    Croix, 21. — P 2569, 32 v° ; fr. 2755, 31 ; fr. 4411, 100 ; fr. 23869, 129 ; God. 31 v°.
    Saint-Just 2, 21. — P 2591ᴬ, 175 v° ; fr. 16583, 79 v° ; fr. 21407, 230 v°.
    Du Cange, *Glossaire*, au mot « Gistum ». — D'Arbois de Jubainville, *Histoire des comtes de Champagne*, II, pr., LX.

370. 24. — *Ce sont les arcevesques, les evesques, les abbez, les abbaesses*

---

1. Loisel communiqua à Claude Ménard, pour son édition de Joinville (1617, p. 351), le texte qui se lisait dans les Mémoriaux de la Chambre des Comptes (*Historiens de la France*, XX, 302, note 2).

*du royaume de France qui ont poié a monseigneur Jehan d'Acre, bou-
tellier de France, chascun C s. p. toutes les foiz que il estoient arcevesques, evesques, abbez, abbaesses, pour reson de la boutellerie de
France.*

> *Qui es*, 23 v°. — P 2288, 702.
> *Croix*, 22. — Fr. 2755, 71; fr. 20691, 165; God. 71; Extr. de
> Menant, VI, 2.
> Du Cange, *Glossaire*, au mot « Buticularius ».
> Cf. n. **306**.

371. 25. — [1274-24 mars 1329]. — *Decime.* — Dîmes de pain et de
vin concédées par le roi sur son hôtel à divers établissements
religieux et gratifications dues aux serviteurs du roi dans certaines
de ses résidences.

> *Qui es*, 24 v°.
> *Croix*, 22 v°. — Fr. 2755, 32 v°; Extr. de Menant, VI, 3.
> Cf. n. **304**.

372. 27. — *C'est l'ordenance a enoindre et a couronner le roy.*

> *Qui es*, 27. — P 2288, 706, 716, 1290.
> *Croix*, 25 et 205 [1].
> Godefroy, *Le cérémonial françois*, 26. — Labbe, *Alliance chrono-
> logique*, 619. — Annotation marginale (de lat. 12814) éditée
> dans la *Bibliothèque de l'École des Chartes*, 1888, 649.
> Cf. n. **287**.

373. 29 v°. — *C'est comment la royne doit estre enointe et coronnée.*

> Mêmes références que sous le n. **372**.
> Cf. n. **288**.

374. 30. — *Requisicio episcoporum regni Francie facienda regi in sua
coronacione. — Responsio regis ad episcopos.*

> Mêmes références que sous le n. **372**.

375. 31. — *Gista que dominus rex cepit anno Domini M CC XXIII.*
— Suivent les gîtes pris par le roi en 1223-1225, 1254- 1269 [2].

> *Qui es*, 29.
> *Croix*, 28. — Fr. 2755, 34 v°; God. 37.
> Brussel, *Usage des fiefs*, 546 (fragments).
> Cf. n. **313**.

---

1. « Ordinatio coronandi regem, libro †, folio xxv et in fine... et ad longum
in dicto libro †, in quodam quaternio in ejus fine suto », d'après lat. 5991 ^.
23 v°. Cf. du Tillet, *Recueil des roys* (éd. de 1607), 265.

2. On lit en marge : « Dicit magister P. quod ipse habet originalia in quodam
rotulo veteri ».

376. 36 v°. — *Gista domini regis* [1].

>　Cf. n. **368**.

377. 38. — [Paris, 1256]. — *Ordinatio regia pro utilitate subjectorum regni Francie* [2].

>　*Qui es*, 37. — P 2288, 732. — Extr. de Menant, VI, 22.
>　*Croix*, 33. — Fr. 2755, 43; fr. 5317, 59 v°; God. 45 v°.
>　*Ordonnances*, I, 78 (où le fol. 83 de *Croix* est cité à tort. —
>　*Ordonnances, édits*, n. 1.
>　Cf. n. **158**.

378. 42 v°. — [1262]. — *Ordinatio facta a rege de bonis villis suis et majoribus suis eligendis et primus compotus ipsarum villarum, factus anno Domini M CC LXII in octabis Sancti Martini hyemalis et circa.*

>　A. Giry, *Documents sur les relations de la royauté avec les villes en France, de 1180 à 1314* (Paris, 1885, in-8°), 87, 91 et ss.
>　*Qui es*, 41. — P 2288, 746.
>　*Croix*, 35 v°. — P 2569, 34 v°; fr. 2755, 49; fr. 4411, 105; fr. 23869, 136; Dupuy, 230, 18; God. 49 v°.
>　*Saint-Just* [2], 35 v°. — P 2591^A, 48; fr. 16583, 89; fr. 21407, 38.
>　*Ordonnances*, I, 82. — *Ordonnances, édits*, n. 2.
>　Cf. n. **182**.

379. 52. — S. d. — *Ordinatio facta a rege de bonis villis suis Normanie et majoribus eligendis.* — Suivent les comptes de 1261 et 1263 pour Pont-Audemer, Verneuil, Rouen et Falaise.

>　A. Giry, *o. c.*, 106.
>　*Qui es*, 49 v°. — P 2288, 744.
>　*Croix*, 41 v°. — Fr. 2755, 62; God. 60 v°.
>　*Ordonnances*, I, 83.
>　Cf. n. **183**.

380. 54. — 12 novembre 1289. — Vidimus par l'official de Troyes d'un vidimus de l'official de Paris (26 août 1329) d'une lettre de Nicolas IV à l'archevêque de Rouen et à l'évêque d'Auxerre (Rieti, 7 juillet 1289) au sujet de la décime accordée au roi de France pour les affaires d'Aragon.

>　*Qui es*, 52. — P 2288, 758.

---

1. On lit en marge : « Radiantur hec gista quia sunt retro ».
2. Cette date et cette rubrique sont en marge du ms. lat. 12814, d'une écriture un peu postérieure à celle du texte.

Croix, 43. — P 2569, 38; fr. 2755 64 v°; fr. 4411, 110 v°; fr. 23869, 142 ; God. 62 v°.

Saint-Just [2], 43. — P 2591 [A], 69; fr. 16584, 154; fr. 21407, 80 v°.

E. Boutaric, *Notices et Extraits des Manuscrits*, XX[2], p. 94 [1].

Cf. n. **314**.

381. 58. — *Les noms de ceuls qui prennent gaiges par le compte de l'ostel du roy, l'an CCCXXXV.*

382. 61. — Vincennes, janvier 1286. — *Ordinacio hospiciorum regis et regine facta apud Vicennas, mense Januarii MCCLXXXV.*

Qui es, 57. — P 2288, 773. — Fr. 7852, 31; fr. 7855, 37; fr. 32779, 11.

Croix, 46 v°. — P 2569, 46; fr. 2755, 75 v° et 254; 23869, 157; Dupuy, 532, 140; God. 75.

Saint Just [2], 46 v°. — P 2591 [A], 74; fr. 16583, 119; fr. 21407, 7, 59 v°.

Leber, *Collection des meilleures dissertations, notices*, etc., XX, 11.

Cf. n. **185**.

383. 69 v°. — Paris, Parlement de la Toussaint 1291. — Ordonnance sur les amortissements.

Qui es, 70. — P 2288, 813, 923.

Croix, 55 v°. — AD[ix] 99, n. 70; lat. 9847, 41 v°; fr. 2755, 90 v°; God. 94.

Ordonnances, I, 322. — *Ordonnances, édits*, n. 4.

Cf. n. **179**.

384. 70. — Paris, Parlement de la Toussaint 1275, après Noël. — Ordonnance sur les amortissements. — Suivent l'instruction aux commissaires et l'*Interpretatio Curie*.

Qui es, 67. — P 2288, 524, 805.

Croix, 53 v°. — P 2904, 4; AD[ix], 99, n. 66; fr. 2755, 86 v°; fr. 4411, 17; fr. 23869, 20; Sainte Geneviève, 1751, 2.

Saint-Just [2], 53. — P 2591 [A], 73; fr. 4426, 217; fr. 16583, 166 v°; fr. 21407, 47.

Ordonnances, I, 305 (en note). — Brussel, *Usage des fiefs*, 660 et 850. — Fontanon, II [2], 430. — *Ordonnances, édits*, n. 3.

Cf. n. **315**.

385. 73. — Paris, 19 mars 1303. — Grande ordonnance pour la réformation du royaume.

Qui es, 72.

1. Il y a un meilleur texte dans E. Langlois, *Registres de Nicolas IV*, n. 1009.

Croix, 57. — P 2569, 61 v°; lat. 9847, 8, 27; fr. 2755, 93 ; fr. 4411, 140; fr. 23869, 181; Dupuy, 230, 30, 62, 90; God. 96 v°.
Ordonnances, I, 357.
Cf. n. **186.**

386. 83. — *C'est l'ordenance faite en l'eschiquier de Pasques, l'an M CCC VI, commandée aux baillis de Normandie par monseigneur l'arcevesque de Nerbonne, monseigneur le conte de Saint Pol, le seigneur de Chambly, monseigneur Enguerran de Marrigni, monseigneur Guillaume de Harecourt, monseigneur Mahi de Trie, le tresorier du Temple, maistre Jehan de Dampmartin, maistre Saince de la Charmoye, Renaut Barbou, maistre Jehan de Saint-Just, en la presence de leur vicontes, le dymenche XXIIIe jour d'avril, l'an devant dit.*

Qui es, 82. — P 2288, 817, 825.
Croix, 65. — P 2569, 82; fr. 2755, 109 v°; fr. 4411, 165; fr. 23869, 213; God. 113; Extr. de Menant, VI, 5.
Saint-Just [2], 65. — P 2591 [A], 143; fr. 16583, 279 v°; fr. 21407, 159.
Fournival, *Recueil général des titres concernant les trésoriers de France*, etc., 31. — *Ordonnances*, I, 462.
Cf. n. **187.**

387. 86 v°. — « Les voies par lesquelles les escrips de la Chambre des Comptes fussent amendez qui ont esté parlées sont telles. Premierement que les comptes ordenaires... »

87 v°. « Mout de voies ont esté pensées et pallées pour amender les escrips des comptes... »

89. « Premierement, que tuit cil des comptes venissent bien en la Chambre a heure acoustumée, se il n'avoient leal empeschement ».

Qui es, 85. — P 2288, 833.
Croix, 67. — P 2569, 86; AD[ix] 99, n. 6; fr. 2755, 112 v°; fr. 4411, 170; fr. 23869, 219; God. 116; Extr. de Menant, XIII, 34 v°.
Saint-Just[2], 67. — P 2591 [A], 145 v°; fr. 16583, 284; fr. 16584, 70 v°; fr. 21407, 162.
Ordonnances, édits, n. 6. — Lechanteur, *o. c.*, p. 232.

388. 91. — Lorris, 17 novembre 1317. — *C'est l'ordenance de l'ostel le roy Ph. qui ores est.*

Qui es, 90. — P 2288, 845.
Croix, 70. — Fr. 2755, 117 v°; God. 120.
Cf. n. **188.**

389. 104 v°. — Longchamps, 10 juillet 1319. — *C'est la creue de l'ostel le roy et ce qui y a esté adjousté en l'ordenance dessus ditte faite par lui et par son conseil...*

> Qui es, 103. — P 2288, 887.
> Croix, 81. — Fr. 2755, 133 ; God. 136.
> Cf. n. **189.**

390. 105 v°. — Vincennes, décembre 1316. — *C'est l'ordenance de l'ostel la royne Jehanne, royne de France et de Navarre.*

> Qui es, 105. — P 2288, 891.
> Croix, 82. — Fr. 2755, 134 v° ; Dupuy, 532, 396 ; God. 137.
> Cf. n. **190.**

391. 111 v°. — Longchamps, 10 juillet 1319. — *C'est la creue et ce qui fut adjousté en l'ordenance de l'ostel la royne.*

> Qui es, 111. — P 2288, 919.
> Croix, 87 v°, — Fr. 2755, 142 ; God. 144 v°.
> Cf. n. **191.**

392. 112. — S. d. — *Autre creue faite de par le roy en l'ordenance de l'ostel la royne depuis que celle ci devant fu faite.*

> Qui es, 112. — P 2288, 920.
> Croix, 88. — God. 146.
> Cf. n. **192.**

393. 114. — 1318-1319. — *Ordenances faites a Pontoise le xviiie jour de juyllet, l'an M CCC XVIII, et acordées et confermées a Long-champ, x jourz en juyllet, l'an CCC XIX, pour le profit du roy et pour le gouvernement de son ostel.*

> Qui es, 114. — P 2288, 927.
> Croix, 89. — P 2569, 88 ; fr. 2755, 144 v° ; fr. 4411, 173 ;
> fr. 5317, 62 v° ; fr. 23869, 222 ; Dupuy 230, 139 ; God. 146 v° ;
> Extr. de Menant, VI, 6 bis.
> Saint-Just 2, 89. — P 2591 A, 198 v° ; fr. 16584, 40 ; fr. 21407,
> 227.
> Ordonnances, I, 656.
> Cf. n. **193.**

394. 119 v°. — Le Vivier en Brie, Épiphanie 1320. - *Ce est l'ordenance que nous avons faite pour nostre Chambre de nos Comptes et du Tresor, au Vivier en Brie, environ la Typhaine l'an CCC XIX, publiée en la dite Chambre par monseigneur de Suly, le xviie jour d'avril, l'an CCC XX. — « Et lors fis le serement, et le tresorier*

aussi, qui ne fu lors establi que comme garde, mes il fu confermé
pour tresorier seul environ la Chandeleur cel an mesmes ».

    Qui es, 119 v°. — P 2288, 949. — AD[ix] 100, n. 116.

    Croix, 92 v°. — P 2569, 151; fr. 2755, 153; fr. 2835, 16;
fr. 4412, 18; fr. 5317, 67; fr. 23869, 315; God. 153 v°; Sainte-
Geneviève 1746, 85

    Saint-Just[2], 92 v°. — P 2591 ᴀ, 207 v°; fr. 16584, 63; fr. 21407,
245.

    Fournival, *o. c.*, 46. — *Ordonnances*, I, 703. — *Ordonnances,
édits*, n. 18. — Lechanteur, *o. c.*, 242.

    Cf. n. **194**.

395. 122. — Longchamps, 10 juillet 1320. — « Touz seauls et
escriptures seront venduz des ores en avant par enchieres a
bonnes genz et convenables, si comme il a esté ordené autre-
foiz ».

    Qui es, 122 et 157. — P 2288, 973.

    Croix, 96. — Fr. 2755, 158; fr. 2835, 18; fr. 5317, 70; God.
157 v°.

    Ordonnances, I, 716.

    Cf. n. **212**.

396. 122 v°. — Même date. — Mandement de Philippe V au bailli
de Rouen de faire vendre aux enchères, conformément aux
ordonnances, et de cesser de s'appliquer le produit des écritures
et des sceaux royaux de son ressort.

    Mêmes références que sous le n. **395**.

397. 122. — S.d. — « Li roys ordena au Vivier de son estroit conseil en toutes ses besoignes avec nos seigneurs de son sanc, le
connestable, le sire de Suly, monseigneur de Noyers, monseigneur de Gieinville ». — Suit un fragment qui désigne comme
« poursuivanz le roy » maître Thomas de Savoie, maître Michel
de Mauconduit, maître Ami d'Orléans, Jean d'Arrablay le jeune,
J. d'Arsillières et J. Robert, « pour oïr les requestes ».

    Qui es, 123. — P 2288, 961, 996.

    Croix, 96. — God. 158.

    Ordonnances, édits, n. 7.

    Cf. n. **196**.

398. 123 v°. — Paris, décembre 1320. — *Ordenances pour clercs
beneficiez du roy*. — Fragment d'ordonnance déclarant qu'aucun
clerc ayant obtenu du roi un bénéfice d'Église ne pourra avoir de
pension en argent ou d'office lucratif.

    Qui es, 124. — P 2288, 963. — Extr. de Menant, VI, 22.

Croix, 96 v°. — Fr. 2755, 159 ; fr. 5317, 70 ; Dupuy, 533, 556 ;
God. 158 v° ; Extr. de Menant, VI, 9.
Ordonnances, I, 734.

399. 124. — S. d. — *Ci s'ensuit l'ordenance du Tresor, baillée par la
Chambre des Comptes au dit maistre Jehan Gaulart.*

    Qui es, 124 v°. — P 2288, 975.
    Croix, 97. — P 2569, 89 ; fr. 2755, 159 v° ; fr. 4411, 174 ;
fr. 5317, 70 ; fr. 23869, 223 ; Extr. de Menant, VI, 9 v°.
    Saint-Just[2], 97. — P 2591[A], 99 ; fr. 16584, 41 ; fr. 21407, 233.
    Ordonnances, édits, n. 16.
    Cf. n. **197.**

400. 125. — Pontoise, 15 juin 1320. — *Les ordenances des yaues, des
maçons et des charpentiers du royaume.*

    Qui es, 125. — P 2288, 998. — AD[ix] 100, n. 140.
    Croix, 98. — Fr. 2755, 161 ; God. 160.
    Ordonnances, I, 715. — *Ordonnances, édits*, n. 20.
    Cf. n. **214.**

401. 125 v°. — Saint-Denis, 4 juin 1320. — *C'est l'ordenance des
changes et des forges de Grand Pont de Paris.*

    Qui es, 126 v°. — P 2288, 965.
    Croix, 98 v°. — Fr. 2755, 162 ; God. 160 v°.
    Ordonnances, I, 714.
    Cf. n. **219.**

402. 126. — Même date. — *Item, l'ordenance faite adonc par le roy
pour les receptes du royaume trop chargées.*

    Qui es, 126 v°. — P 2288, 967.
    Croix, 99. — P 2569, 90 v° ; fr. 2755, 163 ; fr. 4411, 176 ;
fr. 23869, 225 ; God. 161.
    Saint-Just[2], 99. — P 2591[A], 200 ; AD[ix] 100, n. 137 ; fr. 16584,
43 ; fr. 21407, 233.
    Cf. n. **220.**

403. 126 v°. — [3 décembre 1319]. — « Il est ordené par le roy en
son grant conseil sur l'estat de son parlement en la maniere qui
s'ensuit. Premierement, il n'aura nulz prelaz deputez en parlement, quar le roy fait conscience de euls empescher ou gouvernement de leur experituautez... »

    Qui es, 129. — P 2288, 1000.
    Croix, 99 v°. — P 2569, 91 ; fr. 2755, 164 ; fr. 4411, 177 v° ;
fr. 23869, 226 ; Dupuy, 230, 176 ; God. 161 v°.

Saint-Just [2], 99 v°. — P 2591 A, 200 v°; fr. 16584, 44; fr. 21407, 234 v°.

Ordonnances, I, 702 (fragment).

404. 128. — Paris, 12 février 1321. — Mandement touchant le payement des gens des Enquêtes : les Gens des Comptes doivent leur délivrer en temps utile les cédules de leurs gages et des manteaux qui leur sont dus, pour qu'ils puissent les toucher sans retard.

Qui es, 127. — P 2288, 1014. — Extr. de Menant, VI, 22 v°.

Croix, 101. — P 2288, 1020. — P 2569, 93 v°; fr. 2755, 166 v°; fr. 23869, 231 ; God. 162 v°. Extr. de Menant, VI, 10.

Saint-Just [2], 101. — P 2591A 211 v°; fr. 16584, 66; fr. 21407, 250 v°; Moreau, 683, 69.

Ordonnances, I, 734. — *Ordonnances, édits*, n. 22. — Tessereau, *Histoire chronologique de la Chancellerie de France*, I, 12.

405. 129. — Décembre 1320. — Ordonnance sur le Parlement.

Qui es, 126 v°. — P 2288, 1008.

Croix, 101 v°. — P 2569, 156; P 2591 A, 222; fr. 2755, 167 v°; fr. 2835, 19; fr. 4412, 24; fr. 5317, 71 ; fr. 16584, 93 ; fr. 20691, 789; fr. 21407, 265; fr. 23869, 324; God. 165.

Ordonnances, I, 728.

Cf. n. **222.**

406. 132. — S. d. — Ordonnance touchant les « poursuivans le roy », les recettes du royaume, la tenue du « Journal du Conseil », etc.

Qui es, 130 [1].

Croix, 104 v°. — P 2288, 1022. — Fr. 2755, 173; fr. 5317, 74; God. 170.

Ordonnances, I, 732.

Cf. n. **223.**

407. 133. — S. d. — *C'est ce que les notaires non poursuivanz doivent faire et garder sur les choses qui s'ensuient touchans leur office.*

Qui es, 132.

Croix, 104 v°. — P 2288, 1028. — Fr. 2755, 174; fr. 5317, 74 v°; God. 171.

Ordonnances, I, 733.

Cf. n. **224.**

---

1. Cet article et le suivant sont indiqués par les *Ordonnances* (I, 732, en note), comme manquant dans *Qui es*.

408. 133 v°. — Février 1321. — *L'ordenance faite sus le grant seel le roy*.

> *Qui es*, 134. — P 2288, 1034.
> *Croix*, 105. — P 2569, 161 v°; P 2591ᴬ, 225 v°; fr. 2755, 174; fr. 4412, 30; fr. 5317, 75 v°; fr. 16584, 98; fr. 21407, 269; fr. 23869, 332; God. 172.
> *Ordonnances*, I, 737 (qui indiquent à tort le fol. 154 de *Qui es*).
> — Tessereau, *Histoire chronologique de la Chancellerie royale*, I, 11.
> Cf. n. **227**.

409. 135 v°[1]. — Tarif de la chancellerie royale. — « L'en poie au sceau le roy, pour letre close XIII d. p. »

> *Croix*, 106. — P 2288, 1038. — Lat. 9847, 10 ; fr. 2755, 176 v°; God. 174.
> Cf. n. **240**.

410. 141. — [Février 1321]. — *Les ordenances faites pour l'estat de Chastelet de Paris, l'an CCCXX.*

> *Qui es*, 136. — P 2288, 1050,
> *Croix*, 107 v°. — P 2569, 164 v°; P 2591ᴬ, 227; fr. 2755, 177; fr. 4412, 33; 5317, 77; fr. 16584, 102 v°; fr. 21407, 271 v°; fr. 23869, 337; God. 174 v°.
> *Ordonnances*, I, 738.

411. 143 v°. — S. d. — *C'est la maniere comment l'en procedera a lever les finances des acques faiz par les eglises et par les personnes non nobles en France, selon la moderacion faite darrainement de la volenté et commandement du roy nostre sire.* — « Premierement, que pour les choses et possessions que les eglises... »

> *Qui es*, 162.
> *Croix*, 132 v°. — P 2288, 1128, 1136. — Fr. 2755, 200.
> Cf. n. **50**.

412. 144 v°. — Paris, 18 juin 1338. — *Hec sunt privilegia concessa per dominum regem presentem super financiis ecclesiarum.*

413. 145 v°. — [4 janvier 1344][2]. — Tableau des paroisses et des feux du royaume.

> *Croix*, 202. — Fr. 2755, 231 v°; God. 234 bis.
> Cf. n. **320**.

---

1. Les feuillets 136 à 140 du ms. lat. 12814 sont d'un format plus petit que les autres, ils ont été visiblement intercalés. Il n'y a donc pas lieu d'en analyser le contenu ici. En même temps on intercalait au fol. 5 v°, avant le tarif de la Chancellerie royale, le serment prêté par Guillaume de Dormans, chancelier, en février 1371.

2. Cette date est citée à la fin de la pièce, qui, dans *Noster*[1], constitue évidemment une addition.

414. 147 v°. — Chartres, août 1259. — Accord entre Louis IX et l'Église de Chartres au sujet des droits de gîte que le roi réclamait à l'évêque.

Gallia Christiana, VIII, 369.

415. 149. — Saint-Denis, octobre 1259. — Diplôme de Louis IX portant renonciation au droit de gîte réclamé par lui à l'abbaye de Saint-Denis.

Croix, 32. — P 2288, 726. — P 2569, 34; fr. 2755, 43; fr. 4411, 104 v°; fr. 23869, 135; God. 45.
Saint-Just [2], 32. — Fr. 16583, 82; fr. 21407, 31 v° et 232.
Brussel, *Usage des fiefs*, 542.

416. 150. — Paris, 17 mai 1320. — *Ce sont les ordenances des forez.*

Qui es, 139. — P 2288, 1060.
Croix, 110 v°. — Fr. 2755, 180 v°; fr. 5317, 79; God. 178.
Ordonnances, I, 708.
Cf. n. **210.**

417. 155. — S. d. — *C'est ce que les bailliz et seneschaux du royaume de France doivent jurer.*

Qui es, 144. — P 2288, 498, 1076.
Croix, 114. — Lat. 5991 A, 123 v°; lat. 9847, 13; fr. 2755, 186 v°; fr. 5317, 83; God. 184.
Cf. n. **198.**

418. 157. — Paris, [27 mai 1320]. — *L'ordenance des receveurs du royaume.* — Expédition au bailli de Vermandois.

Qui es, 146. — P 2288, 1082.
Croix, 115 v°. — P 2569, 94 v°; fr. 2755, 189; fr. 5317, 85; fr. 23869, 232; God. 186.
Saint-Just [2], 115 v° — P 2591 A, 212; fr. 16584, 67 v°; fr. 21407, 251.
Ordonnances, I, 712. — *Ordonnances, édits*, n. 19.
Cf. n. **201.**

419. 159. — S. d. — Mandement des gens de Comptes au bailli de Cotentin d'ordonner ses comptes conformément aux règles qu'ils lui rappellent.

Qui es, 148. — P 2288, 1088. — P 2544, 24.
Croix, 117. — P 2569, 98; AD[IX] 99, n. 21; AD[IX] 103, n. 4; fr. 2755, 191 v°; fr. 4411, 187; fr. 5317, 87; fr. 23869, 237; God. 188.

Saint-Just 2, 117. — P 2591 ᴬ , 214 ; fr. 16584, 70 ; fr. 21407, 253.

Ordonnances, édits, n. 8.

Cf. n. 4.

420. 160 v°. — *L'ordenance quant les bailliz et les receveurs doivent venir compter.* — « Il serait bon, si comme il semble, que les bailliz de Normandie, de France, et les seneschaulx veinssent compter en ceste maniere... »

Qui es, 149. — P 2288, 1092, 1098.

Croix, 118. — P 2569, 100 ; ADⁱˣ 99, n. 18 ; lat. 9847, 17 v° ; fr. 2755, 193 ; fr. 4411, 190 ; fr. 5317, 87 v° ; fr. 23869, 240 ; God. 189 v°.

Saint-Just 2, 118. — P 2591 ᴬ , 214 2 v° ; fr. 16584, 73 ; fr. 21407, 255.

Ordonnances, I, 476.

Cf. n. 206.

421. 163. — S. d. — *Ce sont les ordenances que les gardes des passages sont tenuz jurer, faire et tenir.*

Qui es, 151. — P 2288, 1082.

Croix, 120. — P 2569, 101 v° ; fr. 2755, 194 v° ; fr. 4411, 192 ; fr. 5317, 85 ; fr. 23869, 242 ; God. 190 v°.

. *Saint-Just* 2 , 120. — P 2591 ᴬ , 214 v° ; fr. 16584, 76 ; fr. 21407, 256.

Cf. n. 218.

422. 164 v°. — S. d. — *Res extra regnum extrahi vetite per distractus et passagia regni.*

Mêmes références que sous le n. 421.

Cf. n. 217.

423. 165. — Tableau des monnaies qui ont cours dans le royaume avec leur valeur.

Qui es, 153.

Croix, 122. — Fr. 2755, 196 v° ; fr. 5317, 90 ; God. 193.

Du Cange, *Glossaire,* au mot « Moneta ». — *Historiens de la France,* XXI, 563.

Cf. n. 271.

424. 165. — *Provincie totius regni.*

Qui es, 155. — Fr. 4429, 9.

Croix, 123. — Lat. 9848, 11 ; fr. 2755, 197 ; fr. 5317, 91 ; God. 194.

Cf. n. 127.

425. 167 v°. — *Hec est taxatio decime quatuor annorum domino regi concessa pro negocio regnorum Arragonie et Valencie, in ordine Cistercii in regno Francie constituto.*

> *Croix*, 123 v°. — P 2569, 105; fr. 2755, 199; fr. 4411, 194; fr. 5317, 92; fr. 23869, 246; God. 195.
> *Saint-Just* [2], 123 v°. — P 2591 A, 215; fr. 16584, 19; fr. 21407, 258.
> Cf. n. **332**.

426. 168. — *Valor decime triennii beneficiorum ecclesiasticorum non exemptorum solventium decimam.* — Recettes et dépenses des collecteurs.

> *Qui es*, 173.
> *Croix*, 141 v°. — P 2288, 1150 (fragment).
> Cf. n. **334**.

427. 190. — *Hec sunt monasteria Premonstratensis ordinis sita in regno Francie vel que habent aliquid in regno tradita per priorem Premonstratensem XIII[a] die no...*

428. 192. — Autre copie du n. **425**.

429. 192 v°. — Notes brèves sur quelques décimes concédées aux rois de France pendant le xiiie siècle et sur les diocèses soumis ou non à la régale [1].

> Cf. n. **363**.

430. 193. — *Milites et armigeri et alii qui debent servicium regi et venerunt in exercitum Fuxi et confessi fuerunt per cedulas suas servicia sicut scripta sunt in isto libro, extracta de quodam rotulo Camere Compotorum, signato sic 8.*

> *Qui es*, 193 v°.
> *Croix*, 157 v°. — P 2569, 115; fr. 2755, 234; fr. 2835, 29; fr. 4411, 38 v°; fr. 14371, iii v°; fr. 23869, 260; God. 234 v°; Extr. de Menant, VI, 10 v°.
> *Saint-Just* [2], 157 v°. — P 2591 A, 242; fr. 16584, 131; fr. 21407, 289.
> Brussel, *Usage des fiefs*, 165, note, 174, note, et 822. — De la Roque, *Traité du ban et de l'arrière-ban*, 33. — *Historiens de la France*, XXIIIe, 767.
> Cf. n. **305**.

431. 207. — Paris, 16 novembre 1322. — Charles le Bel mande au bailli de Rouen de défendre à tous commissaires du roi d'user

---

1. On lit en marge : « De remissione regalie Burdegalensis vide in libro *Croix*, fol. IX[xx] I. » Cf. n. **465**.

de leurs commissions, à moins qu'elles n'aient été renouvelées. Les commissions de finances seront désormais enregistrées à la Chambre des Comptes.

> *Qui es*, 156. — P 2288, 1106. — AD[IX] 101, n. 13.
> *Croix*, 128. — Fr. 5317, 95 v°,
> *Ordonnances*, I, 774. — *Ordonnances, édits*, n. 24.

432. 208. — Paris, 10 novembre 1322. — Charles le Bel mande au bailli et au receveur de Sens d'affermer aux enchères les sceaux, écritures, etc., de leur ressort.

> *Qui es*, 157. — P 2288, 1114. — AD[IX] 101, n. 7.
> *Croix*, 129. — Fr. 5317, 97.
> *Ordonnances*, I, 773.

433. 208 v°. — Paris, 1er février 1323. — Ordre aux baillis et receveurs de Toulouse, Cahors, Saintonge, Poitiers, Meaux, Auvergne, Chaumont, Mâcon, Rodez, Vitri, Vermandois, Senlis et Sens, de comparaître devant les gens des Comptes à Paris, prêts à rendre leurs comptes arriérés.

> *Qui es*, 157 v° — P 2288, 1118.
> *Croix*, 129 v°. — P 2569, 113 ; fr. 4411, 204 ; fr. 5317, 97 v° ;
> fr. 23869, 258.
> *Saint-Just* 2, 129 v°. — P 2591[A], 239 v° ; fr. 16584, 128 ;
> fr. 21407, 287.

434. 209 v°. — Paris, 7 août 1335. — Ordre aux gens des Comptes d'enregistrer l'état et les gages des gens d'armes qui accompagneront le roi outremer.

> *Qui es*, 205. — P 2288, 1164.
> *Croix*, 168. — P 2569, 116 ; fr. 4411, 207 v° ; fr. 23869, 263 ;
> Extr. de Menant, VI, 11.
> *Saint-Just* 2, 168. — P 2591[A], 291 v° ; fr. 16584, 220 ;
> fr. 21407, 356 v°.
> Brussel, *Usage des fiefs*, 168 (qui renvoie à tort au fol. 235 de
> *Qui es*). — *Bibliothèque de l'École des Chartes*, 1859, 509.

435. 210. — Paris, 18 juillet 1326. — Mandement de Charles le Bel aux commissaires députés « super financias feodorum et aliorum acquestuum » au sujet des amortissements et des francs fiefs.

> *Qui es*, 161. — P 2288, 1122.
> *Croix*, 130. — Fr. 5317, 98.
> *Ordonnances*, I, 797. — Brussel, *Usage des fiefs*, 850.
> Cf. n. **122.**

436. 211. — *Origo regum Francie.* « Destructa Troya, Priamus et Anthenor... ». — Liste des rois de France depuis Priam jusqu'à Louis VI [1].

> *Qui es,* 206. — Extr. de Menant, VI, 25.
> *Croix,* 168 v°. — P 2288, 1172; lat. 9848, 43; fr. 4429, 154; British Museum, Harl., 4362, 98.
> Cf. n. **361.**

437. 212 v°. — *Titulus cerei pascalis capelle regie Parisius scriptus in Pascha anno Domini CCCXXVII.*

> *Qui es,* 208.
> *Croix,* 170. — Extr. de Menant, VI, 11 (fragment).
> Cf. *Comptes rendus des séances de l'Académie des Inscriptions et Belles-Lettres,* séance du 6 janvier 1899.

438. 213. — Frais des couronnements des rois de France, de saint Louis à Louis X.

> *Croix,* 170 v°. — P 2288, 1228. — P 2569, 116 v°; fr. 4411, 208 v°; fr. 23869, 264; Arsenal, 5261, 112; Extr. de Menant, VI, 11.
> Cf. Borrelli de Serres, *o. c.,* 75.

439. 213 v°. — Chronologie des papes.

> *Qui es,* 209 v°. — Extr. de Menant, VI, 25.
> *Croix,* 171.

440. 219. — *Les noms des abbaies et d'autres lieus qui doivent charroi au roï toutes fois que le corps dou roy va en guerre en quelque lieu que ce soit* [2].

> *Croix,* 133 v°. — Fr. 2755, 202; God. 201.
> *Historiens de la France,* XXIII, 731.
> Cf. n. **307.**

441. 221 v°. — Les sept âges du monde.

> *Qui es,* 217.
> *Croix,* 176 v°.

442. 222. — *Les noms de touz les roys de France.*

> *Croix,* fol. avant 1.
> Cf. n. **361.**

---

1. Cette liste était accompagnée dans *Croix* de notes biographiques qui manquent dans *Noster* [1].

2. On lit ici dans lat. 12814 : « Videatur aliud registrum ad asseres, coopertum de viridi, in quo lacius et plenius continetur, fol. IIII^{xx}VI° et sequentibus, quia omnes non sunt hic. » Le registre cité ici est *Pater*; cf. n. **17.** On lit aussi en marge : « De hoc etiam in alio parvo libro viridi sine asseribus fol. VI^{xx}XIII° ; sed non est omnino simile » ; il s'agit de *Croix.* Cf. fr. 5291, 256.

443. 224. — Saint-Germain en Laye, 20 septembre 1332. — *La declaracion du roy sus les benefices cheanz en regale* [1].

> *Croix*, 191 ou 198. — P 2288, 1272; P 2569, 127 vᵒ; lat. 9847, 38; fr. 2755, 228; fr. 4411, 222; fr. 23869, 171; God. 231.
> *Saint-Just* [2], 191. — P 2591 ᴬ, 278 vᵒ; fr. 16584, 203; fr. 21407, 435.
> *Ordonnances*, II, 83.

444. 224 vᵒ. — Extrait du rôle des « *debles deues au roy par le compte Renier Coquatrix et Thomas du Petit Celier, des gens d'armes qui furent es frontieres de Flandres, l'an CCCXVII et CCCXVIII* ». — Solde du comte d'Évreux et de sa compagnie.

> *Qui es*, fol. av. 1.
> *Croix*, 3 vᵒ. — P 2569, 30; fr. 2755, 12; fr. 4411, 98 vᵒ; fr. 23869, 127; God. 10.
> *Saint-Just* [2], 3 vᵒ. — P 2591 ᴬ, 173; fr. 21407, 226.

445. 225. — *Ce sont les indulgences ottroiées par le pape pour cause du saint voiage d'outremer.*

> 225 vᵒ. — *Extrait des choses ottroiées par le pape dont emolument puet venir pour convertir au profit du saint passaige.*
> Cf. n. **301**.

446. 227 vᵒ. — *Hec sunt informaciones date et olim consulte per concilium generale civitalis vicecomitalis Massilie ad instanciam et requisicionem olim imploratam per spectabilem virum dominum Ludovicum de Claromonte comitem, camerarium regni Francie, super facto passagii, certi nuncii militum volentium transfretare et passagium facere speciale.*

> De Boislisle, *Annuaire-bulletin de la Société de l'histoire de France*, 1872, 248.

447. 233. — S. d. — Guillaume, abbé de Citeaux, envoie aux Gens des Comptes le décompte « quantum quelibet abbacia ordinis nostri regni Francie solvebat pro una decima quando abbas Cisterciensis de voluntate coabbatum suorum composuit de certa summa solvenda pro una decima domino regi ».

> Cf. n. **335**.

---

1. Suit l'annotation que voici : « Collatio fit cum originalibus litteris signatis « *Per regem. Barr.* », xiiiiᵃ die Octobris anno Domini MCCCXXXII per me, R. Mignon, et me J. Aquile [*en marge* : et me, J. Mignon juniorem]. Demum originale redditum fuit Nicolao Behuchet, thesaurario regis. »

448. 236 v°. — 26 juillet 1330. — *C'est le rapport que les jaugeurs de la ville de Paris ont fait a noz seigneurs des Comptes sus les moisons des tonneaus des vins et des queues des pais et des lieus ci apres nommez, selon ce que il leur est avis que noz diz seigneurs leur avoient enchargé a faire et a rapporter.*

> Du Cange, *Glossaire,* au mot « Modius ». — E. Boutaric, *Revue des Sociétés savantes,* 1860, 2ᵉ série, III, p. 340.
> *Qui es,* 223 v°. — P 2289, 960.
> Cf. n. **325.**

449. 237. — Crépy, 19 juillet 1311. — Le bailli de Caux avait mandé au roi que le droit de patronage de l'Église de Saint-Martin de Cauville (pour laquelle le roi avait présenté Jean Mignon), était contesté à la couronne par la veuve et le fils du sire de Chambly, à raison des termes généraux d'une concession faite naguère par le roi audit sire. Philippe le Bel répond : « in generali concessione quacumque non intelligimus justiciam altam, foagia, feoda nobilium aut jura patronatus venire ».

> *Qui es,* 223 v°. — P 2289, 964. — Moreau, 341, 264 v°.
> *Ordonnances,* I, 483.

450. 237 v°. — Calcul de ce que diverses sommes (de 1 picte à 1000 livres) par jour font par année non bissextile.

> *Croix,* 192. — Fr. 4429, 5 v°.
> Cf. n. **252.**

QUI ES ET CROIX [1].

451. Av. 21 [2]. — *Ce sont les estimations.*

> *Croix,* 6. — Fr. 2755, 23 ; God. 23.
> Cf. n. **326** et **327.**

451 *bis.* 24. — Notes sur les droits du bouteiller.

> *Croix,* 23. — Fr. 2755, 72 v° ; God. 72.
> Cf. n. **61** et **62.**

451 *ter.* 51. — Liste des villes qui ont des communes.

> *Croix,* 42 v°. — P 2288, 756 [3]. — P 2569, 37 v° ; fr. 2755,

---

1. Cet appendice est consacré aux documents contenus dans *Qui es* et *Croix,* qui manquent dans lat. 12814. Nous énumérons d'abord ceux qui sont dans *Qui es,* en les signalant en même temps dans *Croix.*

2. Ce chiffre désigne le feuillet de *Qui es.*

3. Nous rappelons que la Reconstitution officielle renvoyant presque toujours à

63 v° ; fr. 4411, 109 ; fr. 23869, 141 ; Dupuy, 230, 18 ; God. 62.
Saint-Just 2, 42 v°. — P 2591 ᴬ, 50 v° ; fr. 16583, 94 ;
fr. 21407, 40 v°.
Cf. n. **184**.

452. 86. — Le Tremblay, 3 janvier 1317. — Ordonnance sur la Chambre des Comptes et le Trésor.

Croix, 69. — P 2288, 839. — Fr. 2755, 118 ; fr. 4411, 185 ;
fr. 4596, 58 v° ; fr. 23869, 237 ; God. 118 v°.
Cf. n. **5**.

453. 155 v°. — Mention des décimes accordées à saint Louis.

Croix, 123 v°. — P 2569, 105 v° ; fr. 2755, 199 ; fr. 4411,
194 ; fr. 5317, 91 v° ; fr. 23869, 246 ; God. 195 ; Extr. de Menant,
XII, 2.
Saint-Just 2 , 123 v°. — P 2591 ᴬ , 215 ; fr. 16584, 79 v° ; fr. 21407,
258.
Cf. n. **429**.

454. 155 v°. — Mémoire sur l'état des comptes entre le pape et le roi pour les décimes accordées à Philippe III et à Philippe IV [1].

Croix, 124. — P 2569, 106 ; fr. 2755, 200 ; fr. 4411, 196 ;
fr. 5317, 92 v° ; fr. 23869, 248 ; Extr. de Menant, VI, 23 ; God.
195 v°.
Saint-Just 2 , 124. — P 2591 ᴬ , 215 v° ; fr. 16584, 81 ; fr. 21407,
259.
Historiens de la France, XXI, 529 [2].

455. 158. — Paris, mars 1321. — Ordonnance sur les amortissements, les nouveaux acquêts et les francs fiefs. — « Pro ecclesiarum regni nostri et etiam reipublice... ».

P 2288, 1120, 1126.
Ordonnances I, 745. — *Ordonnances, édits*, n. 26.
Cf. n. **181**.

456. 159. — Paris, [23 janvier 1327]. — *Declarationes ultime super financiis feodorum et aliorum acquestuum.* — Instructions au sujet de l'amortissement.

P 2569, 302 ; P 2591 ᴬ , 271 ; fr. 4412, 172 ; fr. 16584, 180 ;
fr. 21407, 322 v°.

la fois à tous les Mémoriaux où se trouve le document, les renvois que nous y faisons pour *Croix*, valent aussi pour *Qui es*.

1. Cette pièce est indiquée par les Extraits de Menant (VI, 23) comme étant dans *Qui es* au fol. non coté après le fol. 155.
2. Sous le titre de « [Mémoire] sur les annates et les dîmes jusqu'en 1307 ».

Croix, 130 v°. — Fr. 5317, 98 v° ; Arsenal, 2635, 5.
Ordonnances, I, 797, note. — Brussel, *Usage des fiefs*, 851.
Cf. n. **52**.

457-8. 161 v°. — 23 janvier 1327. — Instructions relatives à l'exécution de l'ordonnance analysée au n. **435**.

    Croix, 132. — P 2288, 1132, 1140. — P 2904, 24.

459. 163. — Paris, 23 janvier 1327. — Charles IV notifie au bailli de Chaumont une ordonnance sur la perception des corvées de charroi dues au roi pour la guerre de Gascogne, avec les noms des redevables. — Expédition aux autres baillis. — Liste de ceux qui doivent ce service.

    Croix, 133. — P 2288, 1142 ; P 2289, 934. — Fr. 2755, 201 ; God. 200.

460. 172. — Juillet 1328. — Dépenses pour charrois à cause de la guerre de Flandre[1].

    Croix, 135 v°. — P 2288, 1144. — Fr. 2755, 204 ; God. 202 v°.

461. 172. — Instruction sur la levée de la finance pour la guerre de Flandre.

462. 218. — Relevé des privilèges accordés par les papes aux rois de France et à leur famille.

    Croix, 177. — P 2288, 1230. — P 2569, 117 ; fr. 4411, 209 ; fr. 23869, 265.
    Saint-Just[2], 177. — P 2591ᴬ, 203 ; fr. 16584, 48 ; fr. 21407, 238 v°.
    Cf. n. **97** et **98**.

463. 220. — S. d. — *Ce sont les doubtes sur les finances des acquets et les responses et declarations d'iceux.* — « Premierement il y a aucunes eglises qui ont acquesté... ».

    Croix, 179. — P 2288, 1240. — P 2904, 13 ; fr. 2755, 213 ; fr. 2835, 31 ; Arsenal, 2635, 5 ; God. 213.

464. 222. — Paris, 1206. — Remise du droit de régale en faveur de l'église d'Auxerre.

    Croix, 181. — P 2288, 1250. — Fr. 2835, 32 ; fr. 14371, 11 v° ; Sainte-Geneviève, 1752, 93 ; Extr. de Menant, VI, 26.

---

1. La présence de cette pièce et de la suivante dans *Qui es* ne nous est signalée que par Fontanieu, 797, 132 v° et 134. L'analyse du n. **461** est peut-être erronée, cf. n. **472**.

Labbe, *Bibliotheca manuscriptorum nova*, I, 484. — Pasquier, *Recherches...*, II, 308. — Brussel, *Usage des fiefs*, 305.

465. 222. — 1137. — Actes de Louis VI et de Louis VII exemptant de la régale l'archevêché de Bordeaux et ses suffragants.

Croix, 181. — P 2288, 1252, 1258. — P 2569, 121 v°; fr. 4411, 215; fr. 23869, 272; Sainte-Geneviève, 1752, 87. *Saint-Just* 2, 177(?). — P 2591 A, 6; fr. 16583, 17; fr. 21407, 5. *Ordonnances*, I, 7. — Brussel, *Usage des fiefs*, 287. — Labbe, *Alliance chronologique*, II, 607. — Lemère, *Mémoires du clergé*, II, 692.

CROIX [1].

466. 3 v°. — Note sur les droits du connétable.

Cet article manque dans PP 109, mais il est cité dans lat. 5991 A, 10; lat. 9847, 6; Extr. de Menant, XIII, 8 v°. *Ordonnances*, II, 146. — Du Cange, *Glossaire*, au mot « Comes Stabuli ». Cf. n. **83.**

467-8. 88 v° — *Instrumentum publicum super celebratione misse et benedictione nuptiali factis ab episcopo Parisiensi.*

Cet article ne figure que dans les Extr. de Menant, XII, 5.

469. 93. — Vincennes, 5 avril 1322. — Ordonnance prescrivant la suppression de toutes les rentes sur le Trésor dont la valeur a été assignée sur le domaine royal, et la révision des dons dont on devra faire examiner les titres.

P 2288, 947. — Fr. 2755, 152 et 238; fr. 5317, 66 v°; God. 153. *Ordonnances, édits*, n. 23. Cf. n. **228.**

470. 97. — Angers, novembre 1323. — Ordonnance sur le Trésor et la Chambre des Comptes.

P 2288, 979, 988 *Ordonnances*, I, 776. Cf. n. **233.**

---

1. A partir d'ici nous passons en revue les pièces qui ne se trouvent que dans *Croix*; c'est donc le feuillet de ce Mémorial qui suit le numéro d'ordre en égyptiennes. — Nous avons à tort cité comme indépendante la copie de *Croix* conservée dans le ms. fr. 2755 (cf. p. 6, n. **10**) : c'est une copie du manuscrit Godefroy 184 (cf. p. 9, n. **49**).

471. 126. — Gages et droits des Gens des Comptes [1], du Chancelier, du Parlement, du Trésorier, etc.

> P 2288, 1102. — P 2569, 110 v⁰; AD[ix] 99, n. 4; AD[ix] 103, n. 4; fr. 2835, 26; fr. 4411, 201 v⁰; fr. 4429, 137; fr. 5317, 94; fr. 23869, 254; Clairambault, 754, 339; Extr. de Menant, XII, 4.
> Saint-Just[2], 126. — P 2591[A], 218; fr. 16584, 85; fr. 21407, 261 v⁰; Sainte-Geneviève, 1752, 110.
> Fragments dans Lechanteur, *o. c.*, 189.

472. 141. — S. d. — Instructions sur la convocation des nobles et des gens des bonnes villes pour leur demander une aide contre l'Angleterre. — « Ceux qui sont ordenés a aller par le royaume demander ayde pour la guerre... »

> P 2288, 1148. — Fr. 2755, 212; God. 211.

473. 183. — S. d. — Mémoire sur la composition et l'approvisionnement d'une armée française chargée d'envahir l'Écosse.

> Fr. 2755, 216; fr. 2835, 33 (fragment); God. 217.
> Extrait édité par Du Cange, *Glossaire*, au mot « Baucens ».

474. 183 ou 187. — Paris, 2 mai 1346. — Quittance du dauphin de Viennois au roi et à son fils, duc de Normandie, de 17500 florins pour reliquat de compte.

> P 2288, 1256. — P 2569, 124 v⁰; fr. 2755, 221 v⁰; fr. 4411, 219; fr. 23869, 277; God. 221.
> Saint-Just[2], 183. — P 2591[A], 304 v⁰; fr. 16584, 239 v⁰; fr. 21407, 364 v⁰.

475. 184 ou 187 v⁰. — Paris, 25 octobre 1337. — Traité entre le roi et Ayton Doria pour fournir 20 galères au prix de 900 florins d'or par mois.

> P 2288, 1262. — Fr. 2755, 222 v⁰; fr. 20691, 788; fr. 26749 (Dossier Béhuchet); God. 224.
> A. Jal, *Archéologie navale*, II, 333.

476. 184 ou 189. — Même date. — Autre traité entre les mêmes

---

1. On lisait, en marge, dans *Croix*: « Jura Campanie ad longum scribuntur libro *Pater*, fol. IXˣˣXI » (Cf. n. **89**), d'après les copies de Saint-Victor, de Saint-Germain-des-Prés et les Extr. de Menant. — On lisait dans le texte même: « Item percipiunt stilum consuetum in Campania, prout scribitur in libro veteri Memorialium ».

pour 20 autres galères, état de la dépense d'entretien et liste
des patrons.

> P 2288, 1265. — Fr. 2755, 225; God. 227.
> A. Jal, *o. c.*, II, 337.

477. 194 v°. — Table paschale.
> - Cf. n. **356**.

478. 190 ou 197. — Note sur l'organisation de la chancellerie
royale, d'après une ancienne cédule de Jean de Crépy.

> P 2569, 125 v°; fr. 2755, 226 v°; fr. 4411, 220; fr. 23869,
> 278; God. 229.
> *Saint-Just* 2, 190. — P 2591ᴬ, 275; fr. 16584, 198; fr. 21407,
> 324 v°.
> Cf. n. **240**.

478 bis. 197. — 8 février 1329. — Analyse de lettres de Philippe VI sur les droits des maîtres clercs de la Chambre des
Comptes sur les profits de la Chancellerie.

> P 2288, 1270.
> Cf. n. **683**.

479. 193 ou 199. — S. d. — Prisée des sergents. — Sommiers
dûs au roi.

> Fr. 2755, 229; God. 232 v°.
> Cf. n. **17** *ter*.

480. 197 ou 203 v°. — S. d. — Vidimus par le prévôt de Mâcon
d'une lettre de Charles IV portant règlement au sujet de la
levée de droits de douane sur les vivres et marchandises sor-
tant du royaume par le bailliage de Mâcon.

> P 2288, 1278. — P 2569, 129; fr. 2755, 234; fr. 4411, 224;
> fr. 23869, 283; God. 237.
> *Saint-Just* 2, 197. — P 2591ᴬ 279 v°; fr. 16584, 204; fr. 21407,
> 336 v°.

481. 192 ou 213. — Services militaires dûs au roi et à son fils,
duc de Normandie, par plusieurs prélats et abbés [1].

> Fr. 2755, 236 v°; fr. 20691, 786; God. 240.

---

1. Édité, d'après les Registres de Philippe-Auguste, dans les *Historiens de la
France*, XXIII, 693.

IV. — MÉMORIAL *A*

[Ce Mémorial, le premier de la série régulière qui fut continuée jusqu'en 1789, avait 228 feuillets (plus 2 feuillets intercalés et numérotés 11 *bis* et 147 *bis*); il contenait 235 documents, de 1309 à 1333 [1]. Parmi ceux-ci 45 seulement se trouvaient dans les Mémoriaux précédents et 37 ne sont connus que par des analyses.]

482. 1. — Liste des monastères de l'ordre de Prémontré existant en France ou y possédant des biens.

> P 2569, 401; P 2591ᴬ, 159; fr. 4414, 1; fr. 16583, 311 vᵒ; fr. 21407, 182.
> Cf. n. **427**.

483. 2 vᵒ [2]. — Règlement s. d. sur les salaires des ouvriers de la monnaie royale.

> P 2290, 1. — Fr. 4425, 1.

484. 2 vᵒ. — 1ᵉʳ octobre 1313. — Mémoire présenté à la Chambre par les héritiers de Guillaume de Nogaret, touchant la traite des laines.

485. 3. — [1319]. — Ordonnance sur les eaux et forêts et les marchands de bois, avec la liste des forêts royales.

> Rubrique de PP 109, complétée avec celles que fournissent lat. 5991 ᴬ, 161, et lat. 9847, 27 vᵒ. Cf. Extr. de Menant, XIII, 20 vᵒ.
> Cf. n. **9** (?)

1. Et non à 1322 comme on le dit dans la plupart des listes de Mémoriaux, ce qui amène l'hypothèse suivante, formulée à propos de B : « Par ainsi il faut qu'il y ait 8 années de perdues parce que l'autre livre ne va que jusqu'en 1322 » (fr. 2835, 128).

2. « Du Vendredy 19 mars 1321 (1322, n. st.). — Ce jour furent veues et leues unes lettres en la Chambre des Comptes d'une assignation a vie de Vᶜ livres parisis à mons. Jehan des Barres, mareschal de France, a prendre sur certains biens en la baillie de Troyes, presens mons. Jehan Cherchemont, mons. Estienne de Mornay, mons. Pierre de Condé, mons. Amalric de la Charmoye, mons. Jehan de Villepereur, mons. G. de Courteheuse, Martin des Essars; et, debattu entre eux lesdites lettres, pour tant que il vouloit estre payé par la main et avant que le receveur le roy illeuc y prist riens, ordonnerent, toutes choses considerées, que le dit mareschal prist ladite somme avant que (*sic*) le receveur le roy des ores en avant, et li rendirent lors ses lettres. (Bibl. royale, Cabinet des titres, *Extrait du Mémorial de la Chambre des Comptes coté A*, fol. 2) ». Cité par M. Guessard, sans aucune autre référence, *Bibl. de l'École des Chartes*, 1843-44, 383, note 1.

486. 3 v°. — Ordonnance concernant les eaux et forêts de Languedoc, faite par Philippe [Le] Convers [1], maistre des eaux et forêts.

> Cf. n. **15** (?).

487. 3 v°. — Janvier 1325. — Charles IV révoque la coutume interdisant au gagnant d'un procès toute reprise sur le condamné.

> Cet article manque dans PP 109, mais il est analysé dans fr. 2835, 13 v°.
>
> Fontanon, *o. c.*, I, 642. Cf. *Ordonnances*, I, 784 [soi-disant d'après le registre A du Parlement].

488. 4. — Paris, 21 mars 1310. — Philippe le Bel ordonne au bailli de Caux de lever l'aide pour le mariage de sa fille Isabelle, reine d'Angleterre, même sur les personnages ecclésiastiques qui se prétendaient exempts de cette aide.

> P 2290, 5. — P 2591 ᴬ, 162 v°; fr. 4414, 20; fr. 4425, 3; fr. 4427, 5; fr. 16583, 317; fr. 21407, 187; Moreau, 341, 261 v°; Extr. de Menant, I, 6.
>
> *Ordonnances*, I, 471.

489. 5. — 6 février 1309. — Vidimus par E., archevêque de Narbonne, B., archevêque de Rouen et Geoffroi du Plessis, protonotaire de France, d'une bulle de Clément V (3 juin 1307; *Regestum Clementis V*ᵗⁱ, II, 55) notifiant que Philippe IV a consenti à ce que la décime accordée à Charles de Valois pour conquérir Constantinople, soit levée avant celles qui avaient été accordées au roi.

> P 2290, 9. — Fr. 4425, 5.

490. 5. — Paris, 28 mars 1310. — Commission de Philippe le Bel à Pierre d'Orléans, chanoine de Soissons, pour la levée des décimes.

> P 2290, 7. — Fr. 4425, 10.

491. 6. — Paris, 22 mars 1310. — Concession, en pur don, par Bernard, évêque du Puy, à Philippe le Bel, à titre d'aide, du tiers de ce qu'il avait remis en dépôt à la Société de « Guilhanna ».

> P 2290, 21. — Fr. 4425, 13.

492. 6. — Commission pour la levée des décimes en la province de Languedoc.

493. 7. — 1310. — Permutation entre le roy Philippe et de Maulmont, pour raison du château de Moret, du samedy de Pâques 1310.

1. Nom altéré dans PP 109. Cf. n. **503**.

494. 7. — Paris, 5 mai 1310. — Mandement de lever l'aide pour le mariage d'Isabelle, fille aînée du roi de France, et reine d'Angleterre, dans le bailliage de Mâcon.

P 2290, 29.

495. 7. — Le Neubourg, 25 avril 1310. — Commission au sujet de la traite des laines : les profits devront en être versés directement aux trésoriers du roi à Paris, sauf ce qui sera nécessaire aux gages des agents de ce service.

P 2290, 23.
Ordonnances, XI, 422. — Extrait édité par Du Cange, Glossaire, au mot « Baula ».

496. 7 v°. — 25 avril 1310. — Autre dudit jour.

497. 7 v°. — Le Neubourg, 25 avril 1310.—Mandement à Pierre de Chalon de délivrer sur les produits de la traite des laines à Jacques de Besançon, frère mineur, 1800 l. t. de forte monnaie pour l'œuvre de la fabrique de Sainte-Maxence.

P 2290, 25.

498. 8. — Décembre 1296 ou 1294. — Remise à Alix Aclisie, couturière de Rouen, de 100 s. de rente, dont elle et ses héritiers ne payeront plus à l'avenir que 5 sous au temps de Pâques.

499. 8. — Creil, 1er juin. 1310. — Philippe le Bel charge Jean Bérenger, sergent d'armes, de saisir les biens de l'archevêque de Lyon et de ses partisans.

P 2290, 31. — Fr. 4425, 15.

500. 8 v°. — 1310. — Rapport fait à la Chambre par Enguerran de Marigny, le 25 juin 1310, touchant 4000 l. de rente dues par le roy au comte de Valois.

501. 8 v°. — Fontainebleau, 25 juillet 1310. — Révocation par le roi des commissaires pour la levée de ses deniers en Poitou.

P 2290, 33.

502. 9. — Paris, 4 août 1310. — Philippe le Bel interdit la circulation des deniers à la reine et des florins.

P 2290, 37. — Fr. 4425, 17.
Leblanc, Traité des monnaies, 291. — Ordonnances, I, 474.

503. 9 v°. — Lorris, 18 novembre 1310. — Commission de Philippe le Bel à Philippe Le Convers, archidiacre de Brie dans l'église de Meaux, pour dédommager les marchands de bois de la perte à eux causée par les changements de monnaie.

> P 2290, 41.

504. 10. — 10 août 1309. — Ordonnance des forêts de Languedoc.

> Cf. n. **15** (?).

505. 11. — S. l., 16 mars 1332. — Décision de la Chambre des Comptes réglant les indemnités des commissaires royaux.

> P 2290, 43. — P 2569, 403 ; P 2591ᴬ, 161 vᵒ ; fr. 4414, 3 ; fr. 4425, 11 ; fr. 4427, 9 ; fr. 16583, 315 vᵒ ; fr. 21407, 185.

506. 11 *bis*. — Paris, 10 novembre 1300. — Arrêt du Parlement ordonnant de prélever sur les biens de Jean de Breteuil, bourgeois de Roye, l'amende due par lui au roi, avant de payer les autres créanciers postérieurs à cette amende [1].

> P 2290, 45. — P 2569, 403 9ᵒ ; P 2591ᴬ, 120 vᵒ ; fr. 16583, 241 vᵒ ; fr. 21407, 132.

507. 11 *bis*vᵒ. — Lyon, 23 décembre 1305. — Clément V absout Philippe le Bel de ce qu'il a exigé des biens d'Église pour la défense du royaume, des torts causés par le changement de monnaie et par d'autres abus.

> P 2290, 49. — P 2569, 404 vᵒ ; fr. 4414, 5 ; fr. 4425, 19 ; Extr. de Menant, XII, 98.
> Leblanc, *Traité des monnaies*, 186. — De Saulcy, *o. c.*, 151 (fragment).

508. 12 vᵒ. — Poissy, 19 janvier 1311. — Philippe le Bel nomme Bernard Carbonnel et Pons Belin maîtres de la monnaie de Toulouse et un garde de cette monnaie.

> P 2290, 61. — Fr. 4425, 23 ; fr. 32263, 7 (fragment).

509. 12 vᵒ. — Poissy, 19 janvier 1311. — Ordonnance de Philippe le Bel sur les monnaies, interdisant l'exportation des métaux précieux.

> P 2290, 57. — Fr. 4425, 25.
> *Ordonnances*, I, 475.

510. 13. — Poissy, 26 janvier 1311. — Philippe le Bel notifie au

---

1. On lit à la suite dans la Reconstitution officielle : « Extractum a registris curie parlamenti. Signatum Chevreteau. » Cf. *Olim* (éd. Beugnot), II, 442.

prévôt de Paris la mise en circulation des deniers dits « bourgeois » dans sa prévôté. .

> P 2290, 71. — Fr. 4425, 27.
> *Ordonnances*, I, 477. — De Saulcy, *o. c.*, 176.

511. 13 v°. — Paris, 12 avril 1311. — Philippe le Bel ordonne au
bailli de Rouen de prohiber la circulation des deniers à la masse
et autres espèces décriées.

> P 2290, 67. — Fr. 4425, 29; Moreau, 341, 262.
> *Ordonnances*, I, 480.

512. 13 v°. — Paris, 6 mai 1311. — Philippe le Bel ordonne au
sénéchal de Poitou de prohiber la fabrication des objets en
métaux précieux sauf dans quelques cas spécifiés.

> P 2290, 69. — Fr. 4425, 50.
> *Ordonnances*, I, 480.

513. 13 v°. — Paris, 16 mai 1311. — Philippe le Bel donne au
bailli de Bourges des instructions pour l'application des ordonnances sur les monnaies et l'interdiction de la circulation des
monnaies étrangères.

> P 2290, 63. — Fr. 4425, 31.
> *Ordonnances*, I, 481.

514. 14. — Paris, 1er juin 1311. — Mandement de Philippe le Bel au
bailli d'Orléans, au sujet de la sous-ferme des domaines du roi
et des prévôtés.

> P 2290, 75.
> *Ordonnances*, I, 483. — Brussel, *Usage des fiefs*, 427.

515. 15. — Paris, 15 juillet 1311. — Commission de Philippe le
Bel au bailli d'Auvergne pour enquérir sur l'administration de la
seigneurie « del Henty[1] » et pour contraindre Chétard de Revel
à fournir ses titres à une rente de 50 l. p. qu'il prétendait lui être
due par le Trésor.

> P 2290, 77.

516. 15. — Paris, 19 septembre 1311. — Règlement royal contre
les usuriers italiens.

> P 2290, 79.
> *Ordonnances*, I, 489 (qui renvoient au fol. 25).

---

1. Le texte de la Reconstitution officielle porte « Delhenti ».

517. 15. — Paris, 17 novembre 1311. — Règlement sur le même sujet adressé au prévôt de Paris.

 P 2290, 83.
 Ordonnances, I, 490.

518. 16. — Paris, 15 novembre 1311. — Autre exemplaire adressé au bailli de Chaumont.

 Ordonnances, I, 489, note.

519. 16. — Paris, 19 novembre 1311. — Autre règlement sur le même sujet adressé à l'archevêque de Rouen.

 P 2290, 85.
 Ordonnances, I, 491.

520. 16 v°. — Poissy, 30 décembre 1311. — Philippe le Bel interdit les tournois et les guerres privées. — « Periculis et incommodis... »

 P 2290, 87. — Fr. 4425, 33 ; fr. 4427, 7.
 Du Cange, *Joinville*, 172. — *Ordonnances*, I, 493.

521. 16 v°. — Poissy, 30 décembre 1311. — Mandement prescrivant la publication de l'ordonnance précédente. — « Cum in aliquibus... »

 P 2290, 89.
 Ordonnances, I, 492.

522. 16 v°. — Poissy, 30 décembre 1311. — Ordonnance prohibant les rassemblements armés.

 P 2290, 91.

523. 17. — Poissy, 30 décembre 1311. — Mandement du roi au bailli de Bourges prescrivant la convocation d'une assemblée à Lyon, au sujet des Templiers.

 P 2290, 93. — Fr. 4425, 35 ; fr. 4427, 9.
 E. Boutaric, *La France sous Philippe le Bel*, 38, en note (qui renvoie par erreur au fol. 93 de *A*).

524. 17. — Montargis, 29 janvier 1312. — Ordonnance au sujet des usuriers. — « Pro reformatione publica regni nostri... »

 P 2290, 99.
 Ordonnances, I, 494.

525. 18. — Paris, 31 janvier 1312. — Commission au bailli de Troyes pour la publication de la dite ordonnance.

 Ordonnances, I, 496.

526. 18. — Paris, 30 janvier 1312. — Mandement de la Chambre des comptes au bailli d'Amiens d'observer les ordonnances au sujet des monnaies et de faire supprimer les monnaies étrangères avant la mi-carême suivante.

> P 2290, 105. — Fr. 4425, 37.
> *Ordonnances*, I, 482, note *b*. — De Saulcy, *Recueil de documents relatifs à l'histoire des monnaies*, 179.

527. 18 v°. — Creil, 6 octobre 1311. — Mandement du roi au bailli d'Orléans pour la levée de l'aide pour le mariage de sa fille aînée Isabelle, reine d'Angleterre.

> P 2290, 109. — Extr. de Menaut, I, 6.
> Brussel, *Usage des fiefs*, 898.

528. 19. — Maubuisson, juillet 1311. — Ordonnance contre les usuriers. — « Desiderantes... »

> P 2289, 76.
> *Ordonnances*, I, 484.

529. 20. — Mai 1248, vidimus du 5 mars 1363. — Hommage d'Arnoul, comte de Guines, au roi, comme comte d'Artois, pour le comté de Guines, la baronnie d'Ardres, la châtellenie d'Angles et une terre à Saint-Omer.

> P 2290, 111. — P 2569, 408 v°; P 2591ᵃ, 38 v°; fr. 4414, 9;
> fr. 4425, 39; fr. 16583, 67 v°; fr. 21407, 29.
> Brussel, *Usage des fiefs*, 1037 (analyse).

530. 20 v°. — Melun, 19 septembre 1312. — Philippe le Bel interdit les réquisitions et prises faites sans payer et ordonne à ses grands vassaux de faire observer cette ordonnance.

> P 2289, 398.
> *Ordonnances*, I, 507.
> Cf. n. **205.**

531. 21. — Commission au bailli de Laon pour l'exécution de la dite ordonnance.

532. 21 v°. — Paris, 9 juin 1313. — Philippe le Bel annonce au bailli de Cotentin que la bonne monnaie circulera à partir de la Saint-Jean et qu'il devra être tenu compte de ce fait dans les baux faits pour le roi et les particuliers.

> P 2290, 127. — Fr. 4425, 41.
> *Ordonnances*, I, 519, note. — De Saulcy, *o. c.*, 184.

533. 21 v°. — Pontoise, juin 1313. — Ordonnance sur les monnaies.

> P 2290, 113. — Fr. 4425, 43.
> *Ordonnances*, I, 518. — Brussel, *Usage des fiefs*, 209.

534. 23. — Pontoise, 24 juin 1313. — Philippe le Bel mande au sénéchal de Beaucaire de convoquer l'ost contre la Flandre.

> P 2290, 129.
> Ménard, *Histoire de Nismes*, II, pr., 11.

535. 24. — Juin 1313. — Liste des commissaires envoyés pour surveiller l'exécution de ce mandement.

> Clairambault, 782, 6.

536. 24 v°. — Ordonnance remettant aux baillis et sénéchaux, en pays de droit écrit, et non au Parlement, le jugement des affaires de dessaisine et de novelleté.

> Cet article manque dans PP 109; il n'est cité que dans fr. 23875, 14.

537. 25 v°. — 8 juillet 1313. — Commission adressée à l'évêque d'Orléans.

538. 26. — Pontoise, juin 1313. — Ordonnance au sujet du cours prochain de la bonne monnaie et du règlement des baux et marchés.

> P 2290, 171. — Fr. 4425, 49.
> *Ordonnances*, I, 525 (qui renvoie à tort au fol. 16 de A). — De Saulcy, *o. c.*, 185.

539. 27. — Arras, 1er août 1313. — Philippe le Bel mande au sénéchal de Beaucaire de publier la paix conclue avec la Flandre (vidimus du sénéchal de Beaucaire).

> P 2290, 139.
> Ménard, *Histoire de Nismes*, II, pr., 12.

540. 27. — Pontoise, 15 juin 1313. — Philippe le Bel enjoint à l'évêque de Maguelonne d'envoyer à Paris, pour les octaves de la Toussaint, les maîtres de sa monnaie, afin qu'ils y soient instruits au sujet de l'application des nouvelles ordonnances sur la fabrication des monnaies.

> P 2290, 133. — Fr. 4425, 53.
> *Ordonnances*, I, 520.

541. 27 v°. — Villers-Cotterets, 15 mai 1313. — Commission. royale à Guillaume Courteheuse et au bailli de Rouen pour faire exécuter ses ordres relatifs aux monnaies, aux usuriers et aux contrats à intérêt faits aux foires de Champagne.

 P 2290, 137. — Fr. 2838, 26.

542. 29. — Noms des prélats et barons qui doivent avoir lettres pour le fait des monnaies.

 P 2290, 141. — Fr. 4425, 55; fr. 21405, 1; fr. 32263, 7 ; Clairambault, 782, 5.
 De Saulcy, *o. c.*, 192.

543. 29 vᵒ. — Chingy, 25 août 1313. — Philippe le Bel mande au bailli d'Amiens de proroger de la Madeleine (22 juillet) au 8 septembre la date de la circulation exclusive de la bonne monnaie.

 P 2290, 143. — Fr. 4425, 56.
 Ordonnances, I, 527. — De Saulcy, *o. c.*, 185.

544. 29 vᵒ. — Chingy, 25 août 1313. — Même mandement adressé au bailli de Gisors.

 P 2290, 147. — Fr. 4425, 57.
 Ordonnances, I, 527, note.

545. 30 vᵒ. — Chingy, 25 août 1313. — Philippe le Bel indique à Pierre de Monchy, député en la province de Bordeaux sur le fait de la décime, le prix auquel il doit accepter les espèces décriées.

 P 2290, 149. — Fr. 4425, 58.
 Ordonnances, I, 527, note.

546. 31. — Abbaye de Barbeaux, 18 septembre 1313. — Commission royale à Jean de Cerens, trésorier de Lisieux, Guillaume de Hangest et Pierre le Feron, pour l'observation des ordonnances sur les monnaies à Paris.

 P 2290, 163. — Fr. 4425, 63.
 Ordonnances, I, 527, note.

547. 31 vᵒ. — Paris, 10 octobre 1313. — Philippe le Bel mande à Gui Florent et Guillaume Dubois le prix auquel les anciennes espèces devront être acceptées jusqu'à ce que la bonne monnaie circule en quantité suffisante.

 P 2290, 151, 159. — Fr. 4425, 59.
 Ordonnances, I, 520, note.

548. 32. — Même mandement adressé à Geoffroi Coquatrix pour le bailliage d'Amiens.

 P 2290, 155.
 Ordonnances, I, 524, note.

549. 32. — Même mandement à Gille Granche et à Renaut Barbou pour le bailliage de Sens et les foires de Champagne et de Brie.

> P 2290, 156.
> *Ordonnances*, I, 524, note.

550. 32 v°. — Paris, 1er décembre 1313. — Philippe le Bel mande au sénéchal de Toulouse de faire accepter 3 parisis faibles contre 2 tournois bons, d'interdire la hausse des denrées et d'obliger les détenteurs de vaisselle d'argent à la faire monnayer.

> P 2290, 167. — Fr. 4425, 65.
> *Ordonnances*, I, 533.

551. 33. — Toulouse, 31 décembre 1308. — Clément V excommunie les faux monnayeurs.

> P 2290, 179. — P 2569, 409 v°; P 2591^A, 162; fr. 4414, 11; fr. 4425, 75; fr. 16583, 316 v°; fr. 21407, 185 v°.
> Baluze, *Vitae paparum Avenionensium*, II, 136. — Leblanc, *Traité historique des monnaies de France*, 226.

552. 33. — Paris, 1er décembre 1313. — Mandement au sénéchal de Saintonge de faire lever l'aide due pour la chevalerie du fils aîné du roi.

> P 2290, 183.
> *Ordonnances*, I, 534.

553. 34. — Fléchicourt, 23 décembre 1313. — Philippe le Bel ordonne d'observer à Montdidier le règlement fait pour le payement des loyers et des cens dus à Paris.

> P 2290, 185.
> *Ordonnances*, I, 535.

554. 34 v°. — Poissy, 19 janvier 1311. — Philippe le Bel donne pleins pouvoirs aux Gens des Comptes pour révoquer les notaires, écrivains, enregistreurs, gardeurs de registres, examinateurs; etc.

> P 2289, 414.
> *Ordonnances*, I, 476.
> Cf. n. **213.**

555. 35. — Poissy, 12 janvier 1314. — Philippe le Bel ordonne au bailli d'Auvergne de prohiber la circulation de certaines monnaies.

> P 2290, 187.
> *Ordonnances*, I, 535.

556. 35. — Chantecoq, 11 mai 1333. — Ordonnance portant révocation de tous les dons royaux antérieurs. — Brioude, 25 décembre 1333. — Ordonnance portant règlement sur la même matière.

> Cet article manque dans PP 109 et n'est signalé que par fr. 23875, 269 v°.

557. 35 v°. — Paris, 23 mars 1314. — Philippe le Bel notifie au sénéchal de Beaucaire une convention passée avec l'abbaye de Mont-Saint-Gilles accordant à celle-ci le tiers des biens de Juifs saisis par les gens du roi, et dont elle réclamait la possession, le reste étant reconnu au roi.

> P 2290, 191. — Fr. 4425, 69.
> Ménard, *Histoire de Nismes*, II, pr., 15.

558. 37 v°. — 1204. — Définition des droits de Guillaume des Roches, comme sénéchal d'Anjou, de Touraine et du Maine.

> Brussel, *Usage des fiefs*, 644.

559. 38. — Paris, 17 avril 1314. — Mandement de Philippe le Bel à Jean de Roye et au bailli de Caux de faire publier l'ordonnance concernant le cours des monnaies.

> P 2290, 195. — Fr. 4425, 71.
> *Ordonnances*, I, 536. — De Saulcy, *o. c.*, 187.

560. 39. — Paris, décembre 1269. — Confirmation par Louis IX des priviléges accordés par Charles le Chauve et renouvelés par Louis VII à l'église de Saint-Julien de Brioude [1].

561. 40. — Mention de sentence contenant que le chapitre de Saint-Julien de Brioude doit faire serment de fidélité au roy et que le roy aura droit de gite en la ville de Brioude.

562. 40 v°. — Paris, 4 janvier 1315. — Mandement de Louis X aux collecteurs de la décime dans la province de Reims de réclamer à l'abbé de Citeaux les trois termes échus de son abonnement conclu avec le roi au sujet de la décime due par son Ordre.

> P 2290, 203. — Fr. 4425, 74.

563. 41. — Vincennes, 19 avril 1315. — Mandement de Louis X aux baillis de Rouen, Cotentin, Caux, Gisors et Senlis, de confisquer les biens d'Enguerran de Marigny.

> P 2290, 205. — P 2569, 411; P 2591ᴬ, 182; fr. 4414, 11; fr.

---

1. Ms. : Brives. — Édité d'après d'autres sources par d'Achery, *Spicilège*, III, 663; *Ordonnances*, VII, 415; Chassaing, *Spicilegium Brivatense*, 1414.

4425, 76; fr. 4427, 8; fr. 16584, 1; fr. 21407, 202 v°; de Camps,
43, 112.

564. 41 v°. — Paris, 31 mai 1315. — Concession à François et
Bremond de Mer, frères, du droit de 16 deniers par livre sur les
toiles exportées par Aigues-Mortes, pour deux ans, moyennant
une redevance de 8400 l. pour les deux ans.

> P 2290, 209.

565. 42 v°. — 1224. — Procès entre Jeanne, comtesse de Flandre,
et Jean de Nesle.

> P 2290, 213. — P 2569, 412; P 2591ᴬ, 29 v°; AD¹ˢ 101,
> n. 24; fr. 2835, 72; fr. 4414, 12; fr. 4425, 78; fr. 16583, 51;
> fr. 21407, 21.
> Martène, *Amplissima Collectio*, I, 1193.

566. 43. — Arras, 30 août 1315. — Louis X demande à l'évêque
de Paris de faire des processions pour le succès de ses armes.

> P 2290, 217. — Fr. 4425, 80.

567. 43 v°. — 1317 ou 1313. — État et titres de la terre de Mortaigne
en Flandre, remis entre les mains de Félix[1].

568. 45. — Melun, décembre 1230. — Ordonnance sur les Juifs
et autres usuriers.

> P 2288, 676, 680. — Fr. 4425, 82.
> *Ordonnances*, I, 53.
> Cf. n. 24.

569. 45. — Janvier 1269. — Ordonnance pour l'expulsion des
Lombards et autres usuriers étrangers.

> P 2289, 85, 86. — Fr. 4425, 84.
> *Ordonnances*, I, 96.
> Cf. n. 25.

570. 46. — 1274. — Ordonnance expulsant de France les Lombards et autres usuriers, s'ils ne renoncent pas à leur commerce.

> P 2289, 88, 90. — Fr. 4425, 86.
> *Ordonnances*, I, 299.
> Cf. n. 26.

571. 47. — Octobre 1293. — Concession à Biche et Colin Guide de la
traite des laines par les ports d'Aiguemorte et de Narbonne.

> Cf. n. 40.

1. Cf. les n. 289, 291.

572. 47. — Châteauneuf-sur-Loire, 18 avril 1308. — Commission royale à Guillaume de Marcilly, Geoffroi Coquatrix et Pierre de Chalon pour la traite des laines.

> P 2290, 221.

573. 47 vᵒ. — Paris, 28 août 1312. — Mandement de Philippe le Bel interdisant d'exporter des armes, des chevaux, etc.

> P 2289, 132.
> *Ordonnances*, I, 505.
> Cf. n. **39.**

574. 49. — Avignon, 5 avril 1319. — Quittance de Jean XXII à Philippe V de 36000 florins payés au nom de son neveu Pierre Duese au comte d'Évreux.

> P 2290, 225. — Fr. 4425, 88.

575. 50 vᵒ. — Maubuisson-lès-Pontoise, 15 mai 1319. — Charles de Valois vidime et ratifie un acte de Philippe V lui rachetant son droit de battre monnaie à Angers et à Chartres, moyennant 50000 l. t., et lui accordant en don une somme égale, le tout assigné sur les décimes des provinces de Reims et de Rouen.

> P 2290, 229. — P 2569, 413 vᵒ; P 2591ᴬ, 210; fr. 4414, 14; fr. 4425, 90; fr. 16584, 64; fr. 21407, 249; de Camps, 44, 221.
> Brussel, *Usage des fiefs*, 210.

576. 52. — S. l. n. d. — Louis X renouvelle pour l'église de Mende l'ordonnance de Philippe IV, du 15 juin 1304, faite à Paris, et accordant aux ecclésiastiques l'amortissement de leurs acquêts en échange d'un subside du dixième.

> P 2289, 268.
> *Ordonnances*, I, 412.
> Cf. n. **146.**

577. 52. — Fragment de lettre pour le dédommagement de Jean d'Aguidiau des pertes qu'il avoit souffertes en l'isle d'Oleron.

578. 58. — Pérouse, 14 mai 1304. — Benoît XI accorde au roi les annates pour une année, afin de lui permettre la restauration du cours des monnaies.

> P 2290, 239. — P 2569, 416 vᵒ; P 2591ᴬ, 167¹²; fr. 4414, 17; fr. 4425, 94; fr. 16583, 267; fr. 21407, 147; de Camps, 40, 455 *bis.*
> Leblanc, *Traité historique des monnaies de France*, 215.

579. 57 v°. — Jouy, 13 juillet 1322. — Don à Bouchart de Montmorency d'un arpent de bois en la forêt de Jouy.

> Cet article manque dans PP 109 ; il n'est signalé que par fr. 20684, 246.

580. 60. — Compiègne, 26 juillet 1314. — Mandement pour la convocation de l'ost contre le comte de Flandre.

> P 2290, 239. — Moreau, 341, 239 v°; Arsenal, 2636, 7.
> Dumont, *Corps diplomatique*, I, 2ᵉ partie, 10.

581. 60. — Paris, 29 juillet 1314. — Ordonnance de Philippe le Bel prohibant les duels, guerres privées et tournois. — « Cum nos olim... »

> P 2289, 160. — P 2569, 418; P 2591ᴬ, 167⁹; fr. 4414, 18 ; fr. 4425, 92 ; fr. 4427, 7; fr. 16583, 337; fr. 21407, 201 ; de Camps, 37, 721.
> Du Cange, *Joinville*, 345. — *Ordonnances*, I, 538.
> Cf. n. **56**.

582. 61. — État des droits et fiefs appartenant aux maîtres et clercs de la Chambre des Comptes en Champagne.

> P 2289, 174. — Arsenal, 2636, 5 v°.
> -Brussel, *Usage des fiefs*, 55.
> Cf. n. **243** et **244**.

583. 61 v°. — 1314. — Lettres de créance en faveur de Dreux de la Charité, prevost de l'eglise de Soissons, et Fremin de Coquerel, bailli de Vermandois, concernant les affaires de l'armée en Flandre.

584. 62. — Paris, 9 janvier 1312. — Traité entre le roi et Pierre de Mantes, orfèvre, pour la frappe des espèces d'or à Paris [1].

> P 2290, 241. — Fr. 4425, 96.

585. 66. — 5 avril 1315. — Don à Milon de Noyers de 8 l. par jour pour vacquer aux affaires du roy.

586. 67. — 1315. — Mandement au sénéchal de Toulouse pour contraindre Bertrand de Jumelle à exécuter l'assiette de 50 l. de rente pour la chapelle de la Cour Neuve à Toulouse.

587. 67 v°. — Paris 22 mai 1315. — Mandement de Louis X aux sénéchaux de Toulouse, Beaucaire, Rouergue et Carcassonne, de

---

1. Ce traité n'est que le renouvellement, avec les mêmes clauses mais avec Pierre de Mante seul, de l'accord conclu par le roi avec Betin Caucinel et Pierre de Mante, le 7 février 1310. Ce dernier accord est édité : *Ordonnances*, I, 478 ; De Saulcy, *o. c.*, 177.

recueillir les chef-cens, surcens, rachats et autres impôts dûs au roi lors de son avènement à la couronne.

> Brussel, *Usage des fiefs*, 852.

588. 69. — Liste des commissaires sur le fait de la guerre de Flandre, des usures et des monnoyes.

589. 70. — Paris, mai 1315. — Mandement de Louis X à Barthélemy Chevrier, pannetier du roi, et au sénéchal de Lyon, au sujet de la convocation de l'ost contre la Flandre.

> P 2290, 245.

590. 70 v°. — Paris, 4 juin 1315. — Commission de Louis X aux mêmes pour contracter des emprunts au nom du roi.

> P 2290, 247.

591. 71. — Paris, mai 1315. — Commission de Louis X aux mêmes pour informer contre les usuriers et les infractions aux ordonnances sur les monnaies.

> P 2290, 251.

592. 72. — S. l. n. d. — Instructions aux commissaires royaux sur toutes ces matières : monnaies, usure, emprunts et convocation de l'ost. — « C'est l'avis quoment les commissaires iront... » [1].

> P 2290, 255. — Arsenal, 2636, 8.

593. 72 v°. — 20 juin 1315. — Lettres de créance en faveur de Louis de Villepreux et du bailli de Tours concernant la paix.

594. 72 v°. — Paris, 2 juillet 1315. — Commission de Louis X à Louis de Villepreux et au bailli de Tours pour convoquer l'arrière-ban.

> P 2290, 263. — Fr. 2835, 75 v°; Arsenal, 2636, 13.

595. 75 v°. — 1315. — Lettres envoyées aux prélats.

> Cet article manque dans PP 109, mais il est cité dans lat. 11836, 162 v°.

596. 76. — Paris, 2 juillet 1315. — Mandement à Barthélemy Chevrier et au sénéchal de Lyon de contraindre les usuriers italiens à financer.

597. 76 v°. — Paris, juillet 1315. — Traité entre Louis X et la ville de Paris sur la levée du subside pour l'armée de Flandre.

> P 2290, 265. — P 2569, 419 v°; P 2591ᴬ, 189 v°; fr. 4414, 20;

---

1. Ces instructions reproduisent celles qui sont analysées ci-dessus, n. **36** et **118**.

fr. 4425, 98 ; fr. 16584, 20 ; fr. 21407, 214 ; de Camps, 43, 147 ; Arsenal, 2636, 15.

D. Félibien, *Histoire de la ville de Paris*, III, 326. — *Ordonnances*, I, 602.

598. 77 v°. — Paris, 3 juillet 1315. — Louis X mande à Nicolas de Bray et à Saince de Chaumont d'affranchir tous les serfs du bailliage de Senlis.

P 2290, 271. — P 2569, 423 ; P 2591ᴀ, 190 v° ; fr. 4414, 23 ; fr. 4425, 102 ; fr. 16584, 22 v° ; fr. 21407, 216 ; de Camps, 43, 137 ; Extr. de Menant, I, 1.

Brussel, *Usage des fiefs*, pr., LXXII. — D'Achery, *Spicilège*, XI, 385.

599. 78. — Paris, 5 juillet 1315. — Mandement de Louis X enjoignant à Nicolas de Bray et à Saince de Chaumont de lever une aide pour la guerre sur les serfs qui refuseraient l'affranchissement.

P 2290, 275. — Fr. 4425, 104.
Ordonnances, I, 583.

600. 78. — Paris, 9 juillet 1315. — Ordonnance de Louis X qui impose une taxe de 2 deniers par livre, dus tant par l'acheteur que par le vendeur, sur la valeur de toutes les opérations des marchands italiens fréquentant les foires de Champagne et de Brie, établit des courtiers pour ces foires et fixe les villes où ces marchands peuvent résider.

P 2289, 114.
Ordonnances, I, 584.
Cf. n. **32**.

601. 79. — 1315. — Instructions de Louis X sur la manière de lever cette taxe sur les marchands italiens aux foires de Champagne et de Brie.

Ordonnances, I, 586, note.

602. 79 v°. — Paris, 14 juillet 1315. — Lettres de Louis X notifiant la condamnation comme rebelles de Robert, comte de Flandre et de ses adhérents[1].

P 2290, 277. — P 2569, 425 ; P 2591ᴀ, 191 v° ; fr. 4414, 24 v° ; fr. 4425, 106 ; fr. 16584, 25 ; fr. 21407, 217.

1. Document souvent publié d'après d'autres sources : Lancelot, *Recueil de pièces concernant les pairs de France*, I, 207 ; Isambert, *o. c.*, III, 122 ; etc.

603. 81. — Soissons, 7 août 1315. — Louis X accorde franchise
complète de tous les péages à tout marchand amenant des vivres
ou autres marchandises à l'armée et interdit le commerce avec les
Flamands.

> P 2290, 289.
> *Ordonnances*, I, 605.

604. 81 v°. — Reims, 3 août 1315. — Louis X autorise Pierre
d'Aubigni, receveur de la décime dans la province de Reims, à
se faire suppléer par plusieurs personnes pour ce recouvrement.

> P 2290, 291.
> *Ordonnances*, I, 603.

605. 81 v°. — Paris, 6 septembre 1315. — Mandement de Louis X
au bailli de Reims lui enjoignant de faire publier par l'archevêque de Reims et ses suffragants les sentences d'excommunica-
tion portées contre les Flamands.

> P 2290, 293. — Fr. 4425, 112.

606. 82. — 1er septembre 1315. — Mandement à l'évêque d'Auxerre
concernant le subside du dixieme d'un an accordé par l'archevêque de
Reims et le subside de la Terre Sainte.

607. 82. — S. l., 9 septembre 1315. — Mandement de Louis X à
Pierre de Condé et Guillaume Courteheuse de faire vendre au
profit du roi les biens de Pierre d'Orgemont.

> Extr. de Menant, I, 82.

608. 83. — Chartres, vers le 8 mars 1263. — Ordonnance sur les
monnaies. — « Il est esgardé que nuls... »

> P 2290, 295. — Fr. 4425, 114.
> Du Cange, *Glossaire*, au mot « Moneta ». — Leblanc, *Traité
> historique des monnaies de France*, 197. — *Ordonnances*, I, 93.

609. 83. — Melun, 1265 [1]. — Ordonnance sur les monnaies. — « Li
attirement que le roy a fait... »

> P 2290, 301. — Fr. 4425, 116.
> Leblanc, *Traité historique des monnaies de France*, 196. — *Ordon-
> nances*, I, 94.

---

1. Au sujet de la date de cette pièce, voir *Revue numismatique*, 1889, p. 461.

610. 83 v°. — Melun, parlement de la Toussaint 1265. — Autre
ordonnance sur ce sujet. — « Il est ordonné de par le roy... »

> P 2290, 299. — Fr. 4425, 118.
> *Ordonnances*, I, 95.

611. 83 v°. — 1269. — Ordonnance fixant la valeur relative des
espèces qui ont cours et la prohibition des autres.

> P 2290, 303. — Fr. 4425, 119.

612. 84. — 3 juillet 1316. — Mention d'un coffre trouvé dans la chapelle basse du roy.

> Cf. n. **251** (?).

613. 84. — Autre, de l'inventaire de plusieurs joyaux trouvés dans le dit
coffre.

614. 84 v°. — 7 juin 1316. — Solde du comte de Savoie quand il était
au service du régent de France.

> Analyse : Arsenal, 2635, 5 v°.

615. 85. — 1291. — Ordonnance sur les amortissements.

> P 2288, 813, 923.
> *Ordonnances*, I, 323.
> Cf. n. **383**.

616. 85. — 1275. — Ordonnance sur les amortissements.

> P 2288, 524, 805.
> Cf. n. **384**.

617. 85 v°. — Liste des barons qui ont le pouvoir d'amortir.

> Cf. n. **383**.

618. 86. — Mention des cas auxquels est dû l'amortissement.

619. 87. — Compiègne, 1ᵉʳ novembre 1295. — Philippe le Bel, à la
demande de Biche et de Mouche, exempte de toute taxe et de
tout service les Lombards commerçant en France, à charge de
payer un denier, une obole et une pougeoise par livre de marchandise vendue, et de résider dans la ville dont ils sont bourgeois.

> P 2290, 307.
> *Ordonnances*, I, 326.
> Cf. n. **33**.

620. 87 v°. — Paris, 18 novembre 1315. — Ordonnance de Louis X
interdisant les requisitions et prises pour les hôtels du roi et de
la reine.

> P 2290, 311.
> *Ordonnances*, I, 608.

621. 88. — Paris, 19 novembre 1315. — Louis X interdit la circulation des monnaies des barons et prélats hors de leurs domaines.

> P 2290, 315.
> *Ordonnances*, I, 609.

622. 88 v°. — 1315. — Octroy d'un subside du dixieme au roy, dans le concile provincial de Lyon.

623. 89. — Mention de publication des ordonnances des monnoyes.

624. 89. — Paris, 15 janvier 1316. — Ordonnance de Louis X au sujet des monnaies. — « Comme nous qui de nouvel sommes venus au gouvernement de nostre royaume... »

> P 2290. 319. — Fr. 4425, 122.
> *Ordonnances*, I, 614 (2e pagination). — De Saulcy, *o. c.*, 194.

625. 91. — Meaux, 26 février 1316. — Ordonnance sur l'évaluation du change des monnaies d'or.

> P 2290, 331. — Fr. 4425, 128.
> *Ordonnances*, I, 617.

626. 92. — Rampillon, 29 février 1316. — Ordonnance interdisant le commerce avec les Brabançons.

> P 2290, 339.
> *Ordonnances*, I, 619.

627. 92. — Paris, 1er avril 1316. — Louis X enjoint au receveur de Champagne de mettre en adjudication les prévôtés, les droits d'enregistrement et d'écritures, les émoluments des gardes de sceaux, des geoles, des prisons et les fonctions de notaire en Champagne et en Brie.

> P 2290, 343.
> *Ordonnances*, XI, 431.

628. 92. — Fragment de lettres portant mention d'extraits sur question concernant les monnoyes.

629. 94 v°. — 10 février 1311. — Association du roy par Baudes Crespin en toutes les dettes dues au dit Crespin sur plusieurs villes de Flandre pour en jouir par le dit Crespin de deux tiers, et par le roy d'un tiers.

630. 96. — 29 août 1316. — Deffense de lever l'imposition pour l'armée navale, par lettres du régent Philippe, fils de France.

631. 96. — Paris, 28 août 1316. — Philippe, régent du royaume, ordonne de rembourser les assignations sur le trésor au moyen des deniers acquis pour cause de forfaiture, commise, etc.

P 2290, 345.

632. 97. — 1317. — Deschéance de Raymond de Malin (?) au profit du roy de toutes les donations qui luy avoient été faites, moyennant 100 l. p. a vie et 1000 l. une fois payées.

633. 98. — Lyon, 14 septembre 1316. — Jean XXII dispense Philippe, régent du royaume, de rendre quoi que ce soit sur les décimes accordées à ses prédécesseurs et l'autorise à recueillir ce qui en restait dû [1].

P 2290, 347. — Fr. 4425, 132.

634. 99 v°. — Lyon, 14 septembre 1316. — Jean XXII accorde à Philippe, régent du royaume, les annates dans ses états pour quatre ans, sauf dans les domaines de Charles, comte de Valois, et de son fils, Philippe, comte du Maine, dont les annates sont concédées à Charles de Valois.

P 2290, 355. — Fr. 4425, 136.

635. 101. — Lyon, 14 septembre 1316. — Jean XXII adresse les lettres précédentes aux évêques de Meaux et de Saint-Malo et à l'abbé de Saint-Germain-des-Prés.

P 2290, 369. — Fr. 4425, 142.

636. 103. — Le Tremblay, 3 janvier 1317. — Ordonnance sur la Chambre des Comptes et le Trésor.

P 2290, 385. — Arsenal, 2636, 19; Extr. de Menant, I, 3 v°.
Ordonnances, I, 628. — *Ordonnances, édits*, n. 9. — Lechanteur, *o. c.*, 238.
Cf. n. **452**.

637. 104. — Lettres apostoliques adressées à l'évêque de Meaux et à l'archidiacre d'Orléans pour faire contraindre par censures les ecclésiastiques de Flandre au payement du subside du dixième.

638. 104 v°. — Pontoise, 28 juillet 1318. — Ordonnance de Philippe V sur l'administration du royaume et de l'hôtel du roi.

P 2288, 927. — Arsenal, 2636, 23.
Ordonnances, I, 656.
Cf. n. **393**.

1. La plupart des bulles de Jean XXII qui suivent seront éditées prochainement par M. A. Coulon dans sa publication des Registres de ce pape, dans la Collection de l'École de Rome.

639. 105 v°. — Paris, 24 février 1317. — Commission de Philippe V
à Odon « de Colomberiis » pour enquérir, dans le bailliage de
Sens, sur les acquisitions faites par des gens d'église, des nobles
ou des non nobles.

> P 2290, 393.
> *Ordonnances*, I, 631.

640. 106. — Paris, 8 mars 1317. — Philippe V renouvelle l'ordonnance (n. **554**) enjoignant de mettre aux enchères les fonctions de notaire, garde de registre, enregistreur, exécuteurs des
sceaux, viguiers, prévôts, etc.

> P 2290, 397.
> *Ordonnances*, I, 634.

641. 107. — Châteauneuf-sur-Loire, 12 avril 1317. — Ordonnance de Philippe V réduisant à deux le nombre des maîtres des
eaux et forêts.

> P 2290, 401.
> *Ordonnances*, I, 645.

642. 107 v°. — Paris, 21 mars 1313. — Léonard de Thybertes,
prieur de l'Hôpital de Saint-Jean de Jérusalem, promet au roi
200.000 l. pour le dédommager de ce que le Temple devait au
Trésor.

> P 2289, 912.
> Cf. n. **350**.

643. 108. — Verneuil, 2 mars 1323. — Charles IV ordonne aux
Gens des Comptes de dresser deux comptes distincts, l'un des
recettes et dépenses pour l'exécution du testament de Philippe le
Bel, et l'autre spécial aux recettes et dépenses faites en exécution des testaments de ses frères.

> P 2290, 403.

644. 109 v°. — Avignon, 14 janvier 1318. — Jean XXII accorde
au roi deux décimes entières en France, en Navarre et dans le
comté de Bourgogne.

> P 2290, 405. — Fr. 4425, 148.

645. 110. — Même lettre aux évêques de Noyon et de Meaux.

> P 2290, 417. — Fr. 4425, 152.

646. 112 v°. — Pontoise, 28 juillet 1318. — Mandement au prévôt de Paris de faire exécuter l'ordonnance du même jour. .

> P 2288, 1092, 1098. — AD^{ix}, 100, n. 110; lat. 9847, 9;
> Dupuy, 533, 491; Arsenal, 2636, 23.
> *Ordonnances*, I,662. — *Ordonnances, édits*, n. 10.
> Cf. n. **638.**

647-8. 113. — Paris, 8 juillet 1318. — Philippe V interdit au prévôt et au receveur de Paris de payer les assignations faites ailleurs que sur le Trésor de Paris.

> P 2290, 429. — Dupuy, 533, 490.
> *Ordonnances*, I, 756.

649. 113 v°. — Paris, 8 août 1318. — Philippe V révoque tous commissaires, excepté ceux sur le fait des décimes et annates et sur le fait des changeurs et ordonne aux commissaires révoqués de venir rendre compte de suite de leur mandat.

> P 2290, 431. — AD^{ix} 100, n. 113 ; Dupuy, 533, 493.
> *Ordonnances*, I, 756. — *Ordonnances, édits*, n. 12.

650. 114 v°. — Pontoise, 29 juillet 1318. — Révocation générale par Philippe V de tous les dons faits aux dépens du domaine royal et confiscation de ces biens.

> P 2290, 435. — AD^{ix} 100, n. 112; fr. 2835, 89; fr. 4425,
> 166; Sainte-Geneviève, 1767, 4.
> *Ordonnances*, I, 665. — Brussel, *Usage des fiefs*, pr., LXXXI. —
> *Ordonnances, édits*, n. 11.

651. 115. — Vincennes, 18 juin 1319. — Mandement de Philippe V au bailli de Rouen de venir de suite rendre compte des dons faits par les rois précédents, qu'il aurait été chargé d'assigner.

> P 2290, 443. — AD^{ix} 100, n. 118; Sainte-Geneviève, 1748,
> 52.
> *Ordonnances, édits*, n. 14.

652. 115. — 13 et 15 juillet 1319. — Mention de lettres semblables à d'autres baillis.

> P 2290, 444.

653. 115 v°. — Avignon, 14 janvier 1318. — Jean XXII accorde au roi Philippe V deux décimes.

> P 2290, 447. — Fr. 4425, 160.
> Cf. n. **644.**

654. 117. — Paris, septembre 1318. — Assignation par Philippe V du douaire de la reine Clémence, veuve de Louis X, sur Corbeil, Fontainebleau, etc., pour son supplément de dot et sa donation à cause de noces, jusqu'à la valeur de 250.000 l.

> P 2290, 455. — Lat. 5991^A, 81; fr. 4425, 167.
> Brussel, *Usage des fiefs*, 1034.

655. 118. — Paris, 1er octobre 1318. — Clémence de Hongrie, veuve de Louis X, se déclare contente de l'assignation susdite.

> P 2290, 463. — Fr. 4425, 164.

656. 118 v°. — Paris, 7 septembre 1318. — Philippe V s'engage à compléter ce qui manquerait sur cette assignation à cause de la vente des bois.

> P 2290, 467. — Fr. 4425, 166.

657. 119 v°. — Avignon, 21 mars 1318. — Jean XXII accorde au roi sur la décime pour la croisade générale un subside de 100.000 florins pour employer à un passage particulier.

> P 2290, 471. — Fr. 4425, 170.

658. 120. — Avignon, 25 mars 1318. — Jean XXII ordonne à l'évêque d'Auxerre, à Geoffroi du Plessis, chanoine de Paris, et à l'abbé de Saint-Denis, de faire payer au roi les 100.000 florins susdits.

> P 2290, 471. — Fr. 4425, 174.

659. 121 v°. — Paris, 14 février 1316. — Accord entre le roi Louis X et les Hospitaliers au sujet des biens des Templiers.

> P 2289, 916. — Extr. de Menant, I, 121 v°.
> Cf. n. **351.**

660. 122. — 1298. — Composition entre les gens du roi et Hugue de Pairaud au sujet de la lieutenance de la maison du Temple.

> Extr. de Menant, I, 5.

661. 122 v°. — Paris, 6 mars 1318. — Composition entre le roi Philippe V et les Hospitaliers au sujet des biens provenant de l'Ordre du Temple.

> P 2289, 924.
> Cf. n. **352.**

662. 125. — Lyon, 4 avril 1320. — Pierre, archevêque de Lyon, notifie son traité avec le roi au sujet de la juridiction à Lyon.

> P 2290, 483. — P 2569, 433; P 2591^A, 232; fr. 4414, 30; fr. 4425, 176; fr. 16584, 113 v°; fr. 21407, 279.
> Brussel, *Usage des fiefs*, 303.

663. 128. — Paris, avril 1320. — Composition entre le roi et l'archevêque de Lyon.

> P 2290, 505. — K 208, 1 et 10; fr. 4425, 184; fr. 16584, 117 v°.

664. 131. — Paris, 15 octobre 1322. — Ordonnance de Charles IV sur les monnaies.

> P 2290, 525. — Fr. 4425, 192.
> *Ordonnances*, I, 769. — De Saulcy, *o. c.*, 201.

665. 132. — Paris, 22 novembre 1322. — Mandement de Charles IV, au sénéchal de Saintonge, de faire exécuter la précédente ordonnance.

> P 2290, 535. — Fr. 4425, 196.
> *Ordonnances*, I, 770 (en note). — De Saulcy, *o. c.*, 202.

666. 132 v°. — Paris, 3 décembre 1322. — Mandement au bailli d'Orléans de notifier aux changeurs les nouvelles ordonnances sur les monnaies.

> P 2290, 539. — Fr. 4425, 198.
> *Ordonnances*, I, 770 (en note).

667. 135. — Avignon, 26 juin 1322. — Jean XXII accorde à Charles IV une décime sur les revenus ecclésiastiques, excepté sur les biens des Hospitaliers qui exposent leurs personnes contre les ennemis de la foi.

> P 2290, 547. — Fr. 4425, 208.

668. 137. — Avignon, 19 décembre 1312. — Clément V accorde au roi des décimes en France pour six années.

> P 2290, 559.

669. 140. — Avignon, 18 décembre 1324. — Jean XXII accorde à Charles IV des décimes en France pour deux années.

> P 2290, 573. — Fr. 4425, 215.

670. 141. — Avignon, 18 décembre 1324. — Jean XXII adresse les lettres précédentes à l'archevêque d'Auch.

> P 2290, 585. — Fr. 4425, 220.

671. 142. — Crécy, 17 juillet 1315. — Charte de Louis X notifiant les privilèges accordés, sur leur demande, aux habitants du duché de Normandie.

> P 2290, 599. — P 2569, 446 v°; P 2591 A, 194; fr. 4414,

42; fr. 4425, 226; fr. 4427, 3; fr. 16584, 30; fr. 21407, 220. *Ordonnances*, I, 587,

672. 145. — Lettres d'Étienne, évêque de Paris, commis pour l'exécution de la bulle d'octroy du dixième pour deux ans.

673. 147. — Avignon, 18 décembre 1320. — Jean XXII donne pouvoir à tous les archevêques et évêques de France et de Navarre d'absoudre des excommunications, suspensions et interdictions méritées par ceux qui avaient refusé de payer la décime.

> P 2290, 617. — Fr. 4425, 234.

674. 147 *bis*. — Mention de la déposition de Geoffroy du Plessis et Jean de Dijon sur le fait de la chancellerie.

> Cf. n. **241**.

675. 148. — 16 avril 1309. — Mandement à Jacques de Chartaut et Guilhot [Thot?] Guy, receveurs en Flandre, de payer à Baude Crespin 15859 l. a luy dûs pour cause de prêt.

676. 149. — Saint-Germain-en-Laye, juillet 1316. — Liste des membres de la Cour du roi et des officiers de la couronne.

> P 2290, 621. — Fr. 4315, 3; fr. 4596, 184; fr. 21405, 2; fr. 21405, 38 v° ; fr. 32263, 7; Clairambault, 782, 7; Dupuy, 532, 362.
> La fin de cette ordonnance, relative au Parlement, a été éditée par E. Boutaric, *Actes du Parlement de Paris*, II, 148.

677. 151. — Gages des scelleurs du roy.

> P 2290, 633. — Fr. 4425, 236.
> Du Cange, *Glossaire*, au mot « Cancellarius ».
> Cf. n. **242**.

678. 151. — Gages des maîtres des arbalétriers.

> P 2290, 635.

679. 151. — Gages des clercs des arbalétriers.

> P 2290, 635.

680. 151 v°. — 1294 ou 1295. — Privilèges des Lombards fréquentant les foires de Champagne.

680 *bis*. 154. — 25 mai 1320. — Note sur le don de joyeux avènement payé par les Lombards et les Juifs.

> Cet article manque dans PP 109, mais il est édité par Brussel, *Usage des fiefs*, 608. — *Historiens de la France*, XXII, 757.

681. 155. — Autres privilèges accordés par le pape au roy pour luy et ses serviteurs.

> Cf. n. **462**.

682. 158. — S. l., 21 février 1311. — Philippe le Bel notifie une
bulle du 1er septembre 1309 autorisant Pierre, abbé de Saint-
Médard de Soissons, à emprunter 8000 l. p.

> P 2290, 637. — Fr. 4425, 238 ; fr. 4427, 9.

683. 158 v°. — 8 février 1329. — Analyse de lettres de Philippe VI
déclarant que les cinq maîtres clercs de la Chambre des Comptes
auront droit à l'avenir chacun à une bourse sur les profits de la
Chancellerie de cire verte.

> P 2288, 1270. — AD[ix] 99, n. 12 ; fr. 2835, 101 ; Sainte-Gene-
> viève, 1752, 153 ; Extr. de Menant, I, 3 v°, 5 v°.
> Tessereau, *Histoire chronologique de la Chancellerie royale de France*,
> I, 14.

684. 158 v°. — Décembre 1254. — Serment des baillis et sénéchaux.

> P 2288, 498, 1076.
> Cf. n. **417.**

685. 159. — *Hec sunt ordinata in regno Navarre per nos Johannem
Paste, decanum Carnotensem, et Hugonem de Vissaco, militem, reformatores dicti regni per dominum regem deputatos.*

> P 2290, 643.
> Cf. n. **348.**

686. ? — S. d. — Ordonnances sur l'administration de la
Navarre, les mesnadiers et les châtelains des châteaux royaux.

> Cet article manque dans PP 109, mais nous croyons que,
> dans *A* comme dans *Noster*[2] (n. **349**), cette pièce devait suivre la
> précédente.

687. 168. — Note sur l'âge auquel doit être couronné l'héritier pré-
somptif du trône.

> Cet article manque dans PP 109, mais il est cité par lat. 9847,
> 4.

688. 181. — 5 février 1321. — Ordonnance sur le grand sceau
royal, l'émolument du sceau et les notaires.

> P 2288, 1034, 1042. — Fr. 2835, 100 ; fr. 4425, 240 ;
> fr. 4427, 8 ; Extr. de Menant, XII, 100 v°.
> *Ordonnances*, I, 736.
> Cf. n. **408.**

689. 183. — Paris, 26 avril 1326. — Traité de paix avec les
Flamands.

> P 2290, 663. — Fr. 2835, 102 ; fr. 4425, 244.

690. 189. — L'archidiacre de Pont-Audemer, notaire apostolique, atteste avoir assisté à la lecture de ce traité de paix[1].

P 2290, 696.

691. 189. — Attestation semblable de Pierre Brunet, clerc.

P 2290, 697.

692. 189. — Attestation semblable de Geoffroi « de Valle », notaire apostolique.

P 2290, 697.

693. 170. — Paris, 16 juin 1324. — Ordonnance de Charles IV sur les manufactures de draps et autres ouvrages de laine et les ports et passages, par laquelle il renouvelle les prescriptions de Philippe V et de Pierre de Chalon, que quelques personnes refusaient d'observer en raison du bruit de leur abrogation, répandu à tort. — « Cum intelleximus... »

P 2290, 699.

694. 191. — Paris, 16 juin 1324. — Ordonnance sur les manufactures de draps, les ports et passages de Langue d'oc et la répression des fraudes commises contre les ordonnances de Philippe V sur ce sujet et sur les foires de Champagne et de Brie. — « Cordi nobis... »

P 2290, 705.

695. 192. — Paris, 19 juin 1322. — Charles IV fixe de nouveau les gages de Pierre de Chalon, gardien et conservateur en Languedoc des ordonnances sur ces matières.

P 2290, 713.

696. 195. — Paris, 24 février 1318. — Grande ordonnance de Philippe V sur la fabrication du drap, les ports et passages, la traite des laines et des marchandises dont l'exportation est interdite, pour le Languedoc[2].

P 2290, 719. — Dupuy, 533, 446.

697. 201. — 19 juin 1322. — Autre dudit Philippe le Long sur le même fait.

1. Ces documents, relatifs à la paix avec les Flamands, ont été publiés, d'après d'autres sources, par M. de Limburg-Stirum, *Codex diplomaticus Flandriæ*, II, 385 et suiv.

2. L'original scellé de cette pièce est aux Archives nationales (J 388, 3).

698. 205. — Paris, 26 mai 1318. — Philippe V notifie l'arrêt du Parlement sur l'exécution du traité conclu entre Pierre de Chalon, et les ouvriers en draps de Narbonne, Carcassonne et Béziers dans un procès entre Arnaud Gaucelin de Narbonne, Jean Mauxence de Carcassonne, d'une part, et Jean Taurel et Bernard Paul de Narbonne, d'autre [1].

> P 2290, 739. — Dupuy, 533, 480.

699. 206. — Paris, 13 juillet 1320. — Deuxième arrêt du Parlement au sujet de l'exécution de l'ordonnance du 24 février 1318 sur les manufactures [2].

> P 2290, 743. — Dupuy, 533, 485.

700. 207. — Paris, 26 mai 1318. — Philippe V mande aux consuls des villes de Languedoc de faire exécuter l'arrêt du Parlement sur l'application du traité relatif aux manufactures de laines et draps. — « Cura grandis et sollicitudo continua insidet cordi nostro... ».

> P 2290, 749.

701. 201. — Val Coquatrix, près Corbeil, 23 septembre 1320. — Commission de Philippe V à Pierre de Chalon pour réformer quelques articles de l'ordonnance du 24 février 1318 [3].

> P 2290, 755.

702. 209. — Vitry aux Loges, 30 novembre 1317. — Don par le roi à Pierre de Chalon de 500 l. p. de rente sur les droits perçus à Villefranche, Lyon et Mâcon sur les toiles.

> P 2290, 759.

703. 209 v° — Paris, 19 juin 1322. — Charles IV maintient Pierre de Châlon dans ses fonctions de conservateur et exécuteur de la composition faite avec les manufactures de draps et laines du Languedoc, et fixe ses gages à 60 s. t. par jour, sa vie durant [4].

> P 2290, 763.

---

1. Deux vidimus de cette pièce sont aux Archives nationales (J 388, 6 et 6 *bis*).
2. Un vidimus de cette pièce est aux Archives nationales (J 388, 7).
3. Une copie sur parchemin de cette pièce est aux Archives nationales (J 388, 8).
4. Une copie sur parchemin de cette pièce est aux Archives nationales (J 388, 10).

704. 211. — Paris, 25 février 1318. — Commission royale à Pierre de Chalon [1].

> P 2290, 771. — Dupuy, 533, 467.
> Cf. n. **42.**

705. — 211 v°. — Paris, 19 juin 1322. — Autre commission au même.

> P 2290, 777.
> Cf. n. **703.**

706. 213. — Avignon, juillet 1328. — Jean XXII accorde à Philippe VI deux décimes sur tous les revenus ecclésiastiques de France, excepté sur ceux des Hospitaliers.

> P 2290, 785. — Fr. 4425, 259.

707. 215. — Avignon, 20 juillet 1328. — Jean XXII autorise les archevêques et évêques de France à absoudre des excommunications, suspensions et interdits encourus pour cause de refus de payer la décime.

> P 2290, 803. — Fr. 4425, 266.

708. 216. — Avignon, 13 juillet 1328. — Jean XXII ordonne aux archevêques et autres bénéficiers, résidant hors de France, de payer la décime au roi pour leurs biens situés dans le royaume.

> P 2290, 807. — Fr. 4425, 268.

709. 217 v°. — Avignon, 12 juin 1328. — Jean XXII accorde au roi deux décimes en France; notification à l'évêque de Viviers.

> P 2290, 819. — Fr. 4425, 274.

710. 220. — Avignon, 16 juin 1330. — Jean XXII accorde au roi deux nouvelles décimes en France.

> P 2290, 837. — Fr. 4425, 282.

711. 221 v°. — Avignon, 16 juin 1330. — Expédition des lettres précédentes à l'archevêque de Sens.

> P 2290, 849. — Fr. 4425, 288.

712. 223 v°. — 16 juin 1330. — Mentions de pareilles lettres aux archevêques de Lyon, de Reims, de Rouen, de Tours, de Bourges, de Bordeaux, d'Auch, de Narbonne et de Toulouse.

---

1. Un vidimus de cette pièce est aux Archives nationales (J 388, 5).

713. 223 v°. — Avignon, 16 juin 1330. — Bulle de Jean XXII, adressée à l'évêque de Viviers, sur le même sujet.

> P 2290, 863. — Fr. 4425, 294.

714. 224. — Avignon, 16 juin 1330. — Bulles semblables aux évêques d'Autun et du Puy.

715. 225 v°. — Avignon, 16 juin 1330. — Bulles semblables aux évêques de Paris et de Beauvais et à l'abbé de Saint-Denis.

> P 2290, 875. — Fr. 4425, 300.

716. 228. — S. l., mars 1322. — Jeanne, reine de France et de Navarre, veuve de Philippe V, renonce à tout douaire promis en échange de 16.000 l. p. de rente dont 8000 ont été assignées sur Vernon, la forêt des Andelys, sans le château, Poissy, Pontoise, Beaumont-sur-Oise, la forêt de Carnelle et Asnières, — et le reste, soit 8000 l., sur les fermes du roi en Normandie.

> P 2290, 889. — Fr. 4425, 306.

ADDITIONS ET CORRECTIONS

N. **52.** — Lire 1327 au lieu de 1329.

N. **152.** — Lire 16 au lieu de 10.

N. **170.** — Document publié dans la *Revue Archéologique*, IX, 216.

N. **265** et **266.** — Ces deux pièces ont été publiées dans les *Ordonnances* (I, 549, 550) et par de Saulcy (*o. c.*, 188, 189), à la suite du n. **264.**

N. **277.** — Lire 30 au lieu de 31.

N. **358** *bis*, **371, 384, 399** et **411.** — Ces pièces sont dans Godefroy, 184, fol. 5, 33 v°, 89, 159 et 199.

N. **362.** — Ajoutez : Cf. n. **99.**

N. **437.** — Document publié par Morand, *Histoire de la Sainte Chapelle*, 121.

DOCUMENTS

Publier, ou republier, tous les documents dont nous avons copie et qui figuraient dans les premiers Mémoriaux de la Chambre des Comptes de Paris, serait une entreprise coûteuse, et d'une utilité médiocre. Nous ne croyons même pas qu'il y ait lieu de publier tous ceux de ces documents qui paraissent inédits. Nous nous sommes décidé à faire un choix.

Parmi les pièces les plus importantes, qui avaient été insérées dans les *Libri Memoriales*, on peut distinguer : 1° des ordonnances royales; 2° des instructions aux commissaires du roi, chargés soit de la levée des subsides, soit d'autres opérations financières ou de missions diplomatiques; 3° des rapports ou des mémoires au roi (sur les affaires domestiques de la Chambre, les monnaies, les péages, la croisade, etc.); 4° des extraits de comptes et des travaux exécutés d'après les collections de comptes des archives de la Chambre (états de gages des officiers royaux, gîtes dûs au roi, valeur des décimes, etc.); 5° des tables (tables chronologiques, *adequaciones mensurarum*, comptes-faits, etc.)

La plupart des documents que nous avons cru convenable de publier en appendice à notre *Essai de restitution* appartiennent à l'une ou à l'autre de ces cinq catégories : ordonnances (n. I, XXIV, XXXVIII, XLI, XLIV), instructions (n. XIII, XXXIX, XLIII), rapports ou mémoires (n. II, VIII, XVII-XIX, XXIII, XXVI, XXXIII, XL), extraits de comptes (n. III-VII, XVI, XXVII-XXXII, XXXIV-XXXVII) et tables (n. IX-XII).

Les noms de lieu ne sont pas identifiés en note; ils le sont dans l'*Index* alphabétique qui termine le volume.

J. P.

I. (N. **42** et **704.**)

Paris, 25 février 1318. — Commission à Pierre de Chalon, conservateur des ordonnances sur les draps et garde des passages en Languedoc[1].

Ph., Dei gratia Francorum et Navarre rex, dilecto et fideli magistro Petro de Cabilone, archidiacono Eduensi, familiari clerico et consiliario nostro, salutem et dilectionem. Cum in compositione tractata inter vos, nostro nomine et pro nobis, ex parte una, et dilectos et fideles nostros suprapositos et paratores Narbone et Carcassone civitatum et burgorum, et quarumdam aliarum civitatum et locorum Carcassonensis senescallie et Biterris ex altera, tam artem pareriarum et ministerium pannificii quam passagiorum nostrorum lanarum et aliorum de regno nostro Francie extrahi vetitorum statum, ordinationem et certam dispositionem tangentium, et per nos postmodum confirmata, contineatur expresse quod, ad hoc ut fraudes et malicie committi solite, tam circa artem pareriarum et ministerium pannificii quam passagiorum ipsorum custodiam, cautius evitentur, et dicta compositio in futurum inviolabiliter ab omnibus observetur, unum idoneum, expertum in talibus, probum virum, quem nobis suprapositi et paratores predicti vel procuratores eorum duxerint nominandum, ad vitam ipsius nominatum, et non alium prima vice, et sic aliter in futurum, dum tamen nobis per eos alium nominandum, temporalem, non ad vitam, ac etiam idoneum reputemus, debemus sibi concedere, et in conservatorem specialem et executorem compositionis predicte constituere, ac per nostras litteras, ad vadia in dicta compositione contenta, specialiter deputare, vosque procuratores predictorum suprapositorum et paratorum in nostra curia fundati legitime nobis hac prima vice ad vitam vestram nominaverint et tamquam idoneum ad premissa conservatorem et executorem specialem per nos petierint, cum instantia, sibi dari, quandiu fueritis in humanis, tanto gratantius primam nominationem hujusmodi eorumdem duximus acceptandam quantum in hoc annuunt votis nostris quod vos, qui palpastis omnia que in dicta compositione acta sunt, dum cum ipsis, nostro nomine et pro nobis, compositionem hujusmodi inivistis, concorditer nominarunt, prout de premissis omnibus et singulis, tam per compositionem predictam et per instrumenta publica

---

1. Les Mémoriaux *Pater* (n. **40-45**) et *A* (n. **693-705**) contenaient beaucoup de pièces intéressantes pour l'histoire de la fabrication et du commerce des draps en Languedoc. Consulter, sur ce point, Célestin Port, *Essai sur le commerce maritime de Narbonne.* Paris, 1854, in-8º ; *Histoire générale de Languedoc*, IX, 377 et 466. — Pierre de Chalon est un personnage connu : dès 1297, il compte du « passage des laines » (Ch.-V. Langlois, *Inventaire de Robert Mignon* [sous presse], n. 2013); mais c'est surtout pendant les années 1317 à 1319 que s'exerça son activité (*Ibidem*, n. 2034); il resta en fonctions sous le règne de Charles IV.

super ipsa compositione confecta quam alias plenissime nobis constat. De vestra igitur in his et majoribus diutius per nos comprobate fidelitatis industria plenissime confidentes, vos conservatorem ac executorem specialem compositionis predicte ordinamus, constituimus, et, quandiu vixeritis, juxta predictam nominationem eorum ac formam et tenorem compositionis ejusdem, et ad vadia quadraginta solidorum turonensium per diem, prout sunt in dicta compositione contenta, ex certa scientia, tenore presentium, nostra auctoritate regia specialiter deputamus. Et ut omnia et singula ad ipsam compositionem spectantia, ac dependentia, vel aliter emergentia quomodolibet, ex eadem liberalius exequi valeatis per vos vel deputatos a vobis — quos cum, per vestras litteras, nostro nomine, loco vestro, deputaveritis ad premissa, vel aliqua de premissis fideliter exequenda, deputatos a nobis dicimus, et ex nunc tenore presentium approbamus, atque sibi nostras patentes litteras confirmatorias, vestrarum seriem continentes, dabimus cum per vos fuerimus super hoc requisiti, — vobis ordinationem et dispositionem, conservationem specialem et executionem plenissimam compositionis predicte, registratorum insuper cartulariorum, receptorum ac visitatorum, servientium equitum et peditum et aliarum quarumlibet personarum necessariarum vel utilium ad premissa institutionem, ad vadia in dicta compositione contenta et alias, prout magis videritis expedire, nec non destitutionem et suspensionem ab officiis eorumdem, ac loco amotorum, seu cedentium vel decedentium quoquomodo institutionem seu subrogationem plenissimam, causarum etiam quarum-cumque singularium personarum, que, ratione texture, tincture, fullonie, purgature seu pincturature, pannorum alludature seu aliter ex quavis ratione vel causa ministerii lanificii vel pannificii seu artis pareriarum pannorum moveri seu agitari contigerit, inter personas ministeriorum predictorum seu alterius eorumdem et alios quos presens compositio comprehendit, vel in posterum comprehendet, et quarumlibet aliarum factum et ordinationem compositionis predicte seu passagiorum lanarum, aignelinorum et aliorum quorumlibet de regno nostro Francie extrahi vetitorum tangentium quoquomodo, delinquentium insuper quorumcumque contra predictam vel aliqua de predictis cognitionem, punitionem, executionem omnimodam specialiter committimus per presentes. Nos vero, quidquid per vos nostro nomine ordinatum, cognitum, punitum, executum, conservatum, institutum, destitutum, subrogatumve fuerit in premissis et premissa tangentibus, seu dependentibus vel emergentibus ex eisdem, ratum, gratum et firmum habentes et plenissime habituri, ea volumus et districte precipimus ab omnibus inviolabiliter observari. Damus autem Tholosano, Carcassonensi, Bellicadri, Xanctonensi, Petragoricensi, Ruthenensi, Pictavensi, Lugdunensi et Matisconensi senescallis, ac Senonensi, Trecensi, Vitriaci, Calvimontis, Ambianensi, Rothomagensi, Caleti et Viromandie baillivis ac thesaurariis et receptoribus nostris et eorum locumtenentibus quibuscumque, necnon cartulariorum registratoribus, visitatoribus et servientibus super predictorum passagiorum regni nostri Francie custodia, nostro nomine, deputatis, ceterisque fidelibus justiciariis et subditis regni nostri, et specialiter suprapositis pareriarum ac paratoribus, textoribus, tinctoribus, fullonibus et aliis quibuscumque, in et sub arte pareriarum, pannorum et ministerium lanificii et pannificii in predictis senescalliis et bailliviis et earum ressortis quomodolibet constitutis, districtius in mandatis, quatenus in premissis omnibus et ea tangentibus vobis et deputatis a vobis, quos a nobis deputatos specialiter reputamus, diligenter obediant et intendant, et a sibi subditis pareri faciant cum effectu. Inhibentes expresse ne quis, sub nostre indignationis offensa, vos seu deputatos a vobis impedire, seu aliter quomodolibet pertubare presumat, sed ea que sibi, nostro nomine, dederitis in mandatis, fideliter exequantur. Omnes amicos nostros, non subditos, requirentes, affectuose rogando, ut amore nostri et consideratione precipua tantum velint facere in premissis quantum vellent in similibus vel majoribus pro eis nos facturos. Datum Parisius, die xxvᵃ februarii, anno Domini MCCCXVII. — Per dominum regem. J. de Templo.

II. (N. **43**.)

Articuli super facto commissionis magistri P. de Cabilone [1]

Ce sont li articles translatez de latin en françois et accordez le xxvıᵉ jour d'avril selon la teneur des autres articles du roy Ph., et transcripts por le muement du seel, seur lesquiex mestre Pierre de Chalon, arcediacre d'Ostun, clerc nostre sire le roy, et li seneschal de Lyon, de Biauquaire, de Carcassonne, de Thoulouze, li baillis de Sens et de Mascon, chascun en sa seneschaucie et baillie, se doivent enfourmer et faire selon ce qui leur est commandé de par nostre sire le roy par ses lettres ouvertes; et, selon ce que les besongnes se porteront, seront envoyez autres personnes avec les seneschaux et baillis, et ledit maitre Pierre entendra seul sur les secrez faits et sur les passaiges.

Premierement sur le fait de la Compaignie des Omelins [2] de Genes qui ont fait traire hors du royaume, contre la deffense du roy, grant quantité de tournois et de mailles d'argent, de quoy li seneschaux de Prouvence establis par le roy Robert a faite recreance au prejudice du roi nostre sire, combien que par les gens nostre sire le roy de France li diz seneschaux ait esté requis souffisamment que il fist restitution et des deniers et des personnes, comme de ceux qui s'estoient forfaits au royaume de France,

1. Ces articles, qui ont été remis sans doute à Pierre de Chalon en guise d'instructions ou de memorandum, paraissent avoir été rédigés au commencement du règne de Charles IV.

2. Il est question des Cominelli de Gênes dans une enquête du sénéchal de Beaucaire sur le fait du port d'Aigues-Mortes (Pazégy, *Mémoires sur le port d'Aigues-Mortes*, p. 328).

et de droit commun, et de coutume du pays de Prouvence, il aient accoustumé de faire remisssion li uns az autres, si soit encor et pluseur fois requis sur ces faits et especiaument de garder la coustume de la remission.

Item commant sans grant damage deu royaume et des subgiez l'en puisse, du consentement de ceux qui requierent la traite du fer, imposer convenable imposition sur chacun quintal de fer, en gardant que az enemis[1] de la foy n'en soit point porté, et a ce ne convient mie requerir serment, mais simple proumesse quant au fait d'autre que de celuy qui la traitte achetera.

Item sur le fait des toilles, tant comme il touche ceux d'Avignon et ceux de Baigneux et des autres parties de la Prouvence, que il soit ordené au profit du roy nostre sire, en gardant que la recepte ne soit autrement que elle est ordenée au profit de Me Pierre de Chalon, qui de nouvel la trouva et accorda ; si li demourra jusques a tant que il soit promu ez benefices et dignitez que li roys Philippe li fist donner, qui ensi le ordona par ses lettres qui sont demourées devers la cour.

Item sur le fait des sallines de toute la Prouvence et du salin de Carcassone, comment tout soit ordené au plus grant profit du roy et au moins de grevance des subgiez que l'on pourra, si doit li diz Me Pierre savoir qui doit avoir les lettres sur l'achat d'aucunes salines au profit du roy, et se doit l'en garder sur toutes choses du comte et du daufin.

Item sur la composition qui fut faite sur la traite du sel entre le seneschal de Biauquaire et celui de Prouvence pour le roy Robert, dont instrumens publiques doivent estre faitz sur ce, seellez des seaux des deux seneschaux, que Me Pierre de Chalon a par devers li, si doit l'en appeller les deux freres, fieux Bocuce[2], pour savoir leur entente, et non mie ouvrir a eux l'entente.

Item sur le fait des gardes et semblables choses comment ce meisme soit ordené au profit du roy, et bien doit l'en sagement pourvoir comment se puet faire a la requeste des drapiers, foulons et teinturiers; si scet Me Pierre de Chalon la maniere.

Item sur les laines et bestes a laines et autres charnages et comment l'en puet rentrer au traité qui fut jadis entre les gens le roy et la royne Jehanne et ceux des XVII villes, et d'autres qui n'en sont mie appelez.

Item sur les draps crus non drapiers ce fait desquiex (*sic*) se il puet estre ordenez[3], et li faiz des toilles ne se prenne selon que ordenez est par ledit Me Pierre de Chalon, il aura sa pourvoyance de v^e livres jusques il soit prenant en ses benefices, si comme dessus fut ordené par le roy Philippe.

Item sur les trois seaux establis sur les passaiges de Narbonne et des autres lieux de la seneschaussiée de Carcassone, dont li emolumens doit

---

1. Ms. : aucuns.

2. Ms. : Betuce. Guillaume Bocuce est connu comme vicaire d'Aigues-Mortes à la fin du XIIIe siècle (Pagézy, *o. c.*, p. 326).

3. Passage altéré.

venir au roy, que il ont approprié a eulx, combien que il eussent gaiges sur le roy d'autre part, Bernart de la Merceure et Jehan de la Verbrie [1], comment il rendent compte de tout leur temps, et rendent ce que il ont receu selon ce que raison sera, et ne sera mie ordené du tout oster les seaux jusques cil soient retournez qui seront envoyez au pays, mais en la main le roi soit tenu.

Item sur le fait dudit port de Narbonne [2], et combien puet estre grevez li roys en ce que li vicuens dit qu'il doit avoir la moitié ez amendes et ez forfaitures du fait des passages, et de quel temps il en a usé, et par quele maniere, et quiex exploits il en a levez, et la value d'iceux, et soit faite secretement et saige aprise devant toutes choses.

Item sur toutes choses qui touchent ou pueent touchier le fait et la garde des passaiges en quelque chose et maniere que ce soit, ou l'on puisse faire le profit le roy, deuement gardées les ordenances des passaiges que Me Pierre de Chalon a par devers soy, et combien chacun seneschal ou baillis se en est entremis en son temps, et receu ou fait delivrer, et tout par inventoire soit fait diligemment.

Item que l'en fasse comment toutes manieres de vivres soient abandonnez a traire hors du royaume en telle maniere que li pays et les frontieres soient communs, selon ce qui est ordené par nos grans seigneurs es lettres du roy faites sur ce, que li diz Me Pierre a pardevers soy aucunes, et combien chacun seneschaux ou baillif doit as subgiez pour garnisons prinses ou par leur fait ou par celui du roy, et pour quele cause, et a quiex personnes.

Item sur le fait de la ville et des hommages du prioré de Buxere, que fonderent li roys de France, comment l'en aille avant selon les lettres du roy jadis faites sur ce, et combien vaut le prioré avec les hommages et appartenances, et quel profit seroit au roy se les traitez estoient accomplis ou suf les eschanges ou sur la compaignie, et qui ces faits touchent principaument ne par consequence.

Item sur le fait des prieurez de Goudet et de la Voute, que li roys ont fondé, comment l'en saiche quel profit seroit au roy la compaignie ou l'eschange de tous les lieux et les forteresses, si comme autrefois a esté commandé; et le traitté doit avoir par devers luy Me Pierre de Poncet, si comme li diz Me Pierre de Chalon le scet; et ensi mis a bonne foi le traitté de plusieurs lieux cy dessous expressez seront en autel estat que ceux a qui il apartient que il plait au roy, et non mie trop, que il ne fussent orgoilleux (*sic*).

Item sur le fait de la ville d'Aubenaz, comment l'en sache quel profit li roys y puet avoir au temps present et au temps avenir sur la commission des paines qui sont données au roi par le prevost de Viviers, dont li instrumens publiques sont faits et sont par dever Me Pierre de Chalon, qui pourchassa la donation estre faite au roy.

1. Ms. : Bernart et Jehan de la Merceure et de la Verbrie. Formes suspectes.
2. Cf. *Histoire générale de Languedoc*, IX, 314 et ss.

Item en quiex cas ne comment li cuens de Foix s'efforce d'avoir la cognoissance, la punition et les amendes de ceulx qui se mesfont contre les ordenances des passaiges, et que saigement l'en puisse avoir toutes les copies des lettres que l'en dit qu'il a sur ce, et ce soit fait par Mᵉ Pierre de Chalon seul, saigement, non mie au nom du roy, mais au sien comme amis.

Item que l'on saiche combien l'en a levé de ceste derrene subvention et de quiex personnes es dites seneschaussiées et baillies, du centisme, cinquantisme, vintisme, des fieux, des biens des Juifs, des Templiers et des amendes grosses, et soit fait diligemment inventoire et mis devers Mᵉ Pierre de Chalon.

Item sur le fait du testament au seigneur de Goudet, et par quele maniere il laissa son heritage et certains chatiaux au roy, et soient appelez li freres du prioré dudit lieu et li autres qui sont en la cedule baillée au roy.

Item quant peaiges nouvaus sont alevés en la riviere du Rosne en prejudice du roy et des subgiez, et la value d'iceux, et secretement dira Mᵉ Pierre de Chalon as citoyens de Lyon que nos seigneurs en ont tenu grant parole devers le roy sur ce.

Item sur les traités des pariages de Sᵗ Pourçain, de Lacrost et de Tournuz, de Langres et de l'abbé de Sᵗ Sene, et de touz les autres lieux que Mᵉ Pierre de Chalon a proposez en plain parlement, dont eust arrest pour le roy.

Collatio facta est per me, Gervasium, de mandato regis ad originale, contrasigillo regis sigillatum.

III. (N. 53.)

Mémoire des aydes que les hommes doivent à leurs seigneurs en certains cas en Poitou[1].

En la chastellenie de Poitiers et ou ressort les hommes fievez font par la coustume du pays a leur seigneur cinq droites aides, cest assavoir a sa nouvelle chevalerie, a sa fille aisnée marier, a son fié racheter, a la croix

---

1. La levée de l'aide pour la chevalerie de Louis, roi de Navarre, fils ainé de Philippe le Bel, souleva, en 1313, de nombreuses difficultés, comme celle de l'aide de 1309 pour le mariage d'Isabelle (n. **488, 494, 527** ; cf. Hervieu, *Recherches sur les premiers États généraux*, p. 98). Comme en 1309, Philippe le Bel fut obligé, en 1313, d'accorder des délais et de faire compulser les précédents. Nos documents III, IV, VI et VII se rapportent à cette affaire. Le n. **87** de l'*Essai de restitution*, qui est du même genre, a été publié, — nous avons omis de l'indiquer ci-dessus, à la p. 30 — par M. Prou (*Les coutumes de Lorris et leur propagation*, p. 167.) — R. Mignon n'a noté dans son Inventaire qu'un petit nombre de comptes relatifs à cette imposition (n. 1585 et suiv.).

d'outre mer, a sa rançon des mains des Sarrazins; et se l'aide n'est aboniée il payent le tiers dou devoir; et se il n'y a devoir il payent le tiers de la levée d'une année dou fié; et les hommes coustumiers doublent a leur seigneur les dites coustumes et les censiviers font de un denier douze.

En la chastellenie de Niort et ou ressort font aussy, fors de tant que les censiviers ne font que doubler leurs cens.

En la chastellenie de Saint Meixant et ou ressort font aussy comme en celle de Poitiers, fors de tant que il ne font pas aydes pour la rançon de lor seigneur.

En la chastellenie de Montmoreillon et ou ressort font les fievez quatre aides, si comme en la chastellenie de Saint Meixent; [il payent] le tiers dou devoir, et, se il n'y a devoir, le ligue ne paie rien, et le plain paie le tiers dou cheval de service, fors en la chastellenie do Blant et de Rochoardois, ou il n'a nulles aydes, et lors censiviers et coustumiers doublent lors cens et lors coustumes,

E avons les noms pardevers nous de tous les fievez, et les devoirs et les cens et coustumes par escript.

Hec sunt verba comitis Pictavensis. Omnes homines castellaniarum predictarum et ressortorum earumdem habent sufferentiam super subsidio pro militia regis Navarre debito usque ad quindenam Omnium Sanctorum, per dominum Marigniaci et ad requisitionem comitis Pictavensis.

IV. (N. 54.)

Nomina villarum que habuerunt sufferentiam super solutione subsidii pro militia regis Navarre debiti usque ad quindenam Omnium Sanctorum CCCXIV.

In baillivia Senonensi

Communia Senonensis	
Villanova Regis.	
Lorretum in Boscagio.	
Chereyum.	Isti fuerunt privilegiati, nec inventum est
Lixiacum.	quod solverint.
Voux.	
Doletum.	
Castrum Nanthonis.	
Dymons.	

Flagiacum habet privilegium et habet litteram sufferentie, licet inventum sit quod alias solverit.

Item communitates villarum Pictavensis, Niorti et Rupelle habent privilegia et sufferentiam.

Item homines ville de Castro Radulphi, baillivie Bituricensis, etc.

Homines hic subscripti non habent privilegia, sed habent sufferentiam pro eo quod morantur in alta justicia dominorum subscriptorum :

Homines episcopi Pictavensis.

Homines domini Nevelonis de Sailleville, in villa sua de Borrent morantes.

Homines domini Couciaci.

Homines domini de Gocinia et domini Guillelmi Pennier in villa sua de Villaribus subtus Sanctum Lupum commorantes.

V. (N. 80.)

Notes sur les gages de divers officiers royaux.

In tabulis magistri Johannis de Sancto Justo [1] a Media Quadragesima usque ad diem jovis in festo sancti Michaelis MCCIII^{xx}VII°, sic scribitur inter vadia, in XII° folio : Calefaciens ceram, per LI dies ad curiam ...per diem, et XXVIII d[ies cum] decano sine rege; XII l., XVIII s., II d.

In eisdem tabulis, in II° folio, dominus Montismorenciaci, cambellanus, per XXXII dies, VIII s. par. per diem, XII l., XVI s. par.

Dominus buticularius, Johannes de Acra, in eisdem tabulis, XXV s. par. [per diem], in X^o folio, per XIII dies, XVI l., V s. par.

Item ibidem, in eodem folio, dominus Montismorenciaci, [per] XLII dies, X s. par. per diem.

Item idem, quod parum sibi solutum per XXXII dies, II s. par. per diem, XXIIII l., IIII s. par.

Marescallus Campanie ibidem et in eodem folio, pro LXIIII diebus, X s. t. per diem, XXV l., XII s., apud Corbolium computata, et in tabulis finitis ad sanctum Michaelem LXXXVIII°, in X^o folio, idem marescallus, per LXIIII dies, X s. tur. per diem, XXV l., XII s. par.

Dominus constabularius ibidem in eodem folio, per CIII dies ad curiam, XXV s. par. per diem, VI^{xx} VIII l., XII s. par., apud Corbolium computata.

In tabulis finitis ad sanctum Michaelem CCCI^o, in ultimo folio, dominus Guido de Nigella, per IIII^{xx} VIII dies, III s. per diem, XVII l., XII s.

In tabulis finitis ad tres septimanas post Pascham XII°, in folio... in prima linea, senescallus Campanie, per XI dies, XX s. tur. per diem, VIII l., XVI s. par., et in tabulis de anno MCCLXXXII^o, in VI° folio, senescallus Campanie, per XVIII dies usque ad vadia, VII l., I s. par., et sunt X s. per diem.

1. Quelques-unes des tablettes de cire sur lesquelles étaient notées, au XIIIe et au XIVe siècles, les dépenses de l'hôtel du roi ont été conservées, publiées dans les *Historiens de la France* (t. XXI et XXII), et étudiées par M. Borrelli de Serres (*o. c.*, p. 141 et suiv.). Les notes que nous publions ont été prises sur des tablettes qui sont aujourd'hui perdues.

Item in eisdem tabulis vicecomes Meleduni per LIII dies, IIII s. per diem, x l., XII s. par.

In tabulis M CC IIII^xx II°, in VI° folio, inter vadia, marescallus Campanie per XXII dies, IIII l., VIII s. par., IIII s. par. per diem.

In eisdem tabulis, in VIII° folio, comes Atrebatensis, per XIII dies, VIII l. par. per diem, CIIII l. par.

In computo hospicii regis K. de termino Nativitatis Domini CCCXXII°, inter partes vadiorum militum, a tergo, sic : Ansellus de Gienvilla, senescallus Campanie, pro xx diebus in curia, XVI s. par. per diem, XVI l. par.

In tabulis magistri Joannis de Sancto Justo, a die jovis in festo Ascensionis Domini XCIII° usque ad diem lune post Assumptionem Beate Marie, in ultimo folio, sic : Symon de Meleduno, marescallus Francie, pro LXXII diebus per partes usque ad sabatum post festum sancti Johannis ante Portam Latinam, XIIII l., VIII s.

In tabulis incipientibus ad Mediam Quadragesimam LXXXVIII° usque ad diem jovis in festo sancti Michaelis, in secundo folio, dominus Montismorenciaci, cambellanus, per XXXII dies usque ad diem lune post octavas Resurrectionis [1] Domini, XII l., XVI s.

Item, in eodem folio, Fourrarius Vernolii, scancio, pro festo Pasche, XXXII l.,

Vicedominus Carnotensis, panetarius, pro eodem, XXXII l.

Item in eisdem tabulis, in x° folio, marescallus Campanie recepit lune post Magdalenam, per LXIIII dies ad curiam, per partes, x s. par. per diem, XXV l., XII s. par.

In eodem folio, dominus constabularius, per CIII dies ad curiam, a festo sancti Vincentii usque ad diem lune in festo sancti Jacobi, dicta die computata, VI^xx VIII l., x s.

Calefaciens ceram, in eodem folio...

In penultimo folio, dominus buticularius per XXII dies usque ad diem lune post festum sancti Remigii, XXVII l., x s. par.

In eodem folio, magister Johannes Prepositi, clericus balistariorum, per LXVIII dies ad curiam, VII d. per diem, et XXII d. par., tam cum rege quam cum decano, VII l., IX s., VIII d.

In tabulis dicti magistri Johannis, a die jovis in festo Ascensionis XCIII° usque ad diem lune crastinam Assumptionis Beate Marie XCIIII°, sic, in secundo folio : Petrus de Machello, cambellanus, cocus Campanie, recedens die Resurrectionis, per LX dies, IIII s. tur. per diem, IX l., XII s.

In computo thesauri de termino sancti Johannis CCCXXI°, in capitulo : « Alia debita soluta », sic continetur : Stephanus et Evrardus, coqui regis, pro denariis sibi debitis pro VI scutellis et duobus platellis magnis argenti sibi datis per dominum de Joinvilla, senescallum Campanie, cui obvenerant pro festo Omnium Sanctorum CCCXIX°, pro jure suo senescallie

1. Ms. : Receptionis.

Campanie, ubi rex fuit apud Roonay, emptis pro rege, ponderantibus xxi marchas et dimidiam et unam onciam, qualibet marcha lv s. par., emptis et retentis pro rege, per ii cedulas regis, lxi l., iiii s., xxiiii^a die februarii, tota expensa super dominum Johannem de Joinvilla.

In eisdem tabulis de anno ccci^o, in ii^o folio : Apud Parisius, dominus de Gyenvilla, senescallus Campanie, recepit martis ...festum sancti Gregorii per lxxii dies, lvii l., xii s. par., xx s. tur. per diem. Habuit Galterus de Somereus dictas lvii l., xii s. par.

In eisdem tabulis, in xi^o folio : Constabularius Francie, per ii dies cum rege, xxv s. par., et videtur quod rex erat Parisius.

VI. (N. 86.)

Les villes de la prevosté de Paris qui se dient franches de la subvention pour la chevalerie le roi de Navarre.

Chates sous Montlheri a tele clause : « Quod ab omni tolta et taillia hospites de Chastis deinceps liberi et immunes ac quieti existant »; et invenitur quod dederunt regi, anno iiii^{xx} iii^o, viii^{xx} iiii l., xv d. tur.; habebunt sufferentiam usque ad sanctum Johannem.

Ceus de Sainct Mor ont deux privileges, l'un donné de Loys empereur, datum xii^o kal. julii, indictione nona, ou il est contenu telle clause : « Nec homines ipsius monasterii tam ingenuos quam et servos, qui super terram ipsius residere videntur, injuste distringendo, nec ullas redhibitiones aut illicitas actiones requirendo, ullus unquam ingredi audeat, vel ea que supramemorata sunt penitus exigere presumat, et quidquid de rebus prefati monasterii fiscus sperare poterat, totum nos pro eterna remuneratione predicto monasterio concedimus » [1].

Item l'autre clause contenue au privilege du roy Loys donné l'an mcxix : « Concedimus etiam atque firmamus ne in aliqua villarum ejusdem ecclesie, vel nos ministrive nostri, vel successores nostri tallias aliquas ulterius accipiant vel exigere presumant... » [2]. Nihil invenitur; et sont mis en souffrance jusque a la sainct Jehan.

Les hommes l'evesque de Paris, hors Paris, ont tele clause en leurs privileges donnez par le roy Philippe l'an mil deux centz et sept, le vingt septiesme an de son regne, qui est tele : « Quod nos inspeximus chartas patris nostri et nostram in quibus continebatur quod nos in hominibus episcopi Parisiensis, extra Parisius, non poteramus tailliam accipere vel exactionem facere que excederet numerum sexaginta librarum parisiensium, nec illam accipere poteramus nisi in statuto tempore et episcopo debitam... » [3]. Nihil ; et sont mis en souffrance jusque a la sainct Jehan.

1. *Gallia Christiana*, VII, instr., c. 7; Mabillon, *Annales*, II, 721.
2. A. Luchaire, *Louis VI le Gros*, p. 335.
3. L. Delisle, *Catalogue des actes de Philippe-Auguste*, n. 1048.

Les hommes de Muriaus de les Paris ont tele clause en leur privilege :
«Ego Ludovicus, Dei gratia Francorum rex, notum facimus universis
quod pater meus bone memorie rex Ludovicus juxta ecclesiam Beate
Marie de Campis, in loco qui dicitur Muralia, posuit hospites quos
liberos et quietos ab omni equitatu et exercitu, a taillia et ab omni exactione, et in civitate Parisiensi ab omni consuetudine emunes constituit,
assignato eis quod de unoquoque quadrante unum modium vini et sex
denarios annuatim persolverent... »[1] ; et littere date fuerunt anno M° C°
LVIII°.

VII. (N. 88.)

Ce sont les villes de la baillie de Senlis.

Pontoise a privilege donné par le roy l'an CIII^{xx} VIII, ouquel sont contenues teles clauses. La premiere est tele : « Quod omnes qui in parrochiis
Pontesie et Sancti Martini manebunt ab omni tailliata, injusta captione,
creditione et ab universa irrationabili exactione, cujuscumque sint
homines, liberi et immunes jure perpetuo permaneant ». La segonde
clause est tele : « Indulgemus preterea hominibus prefate communitatis ùt
nec propter exercitum nec propter equitationem nec propter submonitió-
nem nostram ultra Sequanam sive ultra Isaram eos ire opporteat... »[2]. Et
est trouvé par les comptes que il donnerent au roi l'an mil CCLXIX,
XIII^c l., n'aultre clause n'i est exprimée ; il ne furent pas mis en souffrance, mes on doit avoir deliberation seur les privileges.

La senescallie de Xainctonge.

Ceulz de La Rochelle ont plusieurs privileges dou roy de France
et d'autres roys et contes, confirmez par le roi Philippe l'an MCCLXXXVI [3],
ou mois d'avril, esquiex il i a plusieurs clauses. La premiere est tele :
« Conceditur eis quod habeant communiam cum omnibus libertatibus et
liberis consuetudinibus ad communiam pertinentibus; item quod ipsi
habeant omnes libertates et liberas consuetudines quas habuerunt et habere
consueverunt tempore Henrici, regis Anglie, et aliorum antecessorum suorum. Item hominibus de Rupella concedimus quitantiam de festagiis et
omnibus tailliagiis et exactionibus et de omni pedagio tam in villa nostra
de Rupella quam alibi per omnes terras nostras in terra et mari, salvis exer-
citibus et equitationibus que nobis debent. Item concedimus eis omnes
libertates et liberas consuetudines quas rex Henricus Anglie et Richardus
rex et regina Alienor eis concesserunt, et sunt ista juramento eis firmissime
concessa ». Item in charta videbatur privilegium ab Alphonso, filio regis

1. A. Luchaire, *Études sur les actes de Louis VII*, n. 418.
2. L. Delisle, *Catalogue des actes de Philippe-Auguste*, n. 213.
3. Ms. : MCCLXIX. Cf. Arch. nat., JJ 53, n. 144.

Francorum, quondam comite Tholose et Pictavie [1]. Et est trouvé qu'il donnerent, en l'an MCCIII^{XX}IIII, II^M livres, et n'i a pas cause pourquoy; et sont mis en souffrance jusque a la sainct Jehan.

VIII. (N. 100.)

Mémoire au roi sur les salines de Peccais [2].

Bonum notabile super facto salinarum de Pecays pro recuperando ex ipsis plus quam consuetum est circiter XXXVI^M l.

Signifie tel, lequel se est advisié d'une chose qui peut porter au roi grand proffict, si comme il semble.

Premierement dit que li roy nostre sire a salines en Pequays de lez Aigues Mortes en plusieurs lieux ou l'on faict sel, et prend le roy la VIIe partie du sel faict es autres salines qui ne sont pas siennes, lesquelles salines et rentes ne soloient valoir que VIIe l. au plus quand lé dit tel y vint premierement, et il les fit valoir II^M c l.

Et en ces deux choses puet avoir chacun an [3] III^M muids de sel, se il est bien gardé, par communes années, au muy de Pequays, et chacun muy faict neuf sommes a Lyon sur le Rosne, si comme dit celluy qui parle, et vaut la somme le mains que elle puisse valoir, ne que elle vausist oncques, XL s. t.; ce sont XVIII l. le muy; ainsint vaudroient III^M muids LIV^M l.

Et cousteroit bien chacun muy en fraiz et en voitures c s. t.; supposé qu'il coutast VI l., laquelle chose il ne devroit pis faire, ainsint cousteroient les fraiz de III^M muys, XVIII^M l.

Ainsint demourroient au roi de remenant XXXVI^M l.

Et se nostre sire le roi vouloit faire encore plus grand marchié de sel pour le profict de son peuple, et donner pour XXX s. ce qui vaut XL et L s. et plus, si ne pourroit il faillir a avoir de ce XX^M ou XXIV^M l. de rente.

Et par ycelle maniere pourroit avoir toutes les autres salines qui sont en Pequays pour po du sien, car ceux qui les ont ne trouveroient a qui vendre leur sel pour le grand marchié que le roy feroit du sien et pour les peages qui sont trop grands, et pourroit le roi faire descendre ledit sel en plusieurs lieux pour amender son pays.

C'est a scavoir a Tournon, ou la moityé de la justice est sienne, a

1. Cette charte d'Alfonse de Poitiers est aux Arch. nat., J 190, n. 11, et J 748, n. 16.

2. Ce document sans date se rapporte à l'exploitation des salines de Peccais qui sont restées jusqu'à la Révolution une source de revenus importants pour la couronne. Elles avaient été acquises en 1290 (J 295^B, n. 33; Pagézy, *Mémoires sur le port d'Aigues-Mortes*, p.282) sur l'avis d'Adam de Montbéliard, sénéchal de Beaucaire (*Histoire générale de Languedoc*, IX, 150).

3. Ms. : des.

Saincte Colombe devant Vienne, qui est toute sienne, a Lyon et a Mascon, et en ces autres parties.

Et la abunderoient les marchands[1] de Auvergne et des foires qui vont querre le sel en Provence a chevaux, et [de] tout le pays de Bourgongne, et aroit l'en en France meilleur marché de sel de Poictou que l'en ne a de la moityé ou de plus.

IX. (N. **102**, **326** et **451**.)

Ce sont les estimations ou adequations des mesures[2].

Le muy de blé et d'avene de Compiegne est de xii mines.

De Soissons a Compiegne a x lieues; le muy de blé de Soissons fait a Compiegne xix mines. Le muy d'avene de Soissons est de xxiiii essins dont les xv font le muy de Compiegne. Les v muis de Soissons font viii muis a Compiegne.

De Ruy a Compiegne a vi lieues; le muy de blé de Ruy fait a Compiegne xiiii mines; le muy d'avene de Ruy fait xvi mines de Compiegne.

De Vaquemoulin a Compiegne a iiii lieues; le muy de blé de Vaquemoulin autel comme a Compiegne; le muy d'avene fait xiii mines a Compiegne.

De la Neufville a Compiegne a v lieues et de Biaupuis vii lieues; le muy de blé fait xi mines a Compiegne; le muy d'avene fait x mines a Compiegne.

De Ravenel a Compiegne a vi lieues; le muy de blé de Ravenel fait x mines a Compiegne; le muy d'avene fait x mines et demie a Compiegne.

De Compiegne a Neufvy a iiii lieues; le muy de blé autel comme a Compiegne; le muy d'avene plus fort de demie mine que a Compiegne.

De Biaumont a Compiegne a xiii lieues; le muy de blé de Biaumont fait a Compiegne xxvi mines; le muy d'avene fait a Compiegne xxvii mines.

De Compiegne a Laselle a deux lieues; le muy de blé et d'avene autel comme a Compiegne.

De Portes a Compiegne a iiii lieues; le muy de blé et d'avene autel comme a Compiegne.

Le muy de blé de Noyon est de vii sextiers et le muy d'avene de xvi sextiers.

De Soissons au Pont Levesque a ix lieues; le muy de blé de Soissons fait ii mines au Pont Levesque.

1. Ms. : marchandises.

2. Dom Carpentier avait copié beaucoup d'*Adequaciones mensurarum* et de documents similaires qui se trouvaient dans les *Libri memoriales* (Bibl. nat., nouv. acq. lat., 2125). Il en a inséré plusieurs dans le Glossaire de Du Cange, que M. Boutaric a rééditées, d'après le manuscrit lat. 12814, comme nous l'avons indiqué dans l'*Essai de restitution*. Nous publions les pièces de ce genre que nous croyons inédites.

X. (N. **102** *bis*, **327** et **451**.)

C'est l'estimation des mesures dont blez et avenes sont venuz a Saint Quentin.

Le mui de blé de Saint Quentin est de viii setiers qui font xvi mancaus; le mui d'avene est de xvi res qui vallent xxxii mancaus.

D'Amiens a Saint Quentin a xviii lieues; le mui de blé est de xviii setiers et fait a Saint Quentin xv setiers et demi; le mui d'avene est tout ung a Saint Quentin.

De Noyon a Saint Quentin a x lieues; le mui de blé de Noyon est de viii setiers qui valent xvi mancaus et font xi setiers a Saint Quentin.

Le mui d'avene de Saint Quentin est de xvi setiers, lequel fait a Saint Quentin... (*sic*).

De Essigny a Saint Quentin a ii lieues; le mui de blé et d'avene est tout ung.

De Ruppy a Saint Quentin a ii lieues; le mui de blé et d'avene est tout ung.

De Saincourt a Saint Quentin a iii lieues; le mui de blé de Saincourt et le mui d'avene est tout ung.

De Contencourt a Saint Quentin a iii lieues; le mui de blé et d'avesne est tout ung [1].

D'Ailly a Saint Quentin a... lieues; le mui de blé et d'avene est tout ung.

De Orilli a Saint Quentin a iii lieues; le mui de blé de Orilli est de xii jalois, lequel fait a Saint Quentin i mui et i mancaut; le mui d'avene de Orilli est de xxiiii jalois, lequel mui fait xxxiiii mancaus a Saint Quentin.

De Reigny a Saint Quentin a ii lieues; le mui de blé et d'avene autel comme a Saint Quentin.

De Flavy a Saint Quentin a iii lieues; le mui de blé de Flavy est de x setiers, lequel fait a Saint Quentin i mui, mancaut et demi; le mui d'avene de Flavy est de xx res, qui fait i mui et iii mancaus de Saint Quentin.

De Abeville la Court a Saint Quentin a ii lieues; le mui de blé et d'avene est tout ung.

De Neuvillette a Saint Quentin a iii lieues; le mui de blé de Neuvillete est de xii jalois qui font a Saint Quentin i mui et i mancaut; le mui d'avene de Neuvillette est de xxiiii jalois qui font xxxiiii mancaus a Saint Quentin.

Ceste estimation de Saint Quentin fut faicte le jour de la Saint Denis par Riquier le granetier et Garnier de Couloigne, jurez, lesquelz nous bailla sire Jehan Godart, lieutenant du maire, et les mesureurs nous distrent que tous les blez et les avenes furent pris a la mesure de Saint Quentin..

1. Ce paragraphe ne se trouve pas dans fr. 2833.

C'est l'estimation des lieux dont blez et avenes sont venuz a Peronne.

Le mui de Peronne est de xvi mines, viii setiers; le mui d'avoine est de xvi res qui font xxxii mines.

De Esclusiers a Peronne a iii lieues; le mui de blé et d'avoine autel comme a Peronne.

De Doing a Peronne a demi lieue; le mui de blé et d'avoine autel comme a Peronne.

D'Alaigne a Peronne a une lieue; le mui de blé et d'avoine autel comme a Peronne.

De Sainting a Peronne a ii lieues; le mui de blé et d'avene autel comme a Peronne.

De Belloy en Vermendoys a Peronne a ii lieues; le mui de blé et d'avene autel comme a Peronne.

De Courcelles a Peronne a une lieue; le mui de blé et d'avene autel comme a Peronne.

De Cartigny a Peronne a une lieue; le mui de blé et d'avene autel comme a Peronne.

De Estrepigny a Peronne a une lieue; le mui de blé et d'avene autel comme a Peronne.

De Pezieres a Peronne a iiii lieues; le mui de blé et d'avene autel comme a Peronne.

De Fins a Peronne a iii lieues; le mui de blé et d'avene autel comme a Peronne.

De Corbie a Peronne a viii lieues; le mui de blé de Corbie est de xii setiers, et vaut a Peronne ix setiers et i quartier.

Le mui d'avene de Corbie est de xii res, et les xix res de Corbie font le mui de Peronne.

De Bray a Peronne a iii lieues; le mui de blé de Bray est de xii setiers et fait a Peronne xii setiers et demi.

Le mui d'avene de Bray est de xii setiers et fait a Peronne xii res.

De Lyons a Peronne a iiii lieues; le muy de blé de Lyons est de xii setiers, et fait ung mui, ii quartiers a Peronne.

Le mui d'avene de Lyons est de xii setiers, et les ii muis de Lyons font i mui et i res a Peronne.

De Maricourt a Peronne a iii lieues; la mesure de blé et d'avene autel comme a Lyons.

De Roye a Peronne a vii lieues; le mui de blé de Roye est de xii setiers, et fait x setiers et demi a Peronne.

Le mui d'avene de Roye est de xii setiers, et les xii setiers de Roye font le mui a Peronne.

De Fresnoy a Peronne a vi lieues; le mui de blé et d'avene est autel comme a Peronne.

De Parigny a Peronne a iii lieues; le mui de blé de Parigny est de x setiers, et les xi setiers font i mui a Peronne.

Le mui d'avoine de Parigny est de xx rez, et les xxi rez font le mui a Peronne.

De Revelon a Peronne a iiii lieues; le mui de blé et d'avene comme a Peronne.

Ceste estimation de Peronne fut faicte par Jehan Auvrant, Michel le Broceur et Adam Capete, lesquelx nous baillerent Jehan Rat, maire de Peronne, le samedi a xi jours d'octobre.

De Chauny a Peronne a iii lieues; le mui de blé et d'avene autel comme a Paris.

D'Amiens a Peronne a xii lieues; le mui de blé d'Amiens est de xviii setiers, et vault a Peronne i mui et iii setiers.

De Betencourt a Peronne a xviii lieues; le mui de blé de Betencourt est de xii setiers, et fait a Peronne i mui et vi setiers.

Le mui d'avene de Betencourt est de xii setiers, et fait a Peronne i mui et xii rez.

De Montdidier a Peronne a x lieues; le mui de blé de Montdidier est de xii setiers et vault a Peronne i mui, ii setiers et i quarteron.

Le mui d'avene de Montdidier est de xii setiers, et vault a Peronne xiiii rez et demi.

De Biaufort en Sentiere a Peronne a vi lieues; le mui de blé est de xii setiers et vault a Peronne ix setiers et i quarteron.

Le mui d'avene est de xii setiers et vault a Peronne x rez.

De Folies en Sentiere a Peronne a vi lieues; le mui de blé est de xii setiers, et fait a Peronne i mui, ii setiers et i quartier.

Le mui d'avene est de xii setiers et vaut a Peronne xiiii rez et demi.

De Ercheu a Peronne a xii lieues; le mui de blé est de xii setiers et fait i mui, ii setiers et i quartier.

Le mui d'avene est de xii setiers, et vault a Peronne xiiii setiers, rez et demi.

De Malepart a Peronne a viii lieues[1]; le mui de blé est de xii setiers et fait i mui, ii setiers et ung quartier.

Le mui d'avene est de xii setiers et vault a Peronne xiii rez et demi.

De Erches en Sentiere a Peronne a viii lieues; le mui de blé est de xii setiers; et fait a Peronne i mui, ii setiers et ung quarteron.

De Tricot a Peronne a xii lieues; le mui de blé et d'avoine autel comme a Erches.

De Betencourt a Peronne a viii lieues; le mui de blé et d'aveine est autel comme a Erches[2].

De Saint Just a Peronne a xiii lieues; le mui de blé de Saint Just est de xii setiers, et fait a Peronne i mui et une mine.

Le mui d'avene est de xii setiers et fait a Peronne xii res et demi.

De Vrely en Sentiere a Peronne a ... lieues; le mui de blé est de xii setiers, et fait a Peronne i mui, ii setiers et demi.

1. Ms. : xii lieues.
2. Ce paragraphe ne se trouve pas dans fr. 2833.

Le mui d'avene est de xii setiers, et fait a Peronne xv rez.

De Cremery a Peronne a ... lieues; le mui de blé et d'avene autel comme a Vrely.

De Vermandoysvillier a Peronne a ... lieues; le mui de blé est de xii setiers, et fait a Peronne i mui et i setier.

Le mui d'avene est de xii setiers et fait a Peronne xv setiers.

Le mui de blé et d'avene de Coulemeles et de Ferrieres autel comme a Montdidier, et de Tieux autel.

Le mui de blé de Breteil et d'avene est de xii setiers.

Le mui de blé de Mondidier fait a Breteil xiii setiers.

Le mui d'avene de Mondidier fait a Breteil xiiii setiers et demi.

Les iii muis de blé a Breteil font i mui a Paris, et les ii muis d'avoine font ung mui a Paris.

Les xviii mancaus d'Arraz de blé font le mui a Paris; le mui d'avene d'Arras fait xiii setiers a Paris.

C'est l'estimation des lieux dont blez et avenes sont venus a Arraz.

Le mui de blé d'Arraz est de xvi mancaus.

Le mui d'avene d'Arraz est de xvi mancaus.

De Dorlens a Arraz a viii lieues; le mui de blé de Dorlens est de xii setiers, lesquelz valent a Arraz xviii mancaus.

Le mui d'avene est de xii setiers et valent a Arraz xi mancaus.

De Corbie a Arraz a xii lieues; le mui de blé de Corbie est de xii setiers, et vault a Arraz vi mancaus et i boissel.

Le mui d'avene de Corbie est de xii rez.

De Bapaumes a Arraz a vi lieues; le mui de blé de Bapaumes est de xii mancaus, et les xii mancaus et i boissel font les xii mancaus a Arraz.

Le mui d'avene de Bapaumes autel comme a Arraz.

D'Amiens a Arraz a xiiii lieues; le mui de blé d'Amiens est de xviii setiers, les ii muis et ii setiers font le mui de Arraz.

Le mui d'avene d'Amiens est de xviii setiers; les lviii setiers moins demi piquotiau, desquelz il a lxxii ou mui d'Amiens, font le mui d'Arraz.

De Peronne a Arraz a x lieues; le mui de blé de Peronne est de xvi mancaus; les iii muis de Peronne font le mui d'Arraz.

Le mui d'avene de Peronne est de xxxii mancaus dont les iiii^{xx} xiii mancaus et la tierce partie d'un mancaut de Peronne font le mui d'Arraz.

C'est l'estimation des lieux dont blez et avenes sont venus a Lenz en Arlois.

Le mui de blé et d'avene de Lenz est de xii rasieres.

De Peronne a Lenz a ... lieues; le mui de Peronne est de xvi mancaus, dont les xxxiii font de leur escharcement la quinte partie de i mancaut.

Le mui d'avoine de Peronne est de xxxii mancaus, dont les xxxv et demi font le mui a Lenz.

De Saint Quentin a Lenz a ... lieues; le mui de blé de Saint Quentin est de xvi mancaus, dont xliiii font le mui a Lens, moins iii piquotiaux dont les xvi font rasiere.

Le mui d'avene de Saint Quentin est de xxxii mancaux, dont les xlvii et demi font le mui de Lenz

De Amiens a Lens a xvi lieues; le mui de blé d'Amiens est de xviii setiers dont les xxxviii font le mui a Lenz.

De Miraumont a Lenz a ... lieues; le mui de blé est de xii mancaus, dont les xii et i boissel font le mui et i boissel de Lenz.

Le mui d'avene est de xvi mancaus autel comme a Arraz, et fait a Lenz ii muis, viii rasieres.

D'Arraz a Lenz a iiii lieues; les xi mancaus et i boissel de blé d'Arraz font le mui a Lenz.

Le mui d'avene d'Arraz fait xxxii rasieres a Lenz.

Le mui de blé et d'avene de Tournay est de xii rasieres.

De Saint Quentin a Tournay a xxii lieues; le mui de blé est de xvi mancaus, et fait a Tournay iii rasieres escharcement et ii jaloingnées.

Le mui d'avene de Saint Quentin est de xxxii mancaus, dont les ii muis et demi et x mancaus font le mui a Tournay.

C'est l'estimation [des lieux] dont blez et avoines sont venus a Lisle.

Le mui de blé et d'avene de Lisle est de xii rasieres.

De Saint Quentin a Lisle a xxi lieues; le mui de blé de Saint Quentin est de xvi mancaus, dont les xxxxix font le mui a Lisle.

Le mui d'avene de Saint Quentin est de xxxii mancaus, dont les xxiii font vii rasieres a Lisle.

De Lenz a Lisle a viii lieues; les blez et les avenes qui vindrent de Lenz a Lisle furent a la mesure d'Arraz; les ix mancaus et iii quartiers de blé d'Arraz font le mui a Lisle; les v mancaus d'avene d'Arraz, moins la xxiiiie partie de i maucaut, font le mui a Lisle.

C'est l'estimation de Courtray.

Le mui de blé et d'avene de Courtray est de xii rasieres.

De Saint Quentin a Courtray a xxvii lieues; les xliiii mancaux de blé de Saint Quentin font a Courtray le muy et vii poz, dont les xxxvii font la rasiere.

Les xliiii mancaux d'avene de Saint Quentin font a Courtray le mui moins iiii poz, dont les xxxvii font la rasiere.

De Lenz a Courtray a xiii lieues; les blez et les avenes y furent livrés a la mesure d'Arraz; les xii mancaus de blé d'Arraz font xii rasieres a Courtray.

Les v mancaus et demi d'avene d'Arraz font a Courtray ung mui, moins vii poz, dont les xxvii font la rasiere.

De Tournay a Courtray a v lieues; le mui de blé de Courtray est de xii rasieres, lequel fait xvii rasieres et demie a Courtray.

Le mui d'avene de Tournay est de xii rasieres, lequel fait a Courtray xxv rasieres et demie.

XI. (N. 102 *ter.*)

De adequationibus mensurarum.

MENSURA

De Monte Albano
De Curte
De Moyssiaco

Sextarium facit medium quartonem ad mensuram Tholose, et de vino est eadem ut Tholose.

MENSURA

De Villa Dei
De Castro Sarraceno

Est eadem mensura Tholose.

MENSURA

De Petragoris. Sextarium facit medium quartonem Tholose.

MENSURA

De Caturco
De Monte Acuto
De Lauserta

Tres emine faciunt unum quartonem Tholose.

De Rusthenis mensura. Sextarius facit unum quartonem Tholose.

MENSURA

De Villafranca. Quatuor sextarii et emina faciunt unum quartonem Tholose.

De vino de Villafranca
De Rusthenis

Quatuor sextarii vini faciunt unam sartinam Tholose, quatuor sartine unum modium.

MONETA

De Arnaldenchis
De Petragoricensibus
De Hapothensibus[1]

Valet unum parisiensem regalem, qui valebat tunc ii⁰ˢ parisienses parvos ; valet ob. par.

MONETA

De Caturcenis
De Rusthenis

Valet unum regalem ; regalis valebat ii⁰ˢ turonenses parvos a cccvi usque cccxii ; valet ob. par.

---

1. Pour « chapotensibus » : cf. Du Cange, *Glossaire*, au mot « Chapotensis » : « In Ageno currunt Arnald., Chapot. et Petragoric. », d'après un « vieux registre de 1303 », sans autre indication.

MENSURA

De Auxito
De Pabia
De Florencia
De Miranda

Congua valet viii quartones et xiiii quartones faciunt unum quartonem Tholose.

MENSURA

De Samatano
De Aurinliaco

Quatuor decime quarterie faciunt unum cartonem Tholose, et quatuor quarterie faciunt unum sextarium Samatani.

MENSURA

De Bononia. xiiii emine faciunt unum quartonem Tholose et due emine valent unum sextarium. Emina valet ii quartones.

MENSURA

De Malovicino
De Monteforti

Duo decime carterie faciunt unum quartonem et tres congue bene... faciunt medium quartonem Tholose et vii quartones Mirande.

MENSURA

De Sancto Gaudencio. xii dotzez faciunt unum quartonem Tholose. Sextarius facit unum quartonem Tholose.

MENSURA

De Sancto Gironcio
De Montjonio
De Sancto Licerio
De Castillione

Quatuor cartones faciunt unum sextarium et vi sextarii faciunt unum quartonem Tholose.

MENSURA

De Valle Caprara
De Monteregali

xii dotzez faciunt medium quartonem Tholose et sextarius facit medium quartonem.

De Malobecco
De Sarranto

Mensura est eadem ut mensura Tholose.

MENSURA

De villa Francesia : emina facit medium quartonem Tholose et carteria facit eminam.

De Molleriis mensura : sex quarterie faciunt unum quartonem Tholose.

MENSURA

De Monte Claro
De Castro Sarraceno
De Monte Albano
De Montegio et alio-
rum locorum circums-
tantium.

} Duo sextarii valent unum quartonem Tholose.

De Carbona. Mensura est eadem ut mensura Tholose.

XII. (N. 103.)

Mesures du blé et de l'avoine.

ES BAILLIES DE TOURS ET D'ORLEANS

A Saumur, le muy de Saumur queurt par xii setiers, et fait le muy de Saumur vii setiers a Paris.

A Tours, le muy queurt par xii setiers, dont le muy de Tours fait viii setiers, une mine, deux boisseaux a Paris.

A Vendosme le muy queurt par xii setiers, dont le muy fait ix setiers, iii mines a Paris.

A Huissiau[1] en Vendomois, Sarmaises, Champagne en Vendomois, Villemardy : toutes ces villes sont a la mesure de Vendome, et fait le muy des dites villes ix setiers, iii minoz a Paris.

A Blois le muy queurt par xii setiers, dont le muy fait v setiers, iii minos, boissel et demy a Paris.

A la Chaussée Saint Denis, a Macai : ces villes sont a la mesure de Blois, dont le muy de ces villes fait v setiers, iii minoz, boissel et demy a Paris.

A Suevre, en la baillie de Blois, le muy queurt par xii setiers, et fait le muy de Suevre vii setiers, un minot, deux boisseaux a Paris.

A Mer le muy queurt par xii setiers, et fait le muy de Mer vii setiers, boissel et demy a Paris.

A Orcheze le muy queurt par xii setiers, dont le muy d'Orcheze fait vii setiers, une mine, boissel et demy a Paris.

Aux granches de Mermoustier a la mesure de Vendosme.

A Choisy a la mesure de Orcheze.

A Blois, et blé pris du comte de Blois, tout fu a la mesure de Blois.

A Charmes autel comme cil de Blois.

A Meun le muy queurt par xii setiers, dont le muy fait vii setiers, une mine a Paris.

----

1. Ms. : Loissian.

A Beaugency, en la chastellerie de Monstereul, Masille, Tavers[1] ; toutes les mesures de ces villes sont autelles comme celles de Meun.

A La Riviere de Cher, de la ville de Saint Aignien, le muy queurt par xii setiers, et fait le muy de Cher x setiers a Paris.

A Noyers le muy queurt par xii setiers, et fait le muy ix setiers et une mine a Paris.

ES BAILLIES DE AMIENS ET DE VERMANDOIS.

A Arras xvi mancaus de blé font xi setiers a Paris.

A Bethune le muy queurt par xii mancaus, dont les xii mancaus font vii setiers et un minot a Paris.

A Ayre le muy queurt par xii rasieres, iiii quartiers font la rasiere, dont xv rasieres de Ayre font le muy de Paris.

A Bray le muy queurt par xii setiers, et fait le muy de Bray v setiers, un minot a Paris.

GISORS

A Mante le muy queurt par xii setiers, et s'accorde a la mesure de Paris.

A Vernon le muy queurt par xii setiers, et font xv setiers et pleine mine le muy de Paris.

NORMANDIE

A Andely le muy est autel comme a Vernon, et fait au muy de Paris autant comme celui de Vernon.

A Rouen le muy queurt par xii setiers, et fait le muy de Rouen xvi setiers de Paris.

A Caen le muy queurt par xii setiers, et fait le muy de Caen xxii setiers a Paris.

A Bayex le muy queurt par xii setiers, et fait le muy de Bayex xxi setiers et une mine a Paris.

PICARDIE

A Athies, Beloy, Berny, Carnu, Verans sur Somme, Fins, Estrées, Capi, Molainz, Saint Crist, Quartigni, Verignes, Dampierre, Curlu, Herbecourt, Neullus et Aisecourt, toutes ces villes sont à la mesure de Peronne, et est autele comme la mesure de Noyon est.

A Ham le muy queurt par x setiers, et font les xxv muids de Ham vi muis a la mesure de Paris. Les x setiers de Ham font ii setiers, iii mines, boissel et demy a Paris.

A Lions en Senterre le muy queurt par xii setiers, et fait le muy de Lions viii setiers a Paris.

Chaulle, Pusiaus, Hallu, tous a la mesure de Lions.

1. Ms. : Tauent.

FRANCE

En la chastellerie de Melcun le muy queurt par xii setiers, et fait le muy xi setiers a la mesure de Paris.

En la chastellerie de Nogent le muy queurt par xii setiers, et fait le muy de Nogent ii muis a la mesure de Paris.

En la chastellerie de Bray sus Saine le muy queurt par xii setiers, et font xvi boisseaux de Bray le setier a Bray, dont le muy et xii boisseaux de Bray font ii muis a Paris.

FLANDRES

A Cambray le muy queurt par xvi mancaus, et font les xxviii mancaus et demy de Cambray le muy de Paris.

A Bethune le muy queurt par xii rasieres, dont les xix rasieres et iii quartiers font le muy de Paris, et iiii quartiers de Bethune font la rasiere.

PICARDIE

A Saint Quentin le muy queurt par viii setiers, et ix setiers de Saint Quentin font iii setiers a Paris.

A Soissons le muy queurt par xxiiii escherins, dont le muy de Soissons fait vii setiers, iii boisseaux a Paris.

A Pierrefons le muy queurt par xxv escherins, dont le muy de Pierrefons fait ix setiers, i minot a Paris.

A la Neufville le Roy le muy queurt par xii mines, et font les xii mines de la Neufville iiii setiers, un minot a Paris.

A Saint Just le muy queurt par xii mines, et font les xii mines de Saint Just iiii setiers a Paris.

A Saint Valery le muy queurt par xii setiers, et les x setiers de Saint Valery font le muy de Paris.

NORMANDIE

A Harefleu le muy queurt par vi sommes, et fait le muy xviii setiers a Paris.

A Joye en Normandie le muy queurt par xii setiers, et les xii setiers font xiiii setiers a Paris.

FRANCE. BRIE

A Meaulx le muy queurt par xii setiers, et les xv setiers de Meaulx font le muy de Paris.

PICARDIE ET FLANDRES

A Saint Omer le muy queurt par xii setiers ou rasieres, et s'accorde au muy de Paris.

A Roye le muy queurt par xii setiers, et font les ii muis et demy de Roye un muy a Paris.

A Calais le muy queurt par xii setiers, et s'accorde a la mesure de Paris.

A Lille le muy queurt par xii setiers, dont les v muis, rasiere et demie de Lille font ii muis, ix setiers, un minot a la mesure de Paris.

A Pont Peully le muy queurt par xii setiers, et fait le muy de Peully, xvii setiers, pleine mine a Paris.

A Corbie le muy queurt par xii setiers, dont les iii muys de Corbie font un muy a Paris.

A Noyon et Peronne le muy queurt par vii setiers, et font les vii setiers de Noyon ou Peronne iii setiers, une mine et demy boissel, dont les ii muys de Noyon et de Peronne font vii setiers et un boissel a Paris, iiii muis de Noyon font i muy, ii setiers, ii boisseaux a Paris.

A Avrecourt le muy est autel comme a la mesure de Neele : le muy de Neele queurt par x setiers, et font les xi setiers et demy de Neele iii setiers et une mine et demy boissel a Paris.

A Peully, a Canes, a Monstereul et a Warennes : le muy de toutes ces villes queurt par xii setiers, et fait au muy de Paris un muy, v setiers, pleine mine a Paris.

A Amiens le muy queurt par xviii setiers et fait le muy iiii setiers, une mine, un minot et un boissel a Paris.

A Mondidier le muy queurt par xii mines et font les xii mines de Mondidier iii setiers, une mine a Paris.

A Abbeville le muy queurt par xii setiers, et s'accorde au muy de Paris.

A Arras le muy queurt par xvi mancaus et les xvi mancaus d'Arras font xi setiers a Paris.

A Tournay le muy queurt par xii rasieres, et font xiii rasieres de Tournay le muy de Paris.

A Douay le muy queurt par xiii mancaus dont les xix mancaus et demy de Douay font un muy a Paris.

Aveines

A Arras xvi mancaus d'aveine font xiii setiers, une mine a Paris.

A Saint Crist, Molains, Cartigny, Verines, Dampierre, Herbecourt, Fins, Revelon, Aisecourt, Fregicourt, Salizel, Le Mesnil et Estricourt, toutes ces villes sont a la mesure de Peronne. Le muy de Peronne queurt par xvi setiers, dont le muy de Peronne fait iiii setiers, un minot et un boissel a Paris.

A Buri le muy queurt par xii mancaus, et fait le muy de Buri xiii setiers, une mine a Paris.

En la chastellerie de Nogent le muy queurt par xii setiers, et fait xiii setiers, un minot a Paris.

En la chastellerie de Ponz le muy est autel comme cely de Nogent.

En la chastellerie de Mery le muy queurt par XII setiers, et fait le muy XIII setiers a Paris.

En la chastellerie de Suzane, de Chantemerle, de Bonnevoisine, de Viaspre le grant, de Semoine, de Richebourc, de Villers en Champaigne, de Arcice, de Salonne, de Gourgançon, de Champigny, de Saint Remy de lez Suzane, de Gayes, de Queudes, de Villeneuve et de Launoy : la mesure de toutes ces villes est autele comme a Mery.

En la chastellerie de Bray le muy queurt par XII setiers et XVI boisseaux font le setier, et fait le muy et XII boisseaux de Bray XIII setiers, une mine a Paris.

A Amiens le muy queurt par XVIII setiers, et fait le muy d'Amiens IIII setiers, un boissel a Paris.

A Corbie le muy queurt par XII setiers, et font les III muis, IX setiers de Corbie IX setiers, une mine, minot et demy a Paris.

A Montdidier le muy queurt par XII setiers.

A Tilloy, a Vigny, a Biaurain : toutes ces villes sont a la mesure d'Arras.

A Brissy a la mesure de Corbie.

A Bray le muy queurt par XII setiers, et fait le muy de Bray IIII setiers, II boisseaux a la mesure de Paris.

A Abbeville le muy queurt par XII setiers, et font IIII prouvendiers le setier d'Abbeville, et les III muis d'Abbeville font II muis a Paris.

Entour Amiens le muy queurt par XVIII setiers, dont les XVIII setiers des villes d'entour Amiens font IIII setiers, un boissel a Paris.

A Tours le muy queurt par XII setiers, dont les XII setiers font un muy VII setiers, IIII boisseaux a Paris.

A Tournay le muy queurt par XII razieres, et VIII hociaus de Tournay font la raziere, et XIII razieres, VI hociaus de Tournay font le muy de Paris.

A Saint Amant et a Douay le muy queurt par XII razieres, et font VIII hociaus la raziere, et II muis, V rasieres et demie de Saint Amant et de Douay font le muy de Paris.

A Betune le muy queurt par XII rasieres, dont le muy de Betune fait VI setiers, pleine mine et demy minot a Paris.

A Saint Quentin le muy queurt par XVI setiers, dont le muy de Saint Quentin fait III setiers, un minot a Paris.

A Mante le muy queurt par XII setiers, et fait le muy de Mante XIIII setiers a Paris.

A Vernon le muy queurt par XII setiers, et fait le muy de Vernon XVII setiers, une mine a Paris.

A Andely le muy queurt par XII setiers, et fait le muy d'Andely XV setiers, pleine mine a Paris.

A Rouan le muy queurt par XII setiers, et fait XVI setiers; ainsi est il du blé.

A Caudebec le muy queurt par XII setiers, et fait le muy de Caudebec XVII setiers a Paris.

A Preaux le muy queurt par XII setiers, et lait le muy de Preaux XX setiers a Paris.

A Beaumont en Auge le muy queurt par XII setiers, dont le muy de Beaumont fait XVII setiers a Paris.

A Caen le muy queurt par XII setiers, et fait le muy de Caen XII setiers, une mine a Paris.

A Bayex le muy queurt par XII setiers, et fait le muy de Bayex XVIII setiers, une mine a Paris.

A Carenten, XVIII quartiers de Carenten font le muy de Paris.

A Chaulne a la mesure de Lions, et queurt le muy de Lions par XII setiers dont le muy de Lions fait II setiers, un minot a la mesure de Paris.

A Hallu, Velly, Avenes, Herbonnieres, tout a la mesure de Lions.

XII. (N. 124.)

Instruction pour les commissaires envoyez par le roy dans le royaume pour faire une monnaye, une baulne, un poids et une mesure [1].

Pour l'instruction de ceux qui vont aux bonnes villes telles puet on monstrer les choses en general en la maniere qui ensuit.

Premierement comme en grande adversité li sire vint au gouvernement, comme de si grandes alliances en si grande partie et quantité de sa terre, qu'il a toutes ramenées a point, benoit soit Diex, et ce qui s'en depend, que les revenus ne sont pas si grands, comme de justice et autres choses, etc.

Item comment il a fourni son estat grandement et fait cesser toutes prinses en son commencement et aussi payé ce qui s'en depend.

Item pour nulles des choses dessusdites subvention ne ayde n'en a levé de sa terre, ce que onques mais n'avint de nouvel seigneur, nomeement qui eut les affaires dessus dites.

Et pour le bien commun a faict telles et telles restrainctes et bonnes ordennances, tout pour le bien commun; bien semble qu'il ait grande cure de eux.

Item la grande diligence qu'il met ou fait de tel grand voyage pour lequel il a fait les choses dessus escrites, et veut faire les choses dessoubs escrites.

Premierement la monnaye universel, ou tout li peuples pert tant, remettre a estat deu, si comme entre vous scavez, a qui on en a eu les consaus, et ce ne puet il faire sans grand perte a luy de present, et par aventure sans aucune du peuple, et le grief dommeage que il voit que il puet recevoir

---

1. On sait que le gouvernement de Philippe le Long essaya de réaliser cette importante réforme en 1321 (Lehugeur, *Histoire de Philippe le Long*, p. 368). Voir, sur ce sujet, *Revue des Sociétés savantes* (1860), III, pp. 317-325.

pour le temps a venir si grand et si pesant, comme on puet monstrer ez raisons cy dessoubs escrites, il tient ce que il y met a bien employé.

Item comment il veut ramener tout a un poys et a une mesure.

Item comment il veut corriger tous les poids des villes marchandes.

Item pour empechement que les monnoyes des barons faisoient a la seue monnoye remettre a estat deu, et au peuple, et poursuivre les causes de la seue faire bonne, si comme entre vous ly avez conseillé, il a commencié de proceder contre eux afin qu'il cessent de celle monnaye par jugement, se il peut, ou par quiconque autre voye que il porra, par quoy li peuples en son temps peussent venir en si grand prosperité qu'il ne fust que une seule monnoye, la seue.

Comment que il ait ce commencié, les meffaits ne sont mie d'une guise, ne les gens ne sont pas uns ; si convendra, se il veut venir a fin de s'entencion que aux uns il fasse droit de la forfaiture la ou elle sera, aux.autres qu'il pacifie par mesme le sien grandement, aux uns plus aux autres mains ; la chose est noble a chacun et fors gens sont ; molt la tendront chiere et y convendra a mettre ; mais que ce soit si grandement, pour le bien commun que est, on ne doibt rien avoir chier.

Item les demaines de sa terre mal donnez ou alienez, soit en dons ou en echanges ou en autre chose que ce soit, les veut ravoir pour le bien commun, et que il ait mains causes, ne li autres qui apres luy vendront, de despendre sur les peuples.

Item si, comme dessus est dit, toutes ces choses sont de grande loenge de Dieu et a grand proffict dou peuple, moult doit on convoitier de tel seigneur accomplir toutes ses bonnes esperances.

Et comme il soit ensy que nul ayde il n'a eu de eux et toujours pense a le profict commun, et tres grandes missions en sont sur luy, lesquelles il n'est tenu a faire, se il ne li plaisoit, que a ce vous aidiez en telle maniere que elles puissent avoir bonne conclusion.

Et se les bonnes gens auxquels on parlera disoient au fait des monnoyes quel remede on y mettroit au cas qu'il revendroit a foible estat : responce que, par certains points ordenez, pourveance y sera mise par grand et meur conseil si et en telle manere qu'il ne pourroit dechoir et que a chacun devra souffire.

XIII. (N. **139** et **139** *bis*.)[1]

Nomina beneficiorum et beneficiariorum virtute cujusdam generalis gratie facte regi Francie Ph. Pulchro a domino papa Clemente quinto in qualibet ecclesia cathedrali et collegiali totius regni Francie.

Iste sunt prebende de quibus dominus rex vult quod dominus Narbonen-

1. Les pièces **139** et **139** *bis* sont presque identiques ; les variantes fournies par **139** *bis* seront indiquées en note. — Ces documents, qui paraissent avoir été transcrits dans *Pater* avec beaucoup de négligence, datent du commencement du pon-

sis archiepiscopus[1] faciat provisionem personis infra scriptis et ad hoc a domino rege nominatis.

De prebenda Parisiensi magistro Guillelmo de Crispeyo.

De Andegavensi magistro Petro de Monciaco.

De Turonensi magistro G. de Plexeyo.

De Magduno super Ligerim magistro G. Caritatis.

De Vastino magistro O. Clarisensus[2].

Sti Germani Autissiodorensis Parisiensis magistro R. de Albigniaco[3].

De Meldensi magistro Conrado de Crispeyo.

De Nigella magistro Johanni de Crispeyo.

De Roseriis magistro Lamberto Medico.

Sti Johannis de Lauduno magistro P. Toffart.

Sti Pauli de Sto Dyonisio Johanni de Marolio.

Sti Frambaldi de Silvanectis Thome de Silvanectis.

De Tornacensi magistro P. de Latilliaco.

De Ruthenensi magistro Sicardo de Vauro.

De Sta Radegonda Pictavensi magistro S. Boelli.

Sti Mederici Parisiensis magistro G. de Rivo.

Sti Clodoaldi magistro R. de Marchia.

De Abrincensi magistro N. de Carnoto.

De Ebroicensi magistro S. de Ballolio.

De Baiocensi magistro J. de Foresta.

De Campellis in Bria magistro Guillelmo dicto Hors de Paris.

Sti Aniani Aurelianensis N. de Freauvilla.

De Remensi magistro Johanni Clarisensus.

De Ambianensi magistro Martino de Medonta.

Sti Austregesilli de Castro Bituricensi magistro Theobaldo de Asneriis, presbytero.

Sti Michaelis Belvacensis magistro Guillelmo Bequet.

Trinitatis Cathalonensis Odoni de Pontisara, dicto Salmon, clerico.

De Lingonis Roberto de Joigniaco, canonico Carnotensi.

Ecclesia Ariensis, Morinensis diocesis, Guilberto de Forgiis.

De Aurelianensi magistro Petro de Lauduno.

De Autissiodorensi Guillelmo de Machello.

Sti Germani de Castro in Bituria Petro de Albigniaco[4].

tificat de Clément V. Beaucoup de bulles de dispense et de provision relatives à des personnages nommés dans ces listes se trouvent au t. I du *Regestum Clementis papæ V*[i]. Cf. ci-dessous, n. XIV.

1. Gilles Aicelin. V. l'*Histoire littéraire de la France*, XXXII (1898), p. 489.

2. Var. : R. de Albigniaco.

3. Var. : O. Clarisensus.

4. Ici la pièce **139** *bis* ajoute :

Magister Guillelmus de Crispeyo Parisiensis. Magister Petrus de Latilliaco Tornacensis. Magister Conradus de Crispeyo Meldensis. Magister Guillelmus Caritatis Magdunensis. Magister Guillelmus de Laverciniis Silvanectensis. Magister Phi-

Ad prebendam Lingonensem Robertus de Joigniaco.

Ad Ambianensem magister Martinus de Medonta.

Ad Bituricensem magister Radulphus de domo puerorum (*sic*) [1].

Ad Claromontensem magister Petrus de Cuilly.

Ad Belvacensem filius domine Marie.

Ad Lexoviensem dominus Stephanus de Granchiis.

Ad Constanciensem magister Johannes Hellequin.

Ad Rothomagensem magister Johannes de Domno Martino.

Ad Belvacensem filius domini Mathei de Tria.

Ad prebendam S[ti] Audomari magister Johannes de Monsterolio.

Ad Laudunensem dominus Egidius de Condeto.

Ad Noviomensem dominus Stephanus de Cathalonis.

Ad Suessionensem dominus Johannes de Fonte.

Ad prebendam S[ti] Reguli Thomas de Briis.

Ad Insulensem Radulphus de Medonta.

Ad prebendam S[ti] Marcelli dominus Radulphus de Espona.

Ad Aurelianensem magister Petrus de Lauduno.

Ad Cathalonensem prepositus Insulensis.

Ad Morinensem Ingerranus de Crequy.

Ad Silvanectensem magister Guillelmus de Laverciniis.

Ad Remensem magister Johannes Clarisensus.

Ad Trecensem magister Philippus de Villepereur.

Ad Autissiodorensem magister Guillelmus de Macheau.

Ad Gerbedorensem filius magistri Johannis de Suessoniis [2], per magistrum G. de Plexeyo.

Ad Sanctum Nicolaum de Ambianis filius Guillelmi de Hangest [3].

lippus de Villa Petrosa Trecensis. Magister Nicolaus de Carnoto Abrincensis. Magister Martinus de Medonta Ambianensis. Magister Robertus de Pontisara Remensis et Carnotensis. Magister Petrus de Monciaco Andegavensis. Magister Ingerranus de Crequy Morinensis.

     Cathedrales.

Ebroicensis.	Uticensis.
Nivernensis.	Mimatensis.
Laudunensis.	Lodevensis.
Belvacensis. Magister Guillelmus de Erqueto.	Agenensis.
Attrebatensis.	Engolismensis.
Noviomensis.	Petragoricensis.
Lingonensis.	Xanctonensis.
Claromontensis.	Pictavensis.
Aniciensis.	Cenomannensis.
Vivariensis.	Belvacensis cum aliis octo Britannie.

1. Var. du n. **139** *bis :* puerorum doctor.

2. Var. du n. **139** *bis :* Guillelmi Gossainville.

3. Le n. **139** *bis* ajoute : senioris.

Ad prebendam de Cre ¹ Albertus de Forgiis, nepos domini R. de Pontisara.

Ad prebendam Sᵗⁱ Austregisili de castro Bituricensi dominus Theobaldus de Asneriis.

Ad prebendam Sᵗⁱ Michaelis de Belvaco magister G. Bequet.

Ad Briocensem magister Guillelmus de Dolis.

Ad Engolismensem dominus Petrus de Prunellis.

Ad Dolensem magister Radulphus Rousseloti.

Ad Pictavensem decanus Sᵗⁱ Martini Turonensis.

Ad Xanctonensem cantor Bajocensis.

Ad prebendam Sancti Aviti Aurelianensis Jacobus de Barra ².

Ad prebendam Beate Marie de Pictavis G. de Tonneria ³.

Ad prebendam de Gienno super Ligerim Stephanus de Gorrain.

Ad prebendam de Guise magister Stephanus de Mornivalle ⁴.

Ad prebendam Aniciensem dominus Georgius de Ampleoputheo ⁵.

Ad Nannetensem dominus Johannes de Suisdomibus.

Ad prebendam sancti Mauritii Carnotensis Johannes Quenel.

Ad prebendam Beate Marie de Cathalonis magister P. Giffart.

Ad prebendam de Avalone dominus Haymo, capellanus comitisse Burgondie.

Ad prebendam de Montereal Jordanus, clericus comitisse Burgondie.

Ad prebendam Sancti Urbani Trecensis Henricus de Momblenc.

Ad prebendam Sᵗⁱ Mathei de Foilloy⁶ Girardus, frater Isabelle matris domini Caroli.

Ad prebendam Sᵗᵉ Opportune Parisiensis Radulphus, filius Victoris.

Ad prebendam Sᵗⁱ Honorati Clemens de Castellione⁷.

Ad prebendam Sᵗⁱ Benedicti le Bestorné magister Girardus de Campis⁸.

Ad prebendam Sᵗⁱ Petri de Carnoto magister Thomas, clericus regine Anglie.

Ad prebendam Petragoricensem dominus Radulphus de Meullento.

Ad prebendam Sᵗⁱ Petri de Duaco dominus Philippus de Marigniaco.

Ad prebendam Sᵗᵉ Benedicte de Origniaco⁹, Laudunensis diocesis, magister J. de Disiaco.

1. Ms. : Ere.

2. Le n. **139** *bis* ajoute : nepos fratris Laurentii.

3. Var. : Camerria.

4. Le n. **139** *bis* ajoute : Per confessorem, de Brianone, Sᵗᵉ Honorine, Sᵗⁱ Martini de Canda, de Creciaco, Sᵗᵉ Trinitatis Autissiodorensis, Sᵗⁱ Antonii de Gallione; Beate Marie in castro Belvacensi, Sᵗⁱ Petri Divionensis, de castro Divionensi, de Paluello, Bituricensis diocesis, de Thorota ».

5. Cette présentation et les deux suivantes étaient faites « per dominum Carolum [de Valesio] », d'après le n. **139** *bis*.

6. Var. : de Stalloy.

7. Le n. **139** *bis* ajoute : Ad prebendam Sancti Andree Carnotensis Johannes, filius Reneri de Bellomonte.

8. Le n. **139** *bis* ajoute : clericus regine Sicilie.

9. Ms. : Brigniaco.

Ad prebendam S[ti] Petri in Pontem, Aurelianensis diocesis, J. de Bunno[1].

Ad prebendam S[ti] Juliani de Saltu, Senonensis diocesis, J. de S[to] Ferreolo.

Ad prebendam de Vaten, Bituricensis diocesis, dominus Johannes Clarisensus.

Ad prebendam S[ti] Ursini Bituricensis magister Lanfredus, nepos elemosinarii.

Ad prebendam S[ti] Clementis de Compendio magister Adam de Insula.

Ad prebendam Vinacurtis, Ambianensis diocesis, dominus Adam, capellanus magistri G. de Crispeyo.

Ad prebendam de Liliars in Flandria magister Johannes de Insula.

Ad prebendam S[ti] Ytherii de Haiis, Bituricensis diocesis, Johannes, clericus magistri G. de Plexeyo.

Ad prebendam S[ti] Salvatoris Blesensis magister Gaufridus Legeron[2].

Ad prebendam de Maseriis super Meuse Anselinus de Morgneval.

Ad prebendam S[ti] Petri de Lauduno Guillelmus dictus Parent.

Ad Sanctum Bartholomeum de Belvaco Gauffridus de Menelio[3].

Ad Sanctum Laurentium Belvacensem J. de-Plexeyo.

Ad prebendam de Fera, diocesis Laudunensis, dominus Petrus de Betisiaco.

Ad prebendam Maseracensem Anselinus de Morgnivalle.

Ad prebendam Eduensem Guillelmus de S[to] Yllario. Reddidit litteram suam.

Ad prebendam S[ti] Mederici de Lynais Thomas Caoursin.

Ad prebendam de Sedeloco, Eduensis diocesis, Guiotus dictus Bracon.

Ad prebendam de Brayo super Secanam, nepos domini Stephani Autissiodori.

Ad prebendam de Andeliaco Robertus Le Balancier.

Ad prebendam de Seclin[4] Geraldus, nepos Rogeri Armigeri.

Ad prebendam S[ti] Stephani de Gressibus Johannes de Calmeta.

Ad prebendam S[ti] Nicasii Remensis Johannes, filius Droconis Cocti.

Ad prebendam S[ti] Thimotei Remensis Gaufridus, nepos [abbatis] S[ti] Dyonisii in Francia.

Ad prebendam S[ti] Symphoriani Remensis dominus Robertus de Freauville.

Ad prebendam Corisopitensem magister Radulphus Silvani, notarius.

Ad prebendam S[ti] Aredii magister Johannes de Lileriis, clericus Compotorum ; facta fuit littera nomine cujusdam consanguinei.

Ad Sanctum Hilarium de Pictavis Johannes Mocarele, presbyter, frater cantoris Bajocensis.

---

1. Var. : Binion, nepos elemosinarius, clericus, Petronille apothecar. (!)
2. Var. : Le Gorgu. — Lire, sans doute, « Le Gorrin ».
3. Var. : Manellio Sancte Honorine.
4. Ms. : Occlin.

Ad prebendam de Faya Joannes Auverigelli, capellanus cantoris Bajocensis.

Ad prebendam Sepulchri Cadomensis Guillelmus Louvel.

Ad prebendam Beate Marie de Valle in Provino [1] Petrus de Essartis, clericus quondam Odardi de Valle.

Ad prebendam S^{ti} Thome de Lupara magister Petrus de Lupara.

Ad prebendam S^{ti} Candidi senioris Rothomagensis Guillelmus, capellenus sororum Rothomagensium.

Ad prebendam Convenarum magister Egidius de Remino.

Ad prebendam de Pamiers Petrus Cazier de Yenville.

Ad prebendam Ste Crucis de Stampis dominus P., capellanus domini H[ugonis] de Boville.

Ad prebendam S^{ti} Martini de Cande dominus Balduinus de Medonta.

Ad prebendam de Leproso in Bituria J., filius Radulphi de Bellomonte.

Ad prebendam de Montataire Robertus Le Saunier.

Ad prebendam Ste Pixine Guillelmus dictus Lamare.

Ad prebendam de Biterris Petrus de Pruneto.

Seguinus de Vallibus ad prebendam Blandiaci, Engolismensis diocesis.

Dominus J. de Brueriis, professor legum, de S^{to} Vedasto Belvacensi.

Guillelmus Brisalo, de S^{to} Sergio dominus, de S^{to} Sergio.

Dominus J. Fornerii de S^{to} Dyonisio Exoldunense.

Parisetus de Compotis de Barro super Albam S^{to} Maclo.

Magister Guillelmus de Chemino de Ambasia.

Magister Nicolaus de Curia de Cervon in Bituria, Eduensis diocesis.

Daniel Brito de Trecorensi.

Magister Petrus de Fouilloy, medicus, Combelli, de Valencensi.

Th. de Marle de Beata Maria de Brugis.

Magister Radulphus de Fossatis, notarius, de Casseau, Casletensi.

Joannes Pulularius de Parisiis de S^{to} Symphoriano juxta Sanctum Dyonisium in carcere. (Error erat in nomine, et correctus fuit per fratrem G. de S^{to} Ebulcio).

Dominus Petrus Dargent, capellanus regine, de Gargolio.

Dominus Guillelmus de Monasterio Vallis.

Johannes, filius Dyonisii de Albigniaco [2], de Feritate Aimbaudi.

Magister Michael, clericus senescalli Pictavensis, de Bigorre.

Magister Johannes de Tria, filius ballivi Bituricensis, de Genville.

Magister Dyonisius, clericus domini Johannis de Capriaco, de S^{to} Dyonisio de Passu.

Magister Guillelmus de Fagar de Bezaco.

Frater domini de Navalles de Oleron.

Magister Michael Ferie de Chabli(ne)s.

Dominus Johannes de Roncio S^{ti} Juliani de Bridia, Claromontensis diocesis.

1. Ms. : Premio.
2. Ms. : Albigensi.

Magister Nicolaus de Montcornet, de capella episcopi in domo[1] Parisiensis :

Magister Hugo de Marla [de] La Ceugne in Bituria.
Magister Petrus Nannetensis de Feritate Laurin.
Dominus Radulphus de Sta Flavia de Faremonasterio.
Raymundus Muicte de Castro Eraudi.
Magister Bernardus de Marcosa Sancta de ecclesia de Salis.
Magister J. Malet de Vindocinio.
Magister J. de Sachiaco.....
Magister Geraudus de Nongento S^{ti} Petri de Caorcia.
Magister Ricardus Merse (?) de Guaillon.
Magister Geraldus de Villario Albeterre, Petragoricensis[2] diocesis.
Durandus de Chavennes Ste Crucis de Lauduno.
Magister Durandus de Mansiaco de Mirebeau.
Magister Radulphus de Colomesnelio de Castellione super Loein.
Stephanus Provincialis de Monsteriolo en For d'Ione.
Dominicus de Sorneriis, diocesis Lingonensis, de Vrogeyo.
Radulphus de Aucheya de capella episcopi Senonensis in domo.
Geraldus de Solliniaco de Courpalay.
Magister Reginaldus de Nigella de Sta Johanne rotundo.
Magister Johannes de Fonteneto, medicus, de Beata Maria Belvacensi.

XIV. (N. 140.)

Copia cujusdam processus facti virtute generalis gratie facte regi Francie, Ph. Pulcro, de una prebenda vacante pro clericis suis in omnibus ecclesiis cathedralibus et collegialibus, secularibus et regularibus totius regni sui, in quo quidem processu continetur copia bulle dicti domini pape de predicta gratia et mandati episcopi Meldensis, unius e commissariis, ad abbatem de Hermeriis directi.

Nicolaus, permissione divina Meldensis episcopus, executor una cum venerabilibus patribus Dei gratia Suessionensi et Silvanectensi episcopis super gratia infra scripta excellentissimo principi domino Ph., eadem gratia regi Francie illustri, ab apostolica sede facta, cum illa clausula quatenus nos vel duo, vel unus nostrum etiam, a sede apostolica deputati, religiosis et honestis viris, abbati, priori et conventui regularis ecclesie de Hermeriis, Parisiensis diocesis, ordinis Premonstratensis, ac omnibus et singulis canonicis ipsius ecclesie, dignitates, personatus, officia seu administrationes habentibus et non habentibus in eadem et extra, ac etiam universis quos presens negotium tangit vel potest tangere in futurum, quocumque nomine censeantur, eternam in Domino salutem et mandatis apostolicis firmiter obedire. Litteras sanctissimi Patris domini nostri Clementis, divina Providentia pape quinti, cum vera bulla et filo canapis bullatas, non

1. Ms. : demosira. Cf. ci-dessous, ligne 18.
2. Ms. : Poing.

viciatas, non cancellatas, non corruptas, sed omni suspicione carentes, ex parte prefati domini regis nobis directas reverenter recepimus, formam que sequitur continentes :

Clemens, episcopus, etc [1].

Item litteras prefati domini regis nobis directas recepimus sub hac forma :

Ph., Dei gratia Francorum rex, dilecto et fideli nostro episcopo Meldensi, salutem et dilectionem. Cum vobis ac dilectis et fidelibus nostris Suessionensi et Silvanectensi episcopis a Sede apostolica sit commissum quod vos vel duo aut unus vestrum in singulis tam cathedralibus quam collegialibus, regularibus et secularibus ecclesiis regni nostri singulis personis idoneis quas vobis duximus nominandas de canonicatibus ipsarum ecclesiarum et prebendis integris, liberis et non sacerdotalibus vel sacerdotalibus, si in ecclesiis ipsis, illis videlicet in quibus certus canonicorum numerus et distinctio prebendarum habentur, tunc vacabunt vel quamprimum ad id offerret se facultas, auctoritate curent apostolica providere, inducentes easdem personas in corporalem, vel quasi, possessionem beneficiorum ipsorum et defendentes inductas facientesque eas extunc recipi in ipsis ecclesiis in canonicos et in fratres, ac illis quibus in ecclesiis determinatis numerum et distinctionem prebendarum, non obstantibus quod provisum extitit de communibus ecclesiarum ipsarum proventibus sicut aliis ecclesiarum ipsarum canonicis provideri, requirimus vos quatenus Johannem, filium Philippi Custellarii, Parisius commorantem, clericum, quem ad hoc idoneum reputantes vobis tenore presentium nominamus, in regulari ecclesia de Hermeriis, Parisiensis diocesis, Premonstratensis ordinis, faciatis recipi in canonicum et in fratrem, et sibi de ipsius ecclesie bonis et aliis dicte ecclesie canonicis provideri, cetera ad hec pertinentia completuri et facturi que circa hec fuerint opportuna juxta traditam per dictas litteras apostolicas vobis formam. Datum Parisius, die viii[a] maii, anno Domini mccccvi.

· Predictarum igitur litterarum apostolicarum auctoritate et ad nominationem prescriptam vos abbatem, priorem et conventum regularis ecclesie de Hermeriis predicte, ac omnes et singulos canonicos dignitates et officia seu administrationes in eadem ecclesia habentes et non habentes, ac etiam universos quos negotium hujusmodi tangit vel tangere poterit in futurum, presentium tenore requirimus, vosque omnes et singulos canonicos apostolica auctoritate monemus quatenus prefatum Johannem infra sex dies post presentationem seu denunciationem presentium, quorum duos pro primo, duos pro secundo et alios duos pro tertio et pro peremptorio termino, vobis et vestrum cuilibet super hoc assignamus, et vestrum et predicte vestre ecclesie sine difficultate qualibet recipiatis in canonicum atque fratrem, et eidem juxta dictarum litterarum tenorem de bonis temporalibus ipsius ecclesie, sicut uni ex aliis ejusdem ecclesie canonicis, prout inibi est fieri consuetum, ministrantes et ministrari facientes, prout ad

---

1. Cette pièce est imprimée dans le *Regestum Clementis papæ V[ii]*, I, 126.

vos et vestrum quemlibet dinoscitur pertinere, et ipsum Johannem habitu ordinis vestri cum petierit, ut moris est, induatis et in vestrum conventum collocetis, et sincera in Domino caritate tractetis, non obstantibus de certo canonicorum numero et aliis de quibus cavetur in litteris apostolicis supradictis. Quod si forte premissa non adimpleveritis, aut impedimentum aliquod in premissis vel aliquo premissorum apposueritis, vel mandatis nostris, imo verius apostolicis, in hac parte non parueritis cum effectu, in vos omnes et singulos canonicos et alios contradictores et rebelles et impedientes ipsum Johannem super premissis, et in dantes auxilium, consilium vel favorem, publice vel occulte, ex nunc prout ex tunc predicta monitione premissa in his scriptis excommunicationis et pro vestrarum qualitate personarum suspensionis, in vos vero conventum vel collegium, si in his delinquentes, ac in dictam ecclesiam de Hermeriis, interdicti sententias proferimus in his scriptis. Vobis vero, domino abbati, quem, ob dignitatis vestre reverentiam, nolumus nostra sententia sic ligari, si contra premissa vel aliquod premissorum feceritis, ingressum ecclesie interdicimus per presentes, et si predictum interdictum per sex dies sustinueritis non revocando quod contra premissa feceritis, vos a divinis suspendimus in his scriptis; si vero prefatas interdicti et suspensionis sententias per alios sex dies immediate sequentes sustinueritis animo indurato, quod absit, vos et nunc prout ex tunc, predicta monitione premissa, excommunicationis sententia innodamus; absolutione omnium qui prefatas nostras sententias vel aliquam earum incurrerent nobis vel superiori nostro tantummodo reservata. Prefatas quoque litteras et hujusmodi nostrum processum penes eumdem Johannem volumus remanere, et non per vos vel aliquem vestrum contra voluntatem ejusdem Johannis quomodolibet detineri, contrarium vero facientes prefatis sententiis per nos latis ipso facto volumus subjacere. Mandamus tamen eidem Johanni ut vobis, si petieritis, faciat copiam de premissis, vestris tamen sumptibus et expensis. Ceterum cum ad executionem dicti negotii ulterius faciendam, propter locorum distantiam et alia quibus sumus pluribus occupati quo ad presens, personaliter accedere non possumus, discretis viris magistris Johanni Carnelli, decano ecclesie Sancti Laudi Andegavensis, Johanni de Crispeyo, canonico Silvanectensi, Petro de Albigniaco, canonico ecclesie Beate Marie Rotunde Rothomagensis et Richardo Vavassoris, canonico ecclesie Sancti Germani Autissiodorensis Parisiensis, Richardo dicto Laignel, cantori ejusdem ecclesie Sancti Germani Parisiensis, quibus et quorum cuilibet super executione predicti mandati ulterius facienda committimus vices nostras donec eas ad nos duxerimus revocandas, in virtute sancte obedientie districte precipiendo mandamus quatenus ipsi vel eorum alter qui super hoc fuerit requisitus, personaliter ad dictam ecclesiam vestram accedant seu accedat, et predicta et alia que sibi pro expeditione predicti negotii expedire videbuntur, faciant communiter et divisim vobis domino abbati, priori et conventui predictis et aliis quorum interest in dicta vestra ecclesia seu capitulo et alibi ubi viderint expedire, denuncient, legant et publicare procurent, predictum Johannem in canonicum dicte ecclesie recipi faciant et in fratrem, et de bonis ipsius ecclesie sicut uni ex aliis ipsius ecclesie canonicis, prout est consuetum, ministrari et in conventum predicte ecclesie collocari, in his et aliis que agenda restant mandatum apostolicum exequendo juxta traditam nobis formam. In ceteris autem que predicto Johanni nocere possent, eisdem commissariis nostris potestatem omnimodam denegamus ; et in summa hoc est nostre voluntatis studium ut secundum apostolici mandati tenorem processus hujusmodi pro ipso Johanne habitus in premissis effectum cum juris plenitudine sortiatur. Per presentem autem processum nostrum non intendimus nec volumus prejudicare collegis quin ipsi et eorum quilibet possint in hujusmodi executionis negotio procedere, servato tamen hoc nostro processu, prout eis videbitur expedire, et etiam ea que incepimus executioni debite demandare. In cujus rei testimonium sigillum nostrum una cum signo et subscriptione notarii infrascripti presentibus litteris duximus apponendum. Actum Parisius, in domo nostra in Monte Sancte Genovefe, viii^a die mensis julii, anno Domini mcccvi, indictione quarta, pontificatus dicti domini Clementis pape quinti anno primo ; presentibus discretis viris magistris Johanne, officiali Meldensi, Johanne dicto Fauvette, canonico Sancti Thome de Crispeyo et pluribus aliis testibus ad premissa vocatis et rogatis.

Et ego Renerus dictus Mellins de Remis, publicus imperiali auctoritate notarius, premissis omnibus et singulis una cum testibus supradictis presens fui, et ea scribi et in hanc publicam formam redigi feci; hic subscripsi et signum meum, una cum sigillo dicti domini Meldensis episcopi consueto, apposui rogatus.

XVI. (N. 171.)

Mémoire au prévôt des marchands de Paris sur les coutumes payées par les marchandises transportées sur la Seine.

C'est le temps que la faulce coustume commença a Rouen, c'est assavoir l'an mil cciii^{xx} xvii, jusques a l'an mil cccxii, pour chascun an xxixe l. t., ou il a xv ans. Somme pour xv ans xliii^m v^e l. t.

Item au Pont de Larche commença la faulce coustume l'an mil cclxxviii jusques a l'an cccxii, ou il a xxxiiii ans, et n'en a compté Jehan Larcevesque ne ses devanciers que iiii^c l. pour chascune année, et elle a bien valu chascun an mil livres, si comme les bonnes gens du pais le tesmoignerent a maistre Pierre du Greffe et Richard Quochepot, car elle fu cueillie en la maniere que la faulce coustume de Vernon a esté cueillie. Somme xxxiii^m l. t., et i a davantage la riviere d'Avre.

Item a Andeli commença la faulce coustume l'an mil cciii^{xx} xiii jusques a l'an mil cccxii, ou il a xix ans, et a valu chascun an vi^c l. par. Somme xi^m iiii^c l. par.

Item a Vernon commença la faulce coustume l'an mil ii^c iiii^{xx} xvii jusques a l'an mil cccxii, ou il a xv ans, et a valu chascun an xi^e l. par. Somme xvi^m vi^c l. par.

Item a Mante commença la faulce coustume l'an mil cciii^{xx} jusques en l'an mil cccxii, ou il a xxxii ans, et a valu de l'an mil cciii^{xx} jusques en l'an iiii^{xx} xvii chascun an v^c l. t., et de l'an iiii^{xx} xvii jusques a l'an mil cccxii chascun an mil livres. Somme xxiii^m v^c l. par.

Item a Pontoise commença la faulce coustume l'an mil cclxxvi jusques en l'an mil cccxi, ou il a xxxv ans, et a valu chascun an vi^{xx} l. par. Somme iiii^m ii^c l. par.

Item la faulce coustume de Creil a duré v ans et vault par an v^c l. Somme ii^m v^c l.

Item celle de Pont Saincte Maixance a duré deux ans et a valu chascun an iiii^c l. Somme des deux années dessus dictes viii^c l.

Sire prevost des marchans, si vueilliez requerre que vous en oyez compte et que elles chieent. Somme toute, vi^{xx} ^m c l. par.

XVII. (N. 204.)

*Ce sont les memoires que les gens des Comptes ont extraictes des nouvelles ordon-
nances [1] afin qu'il plaise a nostre seigneur le roy a y mettre remede et
attrempement pour son evident proffit.*

Item que comme par la nouvelle ordonnance les xi clercs des Comptes, qui doivent faire les escriptz, doivent chascun par soy demourer en son hostel contre ce qui est acoustumé anciennement, il semble que le profit du roy nostre seigneur seroit mieulx que ilz demourassent tous chics les maistres clercs pour eulx plus diligement aidier es besongnes de la court, et especiaument es secretes besongnes qui particulierement leur seroient enjointes du roy ou de noz grans seigneurs. Quar a celle heure porroit le commandement venir que l'en ne pourroit pas bonnement avoir les clercs qui seroient hors en leur hostieux, la ou il vourroient, car se ils estoient par eulx quant ilz sont partiz de la court, ilz peuvent aler la ou il leur plaist ou hors ou ens, et si y peut avoir moult de secrez comman-demens du roy et des souverains que les maistres ne pourroient bonne-ment faire sans aide des clercs, desquelz secrez ils ne s'oseroient pas des-couvrir aux clercs de qui ilz ne se fiassent et que ilz n'eussent esprouvez loyaulx, bien moriginez et bien secretz. Et avec ce il est acoustumé que les clercs des Comptes souloient anciennement demourer avec les maistres clercs pource que par eulx ilz feussent mieux introduiz en l'office et bonnes meurs, et que ilz les peussent mieulx corriger, pugnir et mettre hors se ilz ne les trouvoient souffisans et convenables, si comme tou-jours a esté maintenu, car mieulx peuvent estre congneuz et introduiz

---

1. Ces doléances ont été présentées à l'occasion de la célèbre ordonnance de Vivier-en-Brie, de janvier 1320. Cf. plus haut, n. **10, 194, 394.**

en l'office en demourant avec les maistres que en leurs hostielx, et plus obeissans y sont trouvez. Et d'abondant ceulx qui demourront en leurs hostielx auront greigneurs cuers pour ceste ordonnance et vourront maintenir que ilz sont au roy, par quoi ilz ne seront pas a si grant obeissance des maistres. Laquelle obeissance les maistres dessus dits ne requierent pas a avoir pour leur gloire ne pour leurs profiz, mais pource qu'ilz puissent mieulx les clercs faire entendre aux dictes besongnes, lesqueles demourront confuses, se les maistres n'y font mettre bon conseil, lequel conseil n'y peut bonnement estre mis se n'est a l'aide des diz clercs. Et peut l'en savoir que anciennement, et nagaires aussi, comme tous les clercs des Comptes demouroient chies les maistres clercs, non pas pour le proffit des maistres, mais pour le proffit du roy, car ung clerc n'est pas tenu que il ne conviengne que l'en lui baille[1] despens, robes, varlet et cheval, la ou il peut bien despendre tant et plus que ses gaiges ne montent; et si y a la greigneur partie des clercs povres qui en bonne maniere ne pourroient pas commancier a tenir leurs menages parmy leurs gaiges a l'onneur du roy et de l'office.

Item comme il soit contenu en la dicte ordonnance que les gens des Comptes seront continuelment en la chambre sans en partir et sans entendre a nulles de leurs besongnes ne aux besongnes de leurs amys, laquelle chose est non portable, car homme qui vive ne pourroit pas continuelment ce souffrir ne endurer, et pource est il de coustume ancienne que il ont eu deux moys en l'an par parties pour entendre a leurs besongnes et pour avoir et prandre un poy de recreation afin que ils puissent mieulx entendre et continuer la peine a la faulte de leurs corps et plus longuement servir, si requierent que ilz aient ung mois en l'an par parties, non pas ensemble, mais chascun par soy, si que l'office n'en puisse de rien estre retardé.

Item pource que il est ordonné que les gens des Comptes seront continuelment en la Chambre jusques a midi sans en partir et sans entendre a nulles de leurs besongnes ne aux besongnes de leurs amys, s'ils n'ont special mandement du roy, laquelle chose est dure a soustenir, que ilz ne puissent parler a aucun preudomme se il vient, et s'ilz ont aucune necessité de parler a aucuns, mais que tost s'en delivrent, si requierent que de ce declaration soit faicte.

Item pour ce que par la dicte ordonnance ne doivent nulles requestes estres oyes que au jeudi; et il y vient moult de povres et autres qui pour faire une petite requeste seroient moult grevez de attendre jusques au jeudi, et especiaument s'il venoit au jeudi apres que les requestes seroient oyes ou au vendredi ensuivant, ainsi lui fauldroit il attendre huit jours au moins ou environ.

Item pource que l'ordonnance dit que les diz clercs des Comptes besongneront deux et deux ensemble tant seulement; ainsi quant l'un sera hors pour cas de neccessité ou de maladie son compaignon ne pourra pas

---

1. Ms. : traisse.

bien besongner seul, et s'il besongne seul sans avoir l'advis de son
compaignon, il pourra bien errer et faire aucune chose ou dommaige
du seigneur ou des bonnes gens, et avec ce l'escript de l'autre demourroit vague et confus en moult de manieres et en moult de cas que jamais
ne sauroient tous amender, si semble que proffit seroit grant s'il plaisoit au roy qu'il y en eust encore deux plus pour faire besongnes forai-
nes et pour acomplir le deffault des autres que il pourroient faire ou cas
que dit est, si que les v compaignies que les dix clercs feront ne faillent
nulle fois que ilz ne puissent tousjours besongner, et deux ensemble,
comme dit est; si en seront les clercs plus parfaiz et plus seurs ; et si ne
se peut l'en passer que il ne faille aucunes fois grant aide pour les escriptz
de l'execution [1] ou il a moult a faire, si comme chascun scet.

XVIII. (N. **231**.)

Décisions du Grand Conseil touchant des restitutions à faire au domaine royal.

L'an CCCXXII, le dimenche apres Pasques, ou grant Conseil le roy a
Pontoise en l'abbaye, dit fu et ordonné que l'en prendra sur maistre
Jehan de Bellaymont vii^m l. que il ot des heritaiges de la femme de Saint
Quentin qui fu bannie pour ung faulx testament et il la fist rappeller.

Item il rendra xii^c l. qu'il ot de ses gaiges qu'il vendi au roy.

Item l'en fera savoir comment il servit le roy Ph. nouvellement mort,
que Dieux absoille.

Item Pierre de Machauz randra xiiii^c l. qu'il ot pour la nef de La
Rochelle qu'il disoit estre forfaicte et comme forfaicte la pourchaça et elle
ne l'estoit pas.

Item ly rois reprent et remect arriere en son domaine toute la terre qui
fu baillée a Pierre de Machauz ou pris de xii^{xx} xv l., xiiii s., x d., ob. par.
de rente, en la chastellerie de Chastel Regnault, par le roy Ph., frere le
roy monseigneur. Laquelle terre il ot en recompensacion de la ville de
Lisi et de Villentus, laquelle ly roys Loys lui avoit donée comme forfaicte sur maistre Raoul de Praelles [2] en recompensation de iiii^c lxx l. p.
qu'il disoit lui estre deues des arrerages, et si ne fu pas la dicte terre fore-
faicte ; et en recompensation du don de la ville de Cepoy que ly dit roys
avoit fait au dit Pierre pour le mariage, et si avoit esté declairié que
le don ne tenoit pas, et aussi le roy Loys rappella en son testament le don
de la terre maistre Raoul de Praelles et voulut que le dit P. eust c l. de rente
Si ordonné est que le droit du testament lui soit tenu ; toutesfoiz il rendra
les yssues de la dicte recompensation depuis le temps que elle luy fu
faicte.

Item l'on prendra en la main du roy et leverra l'en par la main du roy

---

1. Il s'agit de l'exécution des testaments des rois précédents ; cf. n. **643**.
2. Arch. Nat., JJ 52, n. 114.

la terre qui fut donnée en Champaigne a monseigneur Hugues de Bourgoigne.

Item la terre de la Greve que tient l'evesques d'Amiens retournera et des maintenant est remise au domaine le roy.

Item il fu conseillié et accordé que messire Robert le Veneur rendra les dommaiges que le roy a eu ou vivier de Belleosanne par deffault de garde et de reparation qui eust bien esté sauvé pour mettre c l. p., et si devoit le dit messire Robert au roy bien xiiiie l., selong l'estimation qui en sera faicte.

Item ly pré et la terre que tient a Nogent sur Seine messire Otthe de Grançon.

XIX. (N. **232**.)

Ce sont les memoires portées au roi a Gisors environ la saint Jehan cccxxiii, dont l'on avoit a parler a lui, et ses responses faictes par maniere d'ordonnance renvoiées en la Chambre des Comptes le quatrieme jour de juillet de l'an dessus dit.

Premierement des gens qui ont esté des hostelz des roys nosseigneurs, que Dieu absoille, Ph. le Bel, ses filz Loys et Ph. le Grant, lesquelz prennent a vie les gaiges qu'ilz souloient prandre es diz hostelz, les ungs au tresor, les autres en baillies et seneschaucies, lesquelz furent depuis retournez a l'ostel du roy qui ores est : savoir mon se il prandront ou dit hostel gaiges avecques ceulx que ilz prennent a vie comme dessus est dit. Ly roys veult qu'ilz aient l'obtion de prendre et recevoir les gaiges a euz donnez ou les gaiges d'ostel, ou autrement ne soient paiez.

Item des gens tenans les jours de Troies, qui prennent acoustuméement du receveur de Champaigne tant d'argent comme il veullent pour leurs despens en alant, demourant, retournant. Le roy veult que on leur face aussi comme a ceulx qui tiennent l'Eschiquier.

Item des sergens d'armes a qui le roi donne leurs gaiges de mace de certaine science, a prandre sur les dommaines en ses baillies et seneschaucies, lesquelz gaiges ilz doivent prendre a l'ostel, ou si, comme l'ordonnance contient, se ilz sont establiz chastellains aux gaiges de la mace, es baillies ou seneschaucies ou lesdits chasteaulx sont assiz. Ly roys veult que ceulx qui sont establiz chastellains aux gaiges de la mace, ou aient autre office, preignent les dits gaiges ou il feront personnel residence ; tous les autres prendront leurs gaiges en l'ostel le roy.

Item d'aucunnes personnes qui empetrent dons a vie et a volenté sus certains domaines qui ne pevent pas souffire a paier les assignez par devant. Le roy veult que les premiers assignez soient premierement paiez.

XX. (N. 236.)

Décision de la Chambre des Comptes au sujet de certains droits des receveurs de Champagne[1].

Jehan Remy, receveur de Champaigne, vouloit prandre sur le roy par son compte de la receverie de Champaigne de l'an feny a la Magdalene l'an cccxxii ou tiltre des despens en la baillie de Troyes, pour despens d'escripture pour la recepte de Champaigne, c'est assavoir pour parchemin, papiers, rigles, encres, ponces, cornez, escriptoires, quanivez, tapiz pour couvrir comptouers, giez, chandelliers, aguillettes, belutiaux, faire livres et doubler plusieurs fois, cire a seeller, saichez a mettre deniers et aides d'escrivains, pour ce et pour tout iic xviii l., xvii s., v d., et de ce bailloit les papiers en vi cedulles qui sont cousuz avec les lettres du dit compte de l'an ccc vingt deux dessus dit. Lesquelles parties furent diligenment oyes et examinées par les maistres des comptes, c'est assavoir l'abbé de Saint Martin des Jumiaulx d'Amiens, maistre Estienne de Mornay, doien de Saint Martin de Tours, maistre Pierre de Condé, arcediacre de Laon, maistre Almauri de la Charmoye, Jehan de Saint Just, monseigneur Jehan de Villepereux, monseigneur Guillaume Courteheuse et Martin des Essars. Et eue consideration entre eulx, veuz et considerez les comptes de ladite terre depuis l'an cciiiixx xvii en ça et ce qui est accoustumé a prendre sur le roy pour les choses dessus dittes es temps passés, et mesmement es temps que les receveurs de la dite terre souloient bailler chascun an par devers la Chambre des Comptes six comptes semblables, dont ilz ne baillent que deux a present; item considerez les vc l. de gaiges que prent par an le receveur de Champaigne et ce que l'en compte aux autres receveurs du royaume, especialment es seneschaucies, et plusieurs autres choses qui a considerer faisoient, de commun assentement de tous les maistres dessus diz, dit fu et accordé que pour toutes les choses dessus dittes l'en ne estoit tenu de rabatre et descompter aux receveurs de Champaigne que xxx l. t. par an tant seulement, et que ce que pris en avoit esté sur le roy es années passées par les comptes de Champaigne, oultre xxx l. t. par an, seroit recouvré sur les receveurs qui ont esté ci devant, sur leurs biens ou sur leurs hoirs. Ce fut fait jeudi xvi jour en juing l'an cccxxiii.

1. Cette pièce était aussi transcrite dans le *Journal* de la Chambre : cf. P 2848, 3.

XXI. (N. 250.)

Cy sont les choses baillées a monseigneur Eude, maistre de la chappelle royal de Paris [1].

Premierement ung vaissel de fust couvert d'argent ou la saincte Croix fu apportée.

Item ung orcel d'argent a eue benoiste doré par dehors.

Item ung tabernacles d'argent dorez.

Item une boite d'argent.

Item ung vaissel d'argent et une petite boite dedans ou l'en cuide que ly lez Nostre Dame fut apportez.

Item ung escrin de fust couvert d'argent, ou il y a six petites pieces de sainctu[ai]res, et en chascune son escript.

Item ung autre escrin tout d'argent ou il y a du fust de la saincte Croix, envelopé en cendal, et une croisette ou il y a de ce fust mesmes, et une aumosniere ou il y a du suaire et du vestement Nostre Seigneur et des draps de son enfance.

Item, et d'autres petiz sainctuaires envellopez en sendal et en aumosniere ou il y a chacun son escript.

Item ung autre escrin de cuir bouilli ou il y a ung anel a emeraude qui fu le pape Climent et ung grand anel a evesque et ung gans et trois costes de sains.

Item ung vaissel d'argent ou il y a ung autre petit vaissel dedans ou l'en cuide qu'il y ait huille, et ung sainctuaire sans escript et une couppe d'argent dorée a porter corpus Domini.

Item ung escrin de fust peint ou il y a ung grant sainctuaire sans escript.

Item deux mitres brodées et trois blanches de dyapre. — Et toutes ces choses dessus nommées sont en une huche par soy.

Item es aumoires vermeilles sont deux vaisseaulx d'argent a pié ou il y a en chascun du chief saint Jaques le jeune.

Item le chief saint Climent et le chief saint Symeon.

Item une couppe d'or a porter corpus Christi et du vestement saint François.

Item ung vaisselet ou il y a des ossements a la Magdaleine.

Item ung vaisselet de cristal ou il y a de... de (*sic*) sainte Anne et d'autres sains.

Item ung escrin d'argent plat ou il y a des menuz sainctuaires, en chascun son escript.

1. Ces deux inventaires (n. XXI et XXII) ne sont pas mentionnés dans la *Bibliographie des inventaires imprimés* (Paris, 1892-95, 2 vol. in-8o) de MM. Bishop et de Mély.

Item ung ymage de Nostre Dame d'ivoire et deux cors d'ivoire et deux crosses a evesque et une mictre et la coste saint Nicaise.

Item en une huche une croix de gest[re] et ung crucefix d'yvoire.

Item ung autel de jaspe benoist, une chasuble de diapre doré.

Item pieces de texus ouvrez a perles et a pierreries pour faire estolles et fanons.

Item deux bacins d'argent.

Item deux petiz chandelliers et la belle pareure de toalle.

XXII. (N. 251.)

Ce sont les choses qui sont trouvées es coffres demourans ou tresor que l'on porte aucunes fois avec le roy pour les festes.

Premierement la grant croix et le pié et les iiii Evangelistes.

Item Marie et Jehan et les pilliers qui les soustiennent et le baston de celle grant croix, ung calice a esmaulx.

Item l'image Nostre Dame d'or et le pié d'argent.

Item le genoil saint Aignen d'Orleans, ung encensier d'or, une noix a mettre encens, la coste sainct Evrement, et le repositoire et le pié.

Item ung camahier et le repositoire et le pié, le merita[1] d'une des xi^m vierges et le repositoire et le pié, et le menton saint Jaques le jeune et le repositoire et le pié.

Item les os saint Maixentien, saint Lucien et saint Julien, martirs, l'image Nostre Dame d'argent, et le pié.

Item le chief saint Jehan que ly angres tient, et ses clefs en ung cofin.

Item deux bacins d'or.

Item… de saint Pierre le martir, de saint Dominique, de l'ordre des prescheurs, et le pié et ung petit ymage d'ivoire.

Item la coste saincte Marie Magdalene et le repositoire et le pié.

Item une croix d'or a ung petit camahier et le pié d'argent.

Item en ce coffre mesme sont les vestemens : chasuble, dalmatique et tuniques blanches a fleurs de lis, et a en la chasuble pelles.

Item chasuble, dalmatiques et tunique vermoille, et en la chasuble sont perlettes.

Item aubbe de soye et amit de lin [garni] de pellettes.

Item une chasuble d'or a fleurs de lis yndes et chastiaulx.

Item une estolle et un fanon a platenes d'argent.

Item deux courtines de soye a aniaulx de cuivre.

Item une chasuble blanche a fleurs de lis d'or sans pelles.

Item tuniques, dalmatiques blanches a fleurs de lis violetes et chastiaulx, que Richart deust avoir.

1. V. le *Glossaire* de du Cange, aux mots « Camaeus » et « Meritum ».

Item dalmatique ynde a fleurs de lis d'or pour lire : « Exultet jam angelica ».

Item une grant chasuble noire pour mors, et deux petites de celle couleur qui sont le roy, si comme nous cuidons.

Item deux paires de tuniques et dalmatiques pour mors aussi.

Item une chasuble rouge ou l'on chante le Vendredi aoré.

Item une chasuble violete a pierres que l'en ne trouve pas.

Item en coffres sont parements d'austel, c'est assavoir dossel et devantiers d'or a grant ymages.

Item dossel et devantiers blancs a ymages de martirs.

Item dossel et devantiers blancs simples pour le Quaresme.

Item dossel et devantiers noirs pour les mors.

Item ungs draps raiez pour le letri et autre a couvrir l'autel, et la saiere [1] a la platene.

Item toailles, une a perles tant seulement et l'autre a platenes d'argent et de perles.

Item deux custodes a platenes.

Item une toaille noire pour mors pour le Karesme.

Item xviii chappes de cuer aussi pour festes comme pour mors des [queles] Richars a les vi.

Item custodes de Evangilles, i d'or a pierres precieuses et l'autre d'argent.

C'est l'escript des livres : deux messieux, ung a note et l'autre sans note, et ung breviaire a note de petit pris et ung sans note.

XXIII. (N. **269.**)

Mémoire au roi de Betin Caucinel sur le fait des monnaies [2].

Pour le proffit de nostre chier seigneur le roy et de ses monnoyes requiert Betin Caucinel, maistre de la monnoye, que l'en face deffendre que l'en ne puisse traire argent hors du royaume, car le roys d'Angleterre et ly roy d'Espaigne ont deffendu que l'en ne porte point d'argent hors de leur terre, et en a l'en bien traict en la terre des Sarrasins iiii[c] mil marcs et plus.

Item que l'en face faire la deffense des baudequins qui courent communeement pour vi d.

Item que l'en commandast aux seneschaulx de Beaucaire, de Carcas-

---

1. V. le *Glossaire* de Du Cange, aux mots « Letricum » et « Sagum ».

2. Betin Cassinel, maître de la Monnaie, mort le 18 octobre 1312. — Nous ne nous sommes décidé à publier ces pièces relatives aux monnaies (n. XXIII, XXIV) qu'après les avoir soumises à un spécialiste, M. Prou, car beaucoup de documents monétaires sont dispersés dans des recueils que les numismates seuls connaissent.

sonne et de Rouergue que ilz feissent porter les argens nuez [1] des minieres de leurs seneschaucies es monnoyes nostre seigneur le roy, car ilz sont portez en terre de Sarrazins, et ly roy Loys, qui Dieux pardoint, le commanda et ordonna en telle maniere.

Item de la monnoye que l'en fait a Abbeville, qui court en la terre le roy et du comte d'Artoys.

Item de la monnoye neufve que l'en a commenciée a Valenciennes, qui court en Flandres pour x parisis, qui ne les vault pas, que elle ne coure par le royaume.

Item que l'en commant aux seneschaulx et aux baillifz qu'ilz facent garder estroictement la deffense des monnoies qui plusieurs foiz leur a esté faite des le temps le roy Loys, c'est assavoir que nulle monnoie de duc ne de comte..., qui font grant dommaige au roy et a ses monnoyes, ne les monnoiers ne pevent ouvrer pource que monnoies estranges courent communément ou royaume, si comme mansois et la monnoie au conte de Bretaigne, qui courent communéement en Normandie, chief a chief a la monnoie le roy; elles ne vallent pas tant d'assez, et ainsi pourroit on fondre les monnoyes le roy.

Item esterlins neufs qui courent communéement pour iii d., ob. par., qui ne les vallent pas, et peut donner au marc d'argent v s. plus que l'en ne peut es monnoyes le roy, et ainsi pevent ilz fondre en Angleterre toutes les monnoyes le roy. Si seroit bon qu'ilz feussent deffenduz, car le roy d'Angleterre ne veult souffrir que l'en praigne en sa terre nulles des monnoyes le roy. Laquelle monnoie de duc ne de comte ne coure en la terre le roy fors a change pour tant comme elle vaudra. Ne ne courra la monnoie de nul baron en la terre de l'autre, mais la monnoie de chascun baron se tiengne dedens les bonnes ou dedens les feux de sa terre.

Item la monnoie petite qui est a xx l. le millier que l'en la tournast a dix livres, et ce seroit le profit le roy.

Item requiert le dit Betin, en suppliant, que l'en luy tiengne les convenances que l'en luy ot quant il mist la monnoye d'argent a deux solz le marc, qui estoit a vint deniers, c'est assavoir que le dit Betin devoit mettre argent et billon au Temple quant il auroit achetté, et ly tresorier lui devoit bailler deniers a la value de ce que il mettroit, ou sinon le dit Betin requiert que la monnoie de Paris lui soit tournée a xx d., aussi comme devant, et la monnoye de Sommieres a xvi d.

XXIV. (N. 273.)

C'est l'aviz que l'en a eu avec le conseil du roy, a savoir mon a quelle monnoie et a quel pris toutes debtes a treves et toutes rentes en deniers, tous contraulx, marchiez et fermes et ventes de bois se paieront apres le jour de Noel qui sera l'an CCCXXIX, aux termes ensuivants depuis et avenir [2].

Premierement toutes rentes en deniers se paieront pour les termes ave-

1. Ms. : noez.
2. Cf. n. **152**.

nir apres le jour du dit Noel, ausquelz l'en a acoustumé paier icelles rentes, a telle monnoie et a tel pris comme monnoie courra pour les dits termes advenir apres le dit terme du dit Noel.

Item des fermes muables et ventes de boys qui depuis nostre ordonnance faicte en mars, l'an cccxxviii derrenierement passé[1], publiée par nostre royaume, ont esté baillées et vendues, les fermiers et les marchans des bois paieront telles monnoies et pour tel pris comme monnoie aura son cours aux termes qui escherront pour le temps ensuivant et advenir. Car les diz fermiers et les marchans des boys povoient bien estre avisez par quel pris monnoies devroient avoir leur cours et a quelle monnoie l'en devroit marchander et paier pour le temps avenir puis la dicte publication de nostre dicte ordonnance faicte es pais ou les dictes fermes et ventes de boys sont.

Item se aucuns ont pris fermes muables au devant de la publication de nostre dicte ordonnance et les veullent laissier pour les termes ensuivans et advenir, faire le pourront, mais que il appert souffisanment de leur delaissement aux vendeurs et aux bailleurs des dictes fermes dedens la feste de la Chandeleur prouchaine, et que dedens icelle Chandeleur prouchaine avenir ilz paient aux bailleurs, au pris que monnoie a couru devant le dit Noel cccxxix, tout ce que ilz leur devront pour cause de leurs fermes pour ceste presente année, nonobstant que les termes des paiemens des dictes fermes pour raison de la dicte presente année soient les aucuns avenir, sauf et reservé aux fermiers que ilz ne soient tenuz a paier aux bailleurs ce qui en est a bailler pour cause de ceste presente année et pour aucuns termes avenir d'icelle année, laquelle chose les bailleurs leveront se les fermes leurs sont laissées, et le seront tenuz deduire et rabattre aux fermiers en leur susdits paiemens de leurs fermes deuz pour l'année presente dessus dicte. Et se les fermiers ou aucuns d'iceulx vuellent retenir leurs fermes pour paier aux bailleurs telle monnoïe, et pour tel pris comme il courra aux termes qui escherront depuis le dict Noel en avant, faire le pourront sans contredit des bailleurs.

Toutes les ventes de bois qui ont esté faictes ou temps passé jusques a Pasques l'an cccxxvii tendront et se paieront pour les termes avenir a telle monnoie comme il courra aus diz termes avenir, sans ce que ilz puissent laissier leurs ventes, mesmement comme la monnoie du dit temps estoit assez souffisante et que bois n'estoit point enchieriz ou dit temps, et si se sont les marchans depuis acquittez de monnoie qui depuis a couru plus floible aux termes passez et escheuz.

Item les ventes des bois qui auront esté vendues depuis Pasques cccxxvii jusques a la publication de nostre dicte ordonnance que nous feismes ou mois de mars derrenierement passé, se paieront a la monnoie et au pris que la monnoie a couru au devant de Noel l'an cccxxix, mesmement pour ce que les diz bois ont esté venduz plus chier et a plus hault pris pour raison de la monnoie qui estoit lors plus foible, sauf et reservé que

---

1. Cf. n. **150**.

le vendeur pourra son bois et la vente reprandre par devers soy ou il la trouvera, se il lui plaist, nonobstant l'opposicion de l'achetteur, en prenant du dit achetteur au pris que la vente lui cousta, a la monnoye qui a couru, tout ce que il en aura exploictié, et sera sceu se la vente sera forcée ou empirée ou se le meilleur bois ou le pire en est couppé et exploictié, et de ce sera faicte competente satisfaction. Et ou cas que l'achetteur vouldra retenir sa vente pour paier telle monnoie et a tel pris comme monnoie se mettra aux termes ensuivans et avenir, faire le pourra sans le contredit du vendeur.

Debtes acreues au temps passé a paier a certains termes ou sans termes seront paiées au pris et la value que bons gros tournois d'argent se mettoient es lieux ou les contraux se firent quant la debte fut acreue, c'est assavoir et a entendre de deniers prestez et de denrées vendues, exceptées fermes et ventes de bois dont mention est faicte cy dessus.

Et est assavoir que ou cas ou il aurroit es choses dessus dictes ou en aucunes d'icelles certains et expres convenans, mention de certaines monnoies et sur certains pris, nostre entente est que sans enfraindre ils soient tenuz et gardez en leur force et vertu.

XXV. (N. 290.)

Bulles remises à Raoul de « Perellis » en janvier 1317.

Noverint universi quod ego Radulphus de Perellis, domini regis clericus, recepi a magistro Felisio Columbi, ejusdem domini regis clerico, litteras papales quarum intitulationes subsequuntur, anno Domini M° CCC° XVI°, die dominica post octabas Epiphanie.

Primo litteram Alexandri pape quarti ut rex possit introducere secum fratres religiosos, in quamcumque domum religiosam intraverit.

Item Urbani pape quarti de indulgentia concessa regi et primogenito in dedicationibus.

Item de indulgentia concessa in predicationibus.

Item quod colligationes in regno Anglie dissolvantur.

Item Gregorii pape decimi ut clerici negociatores moniti, non desistentes, perdant privilegium clericale.

Item contra clericos qui ducunt uxores et turpibus questibus intendunt.

Item de collatione beneficii vacantis in curia Romana facta per regem.

Item Nicholay pape tertii de prebenda Laudunensi collata per regem tempore regalium.

Item contra bigamos et viduarum maritos.

Item Martini pape quarti de amotione sententie quam legatus tulerat contra torneatores.

Item ut hereticis et appostaticis ecclesie aliquas [sententias qui] fugiunt non sit refugium.

Item Bonaficii VIII^{vi} declaratio constitutionis edite ne persone ecclesiastice prestent subsidia regibus.

Item contra clericos qui secreta regis aperiunt.

Item indulgentia pro corpore beati Ludovici.

Item de prebenda Remensi data per regem tempore regalium.

Item alia de eodem.

Item Clementis pape quinti contra falsarios monetarum regis.

Item facultas data Meldensi et Silvanectensi episcopis ut ad nominationem regis possint beneficia conferre sex clericorum regis resignare volentium aliis ipsius regis clericis.

Item quod non prejudicet regi quod marescallus pape exercet temporalem juridictionem in regno Francie.

Datum ut supra. In quorum testimonium sigillum meum presenti cedulle est appensum.

XXVI. (N. 301 et 445.)

Extrait des choses ottroiées par le pape, dont emolument puet venir pour convertir au proffit du saint passaige.

Premierement les disimes de toutes les rentes et revenues des benefices de sainte eglise jusques a vi ans a compter de la viie kalende d'aoust l'an cccxxxiii, ouquel jour le pape fist l'indication du general passage, a lever par toutes les parties du monde en Chrestienté selon la fourme du concile de Vienne. C'est assavoir, chascun an des diz vi ans, la moitié a la Chandelleur et l'autre moitié a la nativité saint Jehan Baptiste, exceptées les personnes et les biens de l'Ospital de Saint Jehan de Jerusalem et des autres ordres de chevalerie, et ces choses qui ensuivent ou [1] leurs modifications. C'est assavoir que en iceulx royaumes es quiez disime est ottroyé a certaines années, cestui disime ne sera levé jusques adonc que le terme du premier ottroy sera finé. Et adonc se commencera a lever par le temps qui demourra des vi ans tant seulement, si que en nul temps double disime ne sera levé par nulle des dites vi années, mais tant seulement ung disime; et seront levez les disimes des autres royaumes par les collecteurs du pape.

Item le pape a excepté les rentes et revenus des eglises et benefices de ceus qui, obtenue licence deue, iront oultre mer en la maniere qui s'ensuit.

C'est assavoir que le disime des deux premieres années d'autres personnes que des dioceses tant exempz comme non exempz qui iront oultre mer, si comme dit est, sera mis en depost chiez les diocesens, et le disime des diz diocesens des diz ii ans sera mis en depost devers les chapistres des eglises cathedraux pour ceulx qui feront le voiage et pour qui le

---

1. Ce mot se trouve dans fr. 2833, il manque dans lat. 12814.

depost sera fait, ou se il ne font le dit saint voiage pour estre convertiz ou profit d'icelui.

Item a ottroié le disime de tous les benefices du royaume, combien que il soient appartenans aux eglises dehors le royaume et des dioceses de Reinz et de Lyons, jasoit ce que iceux benefices soient dehors le royaume, a lever si comme autres foiz a esté acoustumé.

Item les lez, dons entre vifz ou derreniere volunté, poines, condempnations, penitances enjointes et toutes choses deues de xxxvi ans en ça au passage general ou aide et secours de la Terre Saincte, et qui seront faiz dedanz les diz vi anz par veu, promesse ou convenant, qui ne seront octroiez ou dispensez par le siege de' Romme pour certaines necessitez, exceptez aussi ceux que les legatoires et donneurs auront ordené et voulu que soient assignez a certaines personnes.

Item les lez non certains, laquelle non certaineté le Saint Pere declare en l'ottroy que il fait, c'est assavoir se aucune personne laisse c l., ou plus ou moins, a donner pour l'ame de lui ou a causes piteables, tel lez est non certain, combien que par l'ordenance de l'executeur du mort en peust estre ordené.

Item les anneulz, c'est assavoir les rentes et les fruiz des benefices du royaume de France de la premiere année que ilz vacqueront, exceptez les petitz benefices et la portion reservée aux curez selon la constitution *Suscepti regiminis* ; lesquiex annuex se commenceront a lever quant la besoingne du saint passage sera ordenée que il soit vraisemblable aux sages que, ou commencement de l'année ensuivant, l'on doye aler ou dit saint voyage et que il doye estre poursui, cessanz loyaus empeechemens, a lever tant seulement par les ans qui adonc demourront desdiz vi anz.

Item a ottroyé que les disimes, les anuelz, poines, les dons, condempnations et autres subsides, selon ce que ottroiez sont ou royaume de France, il fera cuillir et lever par tous les autres royaumes et terres de Chrestienté pour convertir en l'aide du saint passaige et de la Terre Saincte, excepté ceux qui ont esté despenduz pour la neccessité de l'eglise et dont il n'a esté ordené, si comme dessus est dit.

Item se du nombre de c personnes qui demourront pour la garde du royaume de France aucun fust astraint a faire le voiage par veu ou par croiz prise, il sera quitte du veu et de la croiz prise en donnant la moitié de ce que il despendroit se il fesoit le voiage, et aura plain pardon ; et les autres qui ne seront astrains a faire le voiage, et qui le feissent se le roy ne les feist demourer, y auront plain pardon en donnant la quarte partie de ce que il despendissent se il feissent le voiage.

Item a otroié aussi, comme pape Climent quart fist a ceux qui doneront la quarte partie de leurs rentes et heritaiges, se l'estimation de ces biens non meubles seurmonte la value de leurs biens meubles, et aussi a ceux qui doneront la disime, quinsime ou vintime partie de leurs biens meubles, se il seurmonte la value de leurs biens non meubles, pour le secours et aide de la Terre Saincte, tel pardon de leurs pechiez, desquiex l seront vraiz confez et repentanz, comme il fu ottroyé ou concille general.

XXVII. (N. **304** et **371**.)

Decime [1].

Edera habet decimam panis Parisius et Vicennis.

Salceya habet decimam vini Parisius et Vicennis, tam cellarii quam empti. Item apud Cachantum et Quarrerias, ut supra, per novam cartam. Item dicta Salceya et moniales de Gyffo equaliter decimam vini de cellario regis Parisius, tam garnisionis quam de vineis regis, ut in rotulo magistri hospitii viso ut supra.

Moniales Sancti Cirici decimam panis et vini apud Sanctum Germanum et Pissiacum.

Leprosaria de Corbolio decimam panis et vini apud Corbolium.

Leprosaria de Meleduno decimam panis et vini apud Meledunum.

Leprosaria de Moreto et de Corbuisson decimam panis et vini apud Fontembliaudi, Moretum et Samesium.

Moniales de Montgouçon decimam panis et vini apud Montemargi, prout in dicto rotulo magistri hospicii.

Moniales de Chaumontois et de Gandelou et leprosi de Lorriaco equaliter decimam panis apud Lorriacum.

Item dicti leprosi et moniales de Chaumontois equaliter decimam vini apud Lorriacum, cellarii et empti.

Moniales de Hospitio juxta Aurelianum decimam panis et vini apud Aurelianum.

Fratres de Capis et moniales de Valleprofunda et leprosi de Soysiaco equaliter idem apud Vitriacum.

Domus Dei de Evra medietatem decime panis et vini apud Evram.

Canonici Sancti Cornelii Laudunensis decimam panis et vini apud Laudunum.

Leprosi de Ambianis decimam panis et vini apud Ambianum.

Leprosi de Montedesiderii decimam panis et vini apud Montemdesiderii.

Leprosi de Roya decimam panis et vini apud Royam.

Moniales Sancti Johannis juxta Compendium decimam panis et vini apud Compendium, Bestisiacum, Verberiam, et etiam in foresta et apud Crucem Sancti Audoeni et Petramfontem, per cartam, prout in dicto rotulo.

---

1. Il ne s'agit ici ni des décimes ni des dîmes ecclésiastiques, mais d'un état des charges que le roi devait acquitter dans chacune de ses résidences en dons à des églises ou à des établissements de charité ou à divers officiers. Ces charges consistent en gratifications, et le plus souvent en « dîmes », c'est-à-dire en dons de la dixième partie du pain ou du vin consommés par le roi et son hôtel quand ils résidaient dans un des endroits indiqués. — Le texte de cette pièce est plus complet dans *Noster* [1] que dans les autres copies.

Moniales de Silvanectis idem apud Silvanectum. Item apud Montemmcliandi per cartam regis Ludovici, prout in dicto rotulo.

Prior de Vado Ulmi decimam panis et vini apud Castrumnovum super Ligerim.

Liberationes Silvanectenses quando rex est ibi ii s., viii d. per diem (alias vi d.). Partes : videlicet consergia vi d., matricularius Sancti Frambodi vi d., vinitarius vi d., capellanus vi d., granetarius vi d., prout in dicto rotulo; item summa in folio sequenti in prima parte [1].

Prior Sancti Germani in Laya pro liberationibus iii s. per diem, quando rex est ibi.

Prior Montisargi pro liberationibus iii s. per diem, quando rex est ibi.

Monachi de Breevalle decimam panis apud Breevallem.

Moniales Sancti Corentini et de Rosniaco decimam panis et vini apud Meduntam.

Leprosi de Claromonte in Belvacesio decimam panis apud Clarummontem, apud Villamnovam in Hecon et in castellania, item vini prout in dicto rotulo. Item iiii d. (iii d. solum, prout in dicto rotulo) per septimanam pro coquina. Item iios panes per diem vel duos denarios. Rex non tenet terram.

Leprosi de Credulio decimam panis apud Credulium et apud Sanctum Lupum de Cerens. Rex non tenet terram.

Moniales de Villarcellis decimam panis et vini apud Calvummontem in Vulcassino.

Liberationes Parisienses quando rex est Parisius : duo cellerarii (alias cancellarii) equaliter per diem xii d., magister carnificum vi d., magister carpentariorum vi d., cappellani iiii d., reclusa iiii d. Summa per diem ii s., viii d.

Leprosi de Albigniaco in Bituria decimam panis et vini apud Albigniacum.

Moniales de Pomeria decimam panis et vini apud Senones.

Fratres de Sarmesia, de ordine Grandimontis, decimam panis et piscium qui expenduntur in presencia regis apud Rupellam, Surgeras, Sanctum Johannem Angeliaci et Banaonem [2].

Fratres de Carta in Pictavia, de ordine eodem, similiter decimam panis apud Sanctum Maixentium et apud Niortum.

Expedita fuerunt hec in parlamento Assumptionis Beate Marie, anno Domini mo cco lxxiiiio quantum ad saisinam seu possessionem [3].

Moniales de Giffo et Salceya equaliter decimam vini de cellario Parisiensi tam garnisionis quam de vineis regis in cellario.

Leprosarii de Pulcroloco Carnoti debent habere in hospitio, quando dominus Carnoti jacet apud Carnotum, lx panes curiales vel xii d. t., xii

---

1. V. ci-dessous, p. 173, 17e paragraphe.

2. On lit dans fr. 2833 : Banoconem alias Banaonem.

3. Sur les droits reconnus aux prieurés de Sarmaise et de La Carte, v. *Actes du Parlement de Paris*, I, 331.

sextarios vini et xii d. t. in coquina, per cartam Theobaldi, comitis Blesensis, prout in dicto rotulo.

Moniales Sancti Remigii de Landis in Aquilina decimam panis et vini apud Sanctum Leodegarium in Aquilina.

Capellanus Sancti Vincentii Aurelianensis xviii d. per diem quando rex est ibi.

Capellanus regis de Boscocommuni xii d. per diem.

Presbiter de Habundiis apud Fontembliaudi vi d. per diem.

Leprosi de Gournayo in Kaleto decimam panis in toto Brayo, scilicet apud Gournayum, apud Feritatem, apud Sanctum Laurentium de Bellobecco, apud Gaillefonteine, apud Belosanne, prout in dicto rotulo. Non habent litteras regis, sed elemosinarius precepit quod haberent in perpetuum mercurii ante Sanctum Matheum apud Arth[ias] anno mo cco lxxvo. Habent litteras Hugonis de Gournayo et confirmationem regis Anglie.

Moniales de Footello decimam panis et vini apud Montemleherici.

Prior de Flotanis apud Boscumcommunem decimam panis et vini.

Capellanus Boscicommunis pro liberationibus xii d. per diem, per cartam, et pro regina vi d., si sit sine rege.

Liberationes Compendii : capellanus castri ii d. per diem, granatarius vi d. per diem, duo matricularii de Sancto Cornelio equaliter xii d. per diem, serviens de molle vi d. per diem. Summa per diem ii s., ii d.

Moniales de Giffo decimam panis et vini apud Stampas et Castrumfortem, ut in dicto rotulo.

Leprosi Pontisare decimam panis et vini apud Pontisaram.

Capellanus regis de Pissiaco vi d. per diem.

Moniales Sancti Martini de Vinellis juxta Cathalonum decimam panis et vini quando rex est Cathalonis.

Moniales de Borrento decimam panis et vini apud Asnerias.

Moniales Nemosi apud Nemosum, Novummercatum et Foilleiam idem per cartam.

Moniales de Pontedominarum decimam panis et vini apud Creciacum et Crepicordium et Becumavis, per cartam. Item apud Villannovam Comitis per cartam novam, prout in dicto rotulo.

Liberationes Silvanectenses : consergia vi d., matricularius Sancti Frambaldi vi d., vinitarius [1] vi d., capellanus ii d. (immo vi d. et geolarius nichil per dictum rotulum), geolarius vi d., granatarius vi d. Summa ii s. viii d.

Item prout in dicto rotulo magistri hospicii regis viso in Camera xxiiii a martii cccxxviiio adduntur partes sequentes :

Moniales de Vicinis juxta Sanctum Agilum decimam panis et vini eisdem datam per cartam domini regis factam anno Domini mo ccco, mense julii, apud Sanctum Agilum, Montempipiavi, Bussiacum Sancti Liphardi, Magdunum et Chingracum.

---

1. Ms. : vinclarius; fr. 2833 : vinitarius.

Moniales de Barra prope Castrum Theoderici in Campania decimam panis et vini apud Castrum Theoderici, per cartam.

Sorores minores de Longocampo decimam panis et vini apud Longumcampum, quando rex est ibi vel regina aut primogenitus eorum, per cartam.

Moniales de Gomerifontibus decimam panis et vini apud Gisortium, Longumcampum et Mediamvillam, per cartam.

Capellanus domus regie de Lorriaco pro liberatione iii d. panis et dimidium sextarii vini, ii d. pro coquina et i taisam candele, et quando regina est sine rege medietatem liberationis.

XXVIII. (N. **337**.)

Gages des gardes des ports et de leurs hommes.

Monseigneur Mahy de Varennes en l'an mcccxxiiii fu estably visiteur et garde des pors et passaiges es frontieres de la mer, de Honnefleu jusques au Mont Saint Michiel, et y ot vii chevaliers et vi^xx iii hommes d'armes de environ le xxe jour d'aoust jusques a environ le xxe jour de novembre ensuivant par plusieurs jours contenuz en son compte, a vii s., vi d. t. pour chascun homme d'armes. Et avec ce mist au chastel de Cherebourc xx sergens de pié, et au chastel de Gavray x sergens, pour chascun xii d. t. par jour, iii^m viii^c xlvi l., xv s. t., et pour les despens cotidiens du dit monseigneur Mahy a xxiiii chevaulx et xxxii personnes, du ve jour de juillet cccxxiiii° jusques au xxve jour de novembre ensuivant, par vii^xx iiii jours, qui font environ ci s., ii d. t. par jour, vii^c xxix l., viii s. t.

Somme toute iiii^m v^c lxxvi l., iii s. t. [1].

Le connestable monseigneur Raoul, conte de Eu, en l'an mcccxxiiii fu establi semblablement es autres pors, c'est assavoir de Leure jusques a Calays, a cent hommes d'armes.

Premierement pour les gaiges du dit connestable par lx jours lx s. t. par jour, ix^xx l. t.; pour deux bannerez, a chascun xxx s. t. par jour, ix^xx l. t.; pour xv bachelers, a chascun xv s. t. par jour, vi^c lxxv l. t.; pour iiii^xx ii escuiers, vii s., vi d. t. par jour, xviii^c xlv l. t.

Somme ii^m vii^c iiii^xx l. t.

Item pour les gaiges de quatre autres chevaliers et viii escuiers qui furent a la garde du Chief de Caulz avec aucunes des gens du dit con-

---

1. Quelques-uns des comptes dépouillés par l'auteur de ce relevé et des suivants ont été inventoriés par Robert Mignon, entre autres celui-ci, qui, dans l'édition sous presse de l'Inventaire, porte le n. 2416. — Nous avons cru devoir rééditer ce document déjà publié (*Historiens de la France*, XXII, 773) parce que le texte est incomplet dans l'édition.

nestable, pour chascun chevalier xv s. t., et pour escuier vii s., vi d. t., ix^xx l. t [1].

Item pour les gaiges de cent hommes de pié par xxvi jours, chascun xv d. t. par jour, viii^xx [2] i l., x s. t.

Item pour euvres faictes ou dit port xxxvi l., vi s. viii d. t.

Somme iii^c lvii l., xvi s., viii d. t.

Somme toute par le dit connestable et ses gens iii^m ii^c xxxvii l., xvi s., viii d. t.

Item le dit connestable ordonna et estably lxxix hommes d'armes et xlvi arbalestriers a garder vi ports qui sont a l'abbé de Fescamp et au sire d'Estouteville, et ne leur paia riens.

En l'an mccccxxvi, en juillet, fu estably Mouton de Blainville a la garde des ports de la mer en la baillie de Caulx.

Pour le dit Mouton, ii autres chevaliers et xv escuiers, par certains jours, xxx s. t. pour banneret, xv s. pour bacheler, vii s., vi d. t. pour escuier, miiii^c xl l. t.

Item pour le sire d'Estouteville, le sire d'Osneval et le sire de Clere, bannerets, xiii autres chevaliers et liii escuiers ii^m ix^c lxx l. t.

Establies.

Le port de Leure, messire Jehan dé Turgoville, chevalier, et ung cheva- 'r, vii escuiers, xxv arbalestriers et lxxiii sergens, x d. t. pour chascun.

Le port du Quief de Cauls, monseigneur Jehan d'Anceny et ii autres chevaliers, xx escuiers et ix^xx et v que connestables que sergens.

Le port de Berneval en Caulz, Pierre de Lintot a iii escuiers et vi sergens.

Le port d'Estrutat, monseigneur Guillaume de Bueseville et i chevalier et vi escuiers.

Le port d'Ieuport, Richard de Criquebuef et i escuier et i sergent a cheval.

Le port de Fescamp, monseigneur Renault du Tour, chevalier, et iii chevaliers, xxix escuiers et xiii sergens.

Saint Pierre [en] Port, Richart de Bouquelon et i escuier.

Le port de Vouleites, messire Nicole de Hotot, chevalier, xiii escuiers et lxiii sergens.

Le port de Saint Valery, Raoul du Val, escuier, et v autres escuiers et xx sergens.

Le port de Veules, messire Thomas de Grasmenil, chevalier, et i escuier.

Le port de Dun, monseigneur Estout de Tronchet, troys escuiers et i sergent.

Le port de Saenne, Jehan Martel et deux escuiers.

Le port de Poutrinville, Watequin de Pons, escuier, et iii sergens.

1. Ms. : vii^xx xvi l. t.
2. Ms. : vii l.

Tresport et Criel, messire Nicolas Malemains et ii chevaliers et ix escuiers.

Somme des establies : xvii chevaliers, cvi escuiers, xxv arbalestriers et iiie lxv que sergens que connestables.

Mariniers : Guillaume Godeffroy, garde de l. mariniers.

Somme toute par le dit Mouton ixᴹ xiᶜ xxxi l., xvi s., iiii d., ob. t.

En l'an mcccxxvi fu estably messire Guillaume du Merle a la mer et des frontieres de Normandie, de Honnefleu jusques au Mont Saint Michiel.

Le dit messire Guillaume, banneret, et xxxv autres chevaliers, cxiii escuiers, viᵡˣ xvii sergens.

Le chastel de Cherebourc, Robert de Fourmeville, sergent de pié, et xxvii sergens de pié.

Somme toute par le dit messire Guillaume xᴹ iiiiᶜ ii l., xii s., vi d. t.

L'establie de Calays : messire Thomas de Maubuisson et v autres chevaliers, xxvi escuiers et iiii sergens, iiiiᴹ cxxxvi l., xviii s., vi d. t.

Somme toute par lesdiz Mouton, messire Guillaume et messire Oudart xxiiiiᴹ [vᶜ] viiiᵡˣ xi l., vii s., iiii d., ob. t., sans restors de chevaulx et sans euvres.

XXIX. (N. **338-9**.)

C'est ce qui a esté prins sur le roi pour gaiges de barons et de chevaliers et de soudoiers estans en guerre pour le roy, par les comptes qui s'ensuivent.

Premierement par le compte monseigneur Charle, conte de Valois, du voiage de Gascoigne es ans mcciiiᵡˣ xiiii et xv, est trouvé que le dit monseigneur Charles, conte de Valois, ot pour sa personne et pour les gens de son hostel tous depens et tous fraiz.

Item, chevaliers bannerez : c'est assavoir monseigneur Gui de Laval, lui viiiᶜ de chevaliers et xxvii escuiers, fu retenu pour vᴹ viiiᶜ l. t. par an, qui font xv l., xvii s., vi d. t. par jour.

Item, plusieurs autres furent retenuz par certaines convenances, les ungs a iiiiᶜ l. t. par an, les autres a iiiᶜ l. t.

Item, par le compte maistre Jehan de Dammartin, de la guerre de Gascoigne, en la compagnie monseigneur le conte d'Artois, l'an mcciiiᵡˣ xvii et xviii, monseigneur Robert, conte de Bouloigne, fu retenu lui viiiᶜ de bannerez et xxv chevaliers simples pour xviₘ l. par an, c'est l [s.] pour le banneret par jour et xxv s. le chevalier simple.

Item, le dit monseigneur le conte ot iii chevaliers d'accroissement oultre le nombre dessus dit, chascun a xv sols par jour.

Item il y ot autres chevaliers chascun x s. par jour.

Item chascun escuier avoit v s. par jour, chascun gentilhomme de pié ii s. par jour, chascun sergent xii d. par jour.

Item plusieurs bannerez furent retenuz a iiii^c l. par an, qui font xxi s., xii d. par jour.

Item par le compte monseigneur Guy, conte de Saint Pol, de la guerre de Gascoigne, l'an mil cciii^{xx} xiiii et xv, le conte d'Armignac fu retenu lui iie de bannerez, ii chevaliers et lxi escuiers, desquelz escuiers xliii furent a couvertures par lviii jours au pris de xxiii l., xii s., vi d. par jour. C'est environ xxv sols pour chascun banneret et pour chascun chevalier simple xii s., vi d. et pour chascun escuier vi s., iii d., et plusieurs autres barons et chevaliers a semblables gaiges.

Item Garcie Arnault, escuier banneret, avec lui i chevalier simple et xiii escuiers par xxvi jours, et iiii l., ii s., vi d. t. par jour.

Item le viconte de Meleun, banneret, lui, vi chevaliers et xxi escuiers, fu retenu par iiii^m l. par an, qui font viii l., v s. par jour. C'est moins de x s. pour chascun chevalier, et pour chascun escuier de v s.

Item par le compte Girart Balaine de la dite guerre de Gascoigne de l'an ii^c iiii^{xx} xvii et xviii, monseigneur Oudart de Maubuisson, capitaine de Saint Emelion, de Fronssac et de Guystres, ot l s. par jour pour sa personne, et pour ii chevaliers x s. par jour, pour chascun sergent a cheval v s. par jour, pour chascun sergent a pié xii d. par jour.

Item Roger Bernart, conte de Foix, ot pour sa terre garder x^x l l. p.; c'est par jour cix l., xi s., ix d.

Par le compte monseigneur Aubery d'Angerville, seneschal de Rouergue, chascun banneret ot par jour xx s., chascun chevalier simple x s., chascun escuier a couverture et souffisament monté xii s., vi d., chascun escuier non souffisament monté par jour v s., chascun arbalestrier de cheval vii s., chascun escuier de pié ii s., chascun sergent de pié xii d., le maistre des engins iii s., vi d., chascun charpentier et chascun maçon ii s. par jour, et aucuns ii s., vi d., et aucuns iii s.

Par le compte monseigneur Jacques de Saint Pol du voiage de Flandres l'an mil ccc, le dit monseigneur Jacques ot tous fraiz et tous despens.

XXX. (N. 340.)

C'est le nombre des gentilshommes qui furent en la garde de la marine avec monseigneur Guillaume Bertran l'an m ii^c iiii^{xx} et xv environ la saint Nicolas d'iver pour la guerre de Gascoigne [1].

Premierement le dit monseigneur Guillaume, lui quart de chevaliers et xix escuiers de son mesnage qui orent tous despens de bouche, robes, chevaulx et armures.

Item monseigneur Jehan de Faloise, garde des pors vers Mesie, du groign de la Dune et du Hable, li quart de armeures de fer, du dimenche

1. Cf. Ch.-V. Langlois, *Inventaire de Robert Mignon* (sous presse), n. 2399.

apres la saincte Katherine jusques au lundi devant Pasques flories, par xv sepmaines et i jour, xi s. t. par jour.

Item Enguerran de Villiers, garde des ports vers Saint Laurens, lui quart de armeures de fer, par le temps dessus dit, xi s. t. par jour.

Item monseigneur Robert de Perchie, garde des pors vers Arremanche, lui quart et comme dit est.

Item monseigneur Guillaume de Argoges, garde des ports vers Oestrehan, lui quart et comme dit est.

Item Richart de Cambray, garde des ports de Dyve, lui tiers d'armeures de fer, par le temps dessus dit, viii s. par jour.

Somme pour toute la garde dessus dite xlii armeures de fer.

XXXI. (N. 341.)

Ce sont les noms des gardes de la mer pour la guerre de Gascoigne et leurs gaiges prins sus le roy par le compte monseigneur Eustache de Torly, bailly de Caulz, a la Toussains m iic iiii^{xx} et xvi [1].

Premierement monseigneur Robert de Saint Pere, chevalier, garde des pors de Berneval, de Vassonville, de Poulley, de Mesnival, des autres ports environ, pour lui et son escuier, iic xix jours, x s. t. par jour.

Item monseigneur Hue de Verretot et monseigneur Jehan de Rogerville, chevaliers, gardes des pors du Chief de Caulx [2], de Leure et d'Estrutat, pour eulx et leurs escuiers, par iic xiiii jours, a chascun x s. par jour, comme dit est, iic xiii l.

Item monseigneur Pierre Noirepel, garde illec, viii s. par jour.

Item lxv arbalestriers, es ports de la garde du dit monseigneur Robert, du jeudi apres la Penthecoste jusques au premier jour de septembre, xv d. par jour pour chascun, et du premier jour de septembre jusques au jour de saint Climent, xii d. par jour.

Item iiii^{xx} arbalestriers es ports de la garde du dit monseigneur Hue de Verretot, par le temps et aux gaiges dessus diz.

XXXII. (N. 342.)

Notes sur les gages des soudoyers d'après les comptes des archives de la Chambre [3].

En la guerre de Lyon, l'an cccx, l'en print sur le roy par le compte monseigneur Ancel de Morgneval, pour chevalier banneret xx s. t., pour

---

1. Cf. Ch.-V. Langlois, *Inventaire de Robert Mignon* (sous presse), n. 2403.

2. Ms. : Calays.

3. La date « 1283 » a été induement indiquée ci-dessus (p. 63), d'après PP 109, comme la date de cette pièce : c'est celle du plus ancien compte qui s'y trouve mentionné; encore faut-il lire 1285, au lieu de 1283.

chevalier simple x s. t., pour escuier v s. t., pour sergent de pié xv d. t.

En l'an cccxv, en l'ost boueux, par le compte Renier Coquatrix, l'en print pour chevalier banneret xxx s. t., pour chevalier simple xv s. t., pour escuier vii s., vi d. t., et pour sergent de pié xv d. t. C'est assavoir du xxve jour de juillet cccxv jusques au derrenier jour d'aoust ensuivant, et du premier jour de septembre iii^c xv jusques au xviiie du dit moys, pour banneret xx s. t., pour simple chevalier x s. t., pour escuier v s. t., et pour sergent de pié xv d. t.; et ne vindrent ceulx de la Languedoc que ou temps des petiz gaiges et ne prindrent que petiz gaiges.

Sicut in compoto magistri Michaelis de Morgnevalle de exercitu Arragonie, anno m cc lxxxv^o [1], continetur in principio : Omnes milites existentes in exercitu habent per diem x s. t., armigeri cum equis coopertis vii s., vi d., armigeri cum equis non coopertis v s. t., lancerii iii s., vi d., pedites Francie et Tholose xv d. t., et pedites Navarre xii d. t.

Sicut in compoto Johannis Medici de exercitu Flandrie, a mense septembris cccxv^o usque ad xv^{am} diem novembris cccxvi^o, in principio continetur : Milites bannereti habuerunt xxx s. t., milites simplices et armigeri bannereti xv s. t., armigeri simplices vii s., vi d. t., nobilis homo ad pedem xxii d., ob. t., simplices servientes xv d. t.

Quilibet nobilis de societate domini Eustachii de Bellomarchesio, senescalli Tholose et Albigensis, in guerra Aragonie anno m cc lxxxv^o habuit vi s. p. per diem, quilibet serviens xii d. per diem, constabularius ii s. p. per diem.

Stipendarii equites pro dicta guerra habuerunt, per computum Guerini de Quarreriis, quilibet v s. p. per diem, stipendarii pedites quilibet xii d. per diem, bannifer vi d. per diem, constabularius ii s. p. per diem.

Stipendarii milites de Francia et de Tholosa pro Arragonia quilibet x s. t. per diem, scutifferi quilibet v s. t. per diem, milites et armigeri de senescallia Carcassonne quilibet vi s. p. per diem, valeti regis de hospicio ad arma cum equo quilibet v s. t. per diem, et sine equo iii s., ix d. t. per diem; eodem modo scutifferi qui erant cum domino rege et non erant de hospicio.

Pro guerra Vasconie comes xx s. t. per diem, banerius miles x s. t., simplex miles vii s., vi d. t., armigeri equites v s. t. per diem, et pedites quilibet xii d. t. per diem.

Dominus Adam de Cardonneto retentus fuit in guerra Flandrie de quodam computo magistri G. de Bosco et cantoris Milliaci anno [c] ccxix^o ad iii^m l. per annum, prout apparet per jura que debuit, ut in eodem compoto, de viii l., iiii s., iiii d., ob. pro una die; et per ordinationem miles banerius debebat capere per annum pro se iiii^c l., nisi alia gratia specialis ei fieret, milles simplex ii^c l. per annum, armiger c l., per annum; ita videtur, ut dicit Franciscus de Hospicio, quod fuit ipse vi^{us} miles cum xvi armigeris, qui faciunt dictas iii^m l. t.; unde

____
1. Ms. : lxxxiii.

miles banerius debet pro qualibet die ii d. pro pogneiis, simplex miles
i d.; ita videtur per pogneyas quod servierit per iiii^{xx} xvi dies, qui valent
ad pretium de viii l., iiii s., iiii d., ob. per diem, vii^c iiii^{xx} ix l.

XXXIII. (N. **348** et **685**.)

Hec sunt ordinata in regno Navarre per nos Johannem Pasté, decanum Carno-
tensem, et Hugonem de Viciaco, militem, reformatores dicti regni per domi-
num regem deputatos [1].

Primo, cum multi mesnaderii [2] essent in dicto regno et terra esset one-
rata multum, et etiam aliqui tenerent equos, aliqui non, nec poterat one-
ribus satisfieri, et ita rex non poterat bene serviri, secundum quod decebat,
et erat verecundum et dampnosum regi et terre, fuit ordinatum quod in
merinia Ripparie essent quinquaginta mesnaderii, in merinia Sangosse
quadraginta, in merinia Pampilone octoginta, in merinia Stelle sexaginta,
ultra portus viginti, qualibet mesnada xx l. tur.

Summa mesnadierorum ii^c, quorum nomina sunt in quodam rotulo
tradito magistris Compotorum [3].

Item ordinatum est quod cum contingeret aliquos de numero predictorum mori, quod ponentur alii ydonei loco eorum in fronteriis Castelle et
Arragonie, ut magis videbitur expedire, et faciant ibi moram suam.

Item, cum ab antiquo fuissent octo portarii [4] in Navarra, et post viso
quod sufficere non poterant, ordinatum fuit per consilium domini regis
Ludovici quondam, dum fuit ibi pro utilitate regis et regni, quod essent
sexdecim, et sic fuerit per aliquod tempus observatum, nunc vero sunt
quinquaginta et plus, ordinatum est quod restringatur numerus per gubernatorem de consilio judicum curie usque ad sexdecim de magis sufficienti-
bus, recepta de quolibet ipsorum ydonea cautione sub pena ii^c l., si con-
gat ipsum in officio derelinquere antedicto, non obstantibus litteris in
contrarium impetratis.

Item, quod, cum plures servientes armorum essent qui solvebantur in
regno, ad deonerandum terram fuit ordinatum quod duodecim solveren-
tur in terra, quorum nomina subsequuntur : Martinus de Naso, Michael
Vasconis, Ogerus de Monte Rodato, Arnaldus Sancii de Clarramanda,
Lobetus de Narbona, Petrus de Essartis, Johannes Lupi de Sandoa,
Johannes de Rossa, Arnaldus de Laissa alias Muissot, Bernardus de Sancto
Martino dictus Ychusto, Petrus d'Arieda, Johannes Ferabraz.

1. La mission de Jehan Pasté et d'Hugue de Vissac en Navarre date du début
du règne de Charles IV (Moret, *Anales del reyno de Navarra*, III, 322; Arch. nat.,
JJ 61 et 62; Bibl. nat., fr. 6539, 3). — Voir leurs instructions : Arch. nat., J 619,
n. 33, et un mémoire adressé par eux : *ibidem*, n. 35.

2. Sur les mesnadiers et l'organisation militaire de la Navarre, v. Brutails,
Documents des archives de la Chambre des comptes de Navarre, p. xxv et suiv.

3. Cf. n. **349**.

4. Sur ces fonctionnaires, v. Brutails, *o. c.*, p. xx.

Et pro Bernardo de Sancto Martino dicto Ychusto mortuo, Michael de Roncal, serviens armorum, filius Martini de Roncal, servientis quondam, ponatur.

Item, cum in curia Navarre essent iiii^{or} notarii ad vadia soluta, et sufficere non possent ad negotia pro populo, fuit ordinatum quod essent octo, videlicet Petrus Petri d'Esparça, loco Johannis Garsie de Stella, Michael Orticii de Miranda, Martinus Petri de Casseda, Petrus Lupi de Taissonar[1], ad vadia isti quatuor; sine vadiis iiii^{or} quorum nomina subsequuntur : Johannes Garsie de Stella, Johannes d'Unsua[2], Symon Garsie de Casa, Martinus Semeniz de Pampilona.

Item, cum reformatores, quando contingebat eos ad regnum predictum venire, vel gubernatores, qui pro tempore erant, petebant castra regia ab illis qui ea tenebant, vel ab sua loca tenentibus, reddere renuebant dicentes quod non tenebantur reddere nisi regi, et sic poterat esse periculum, fuit ordinatum quod illi qui tenent castra regia jurabunt, scilicet quilibet per se, quod bene et fideliter custodiet castrum sibi traditum in custodia pro rege, et quocienscumque a domino rege Navarre vel a reformatoribus ab eo in terra missis, seu a gubernatore fuerit requisitus, reddet castrum quod tenebit infra decem dies, iratus vel pacatus, sub pena in foro contenta[3].

Item hoc idem tenebitur facere successori domini regis, vel gubernatori, vel aliis ab eo missis.

Item tenebitur facere majorem residentiam, una cum uxore et familia, in castro quod tenebit, et si in dicto castro remanere non posset propter aliquem casum supervenientem, offeret locumtenentem domino regi, vel gubernatori, vel illis qui pro rege erunt in terra, cui dabit totam retinentiam integre, qui jurabit regi vel gubernatori seu aliis pro rege missis modo et forma predictis.

Item quilibet castellanus faciet jurare suum locumtenentem quod, quotienscumque a domino rege, vel a gubernatore seu a gentibus suis per ipsum in terra missis, fuerit requisitus reddere castrum, quod infra decem dies reddet castrum quod tenebit, salvo domino regi toto illo[4] quod in foro continetur. Et sic juraverunt plures qui nunc tenent castra, quorum nomina sunt scripta in quodam rotulo per manus notarii, cujus rotuli copia in rotulo[5] nominum mesnaderiorum continetur. Compellantur alii ad jurandum.

Item, cum castellanus de Sanchavarca teneatur custodire Bardenam regis, et sit valde dampnificata et destructa propter deffectum custodie, quia pauci erant custodes, ordinatum est quod castellanus dicti castri

1. Don du roi à ce personnage, à la demande des enquêteurs, en avril 1326 : JJ 64, n. 130.

2. Var. : Darsua. *Lire : d'Ursua —*

3. Les clauses de ce serment sont reproduites dans la pièce suivante (n. **349**), en tête de la liste des châtelains.

4. Mss. : totum illud.

5. Cette liste est transcrite dans la pièce n. **349**.

habeat decem homines et pro quolibet homine quinque kaficia tritici, et viginti solidos per annum ultra retinentiam consuetam, que est de decem hominibus, quinquaginta kaficiis tritici, et decem libris tur., et sic erit tota retinentia de viginti hominibus, centum kaficiis tritici, et viginti libris tur.; et habebit idem castellanus de calumpniis sexaginta solidorum decem solidos, et decimam partem de omnibus que vocantur borre [1].

Item est ordinatum quod nullus faciat ibi carbonem, nisi pro ferrariis regis Tutele, et si forte invenirentur aliqui Sarraceni portantes carbonem alibi, quod auferatur ab eis et sit medietas regi et alia medietas pro auferentibus.

Item dicti decem homines de novo prepositi in custodia dicte Bardene solvantur de emolumentis dictarum ferrariarum et recipiantur in castro una cum aliis, et juvabunt remanentes in castro et illi de castro eos in Bardena, si necesse fuerit.

Item, cum castrum d'Oro haberet majorem retinentiam quam deceret, fuit ordinatum quod dictum castrum habeat pro retinentia totius anni sexaginta solidos et xv kaficia tritici.

Item, cum in Bastida de Clarentia esset bajulus qui sexaginta libras anno quolibet habebat pro custodia, eam tamen custodire non poterat per se sine auxilio castellani Sancti Johannis de Pede Portus, ordinatum est quod dictus castellanus custodiat eam et habeat per annum xx libras.

Item, cum virtute compositionis inite inter dominum Ph., bone memorie quondam regem Francorum et Navarre, et ecclesiam Pampilonensem populetur civitas Navarrerie [2] et domus dentur censuales secundum quod in libro commissariorum ad hoc deputatorum continetur, pro utilitate regia fuit ordinatum quod in capitolio venderetur bladum et quod laboratores regis, ecclesie et nobilium qui adducunt bladum suum ad vendendum Pampilonam adducant ibidem et vendant, ut rex habeat minagium suum.

Item, cum dicti laboratores nondum sint assueti adducere bladum suum ad vendendum ad dictum capitolium et vadant aliqui fraudulenter ad villam, est ordinatum quod duo portarii, scilicet Petrus Michaelis de Senossiayn et Petrus Enneti de Salinis, vel alii quos ad hoc thesaurarius Navarre duxerit deputandos, custodiant ut non vendant ad villam, sed eos compellant venire ad dictum capitolium, qui quidem portarii habeant per annum decem libras tur., quamdiu regi placuerit.

Item, compellantur omnes laboratores ad veniendum ad dictum capitolium, exceptis illis qui se fecerunt secundum forum infanciones.

Item, cum nullus possit extrahere bladum extra regnum sine regis licentia vel gubernatoris, ordinatum fuit quod quicumque vellet extrahere extra

---

1. Var. : ovibus que vocantur boere.

2. Au sujet du repeuplement de la Navarrerie, saccagée pendant la guerre de 1277, v. Moret, *o. c.*, p. 424, et les chartes de Charles IV, accordées à la demande des enquêteurs (Arch. nat., JJ 62, n. 266, JJ 64, n. 411).

regnum emeret in dicto capitolio bladum et extraheret ubi vellet solvendo regi pro kaficio tritici sex denarios, scilicet pro signo quatuor et pro scriptura duos denarios una cum minagio, et pro kaficio ordei vel avene tres denarios, scilicet duos pro signo et unum pro scriptura.

Item, cum rex habeat anno quolibet in meriniis Sangosse et Pampilone redditus in blado, fuit ordinatum quod blada dictarum meriniarum, de villis circumvicinis et de villa Casalie, per laboratores, qui de die possent venire et redire ad domum, adducerentur ad dictum capitolium, et ibi venderentur quando videretur opportunum, et non daretur tracta quamdiu bladum regis venderetur, et quod ibidem venderetur et non alibi, ne fieret fraus quod sub nomine bladi regis bladum extraneum venderetur et extraheretur; et erit duppliciter utile regi.

Item Symon Martini de Roncal, abbas Baygorii et Petrus Lupi de Taissonnar fuerunt ordinati ad custodiendum capitolium et ad recipiendum dicta blada secundum quod in litteris super hoc eis traditis continetur; et cum laboratores solvant in pectis regis per xxᵗⁱ kaficia bladi unum kaficium servandum, dicti custodes habebunt illud kaficium.

Item, cum in civitate Navarrerie non sint furni, factus est unus et debet fieri alius, vel plures si de necessitate fuerit, ubi populatores dicte civitatis dequoquant panem suum et solvant pro kaficio vel pro quantitate quam dequoquant secundum quod solvitur in furnis Burgi Sancti Saturnini et Populationis Sancti Nicolai, vel secundum quod videbitur expedire.

Item fuit ordinatum quod repararentur balnea ut rex habeat tributum suum.

Item est ordinatum ut fiat carniceria ubi sint stalla ad vendendum carnes et pisces, in loco ubi videbitur magis expedire, de quibus rex habeat tributum suum et leztam.

Item fiant circum quodque castrum stalla ad vendendum panem et alias mercemonias modo et forma quibus sunt facta prope capitolium.

Item, visis privilegiis illorum de Burgo Sancti Saturnini et eorum supplicationibus, et privilegiis ecclesie, et auditis rationibus procuratorum pro rege, fuit ordinatum quod popularetur pars illa que est de Sancta Cecilia usque ad Burgum sicut populatur alia pars civitatis Navarrerie. Hoc idem de platea illa que est inter castrum et murum Populationis Sancti Nicholai.

Item est ordinatum quod fiat juderia in platea assignata Judeis secundum quod est incepta, et sint domus censuales secundum quod in commissione super hoc facta latius continetur; et debent in clausura dicte juderie poni mille et quingente libre tur. in quibus Judei Pampilone fuerunt condempnati pro facto Samuelis Abbadian.

Item fiat ibidem carniceria pro Judeis.

Item fiat alcazaria ubi Judei vendent mercimonias suas.

Item fiat ibi furnus pro Judeis de quo rex habeat tributum suum.

Item fuit ordinatum quod rex haberet molendinum prioris Pampilone pro equali recompensatione, ubi illi de Navarrerie venirent ad molendum; fiat de illo vel de alio pro utilitate regis.

Item fuit ordinatum quod omnes domus et habitatores extra muros Burgi Sancti Saturnini et Populationis Sancti Nicolai sint de jurisdictione civitatis Navarrerie et respondeant coram alcado et preposito dicte civitatis, ut solebant antequam destructio fieret.

Item est ordinatum quod admiraldi Burgi Sancti Saturnini et Populationis Sancti Nicolai, qui pro tempore fuerunt, qui noluerunt computare de homicidiis, calumpniis et emendis et aliis juribus regis, compellantur ad computandum.

Item est ordinatum quod nullus officialis regis teneat tributum regis, et si teneat, quod amoveatur sibi, eo quod, cum sint tributa, et officiales offerunt aliquid, nullus est ausus plus offerre.

Item cum in castris regis essent munitiones armorum et aliarum rerum secundum quod in inventariis super hoc factis antiquitus continebatur, et nunc multa castra sunt ubi munitiones nulle sunt, fuit quesitum a thesaurario ubi erant inventaria antiqua, qui respondit quod thesauraria de Thebis fuit disrupta : queratur ab eo per quem.

Item, cum nullus possit extrahere vinum de regno sine regis licentia vel gubernatoris, et dato quod gubernator det licentiam, nichilominus merini, submerini vel eorum gentes acceperint ab illis qui extrahunt vinum, quolibet de pondere duodecim denarios, et quandocumque duos solidos, alias plus, nec aliquid convertitur in regni commodum per compotum merinorum nec aliorum, ordinatum est quod quicumque velit extrahere vinum extra regnum solvat de quolibet pondere xii denarios regi pro signo in capitolio civitatis Navarrerie, et inhibeatur merinis ne plus exigant, nec patiantur ab aliquibus exigi, et si faciant contrarium, compellantur merini de proprio solvere, vel compellant exigentes.

Item ordinatum est quod Ezmelus d'Ablitas [1], judeus Tutelle, illas centum libras quas debet annuatim solvere regi pro pecta, per privilegium, solvat pro se quolibet anno, non cum pecta aliame Tutele.

Item, cum Judei Navarre dederint regi in jucundo suo adventu xv^m libras solvendas in quinque annis, ordinatum est quod dictus Ezmelus non computetur cum aliis, sed solvat ad partem secundum quantitatem bonorum suorum, quia bene potest solvere ii^m l.

Item, cum predicti Judei Navarre nolint solvere dictas xv^m l. secundum taxationem pecte sed secundum facultatem cujuslibet, ordinatum est quod thesaurarius, abbas de Lerin et dompnus Michael de Moza recipiant patronos dictorum Judeorum et sciant veritatem de valore, ut possint exigi dicte xv^m l. a Judeis predictis; et illud quod in patronis non posuerint confiscetur domino regi, et scribant domino regi vel Camere Compotorum. Queratur a thesaurario quid de hoc sit factum.

Item ordinatum fuit quod Judei vadant ad antiquas juderias ad morandum, exceptis illis qui populant juderiam Navarrerie et Pampilone. Alii

---

1. Ce personnage appartenait à une famille de riches banquiers de Tudèle, les d'Ablitas ; il a joué un rôle considérable au milieu du xive siècle (Brutails, *o. c.*, 114 et 131.)

vero qui in antiquis juderiis commode morari non poterunt, quod habeant loca separata de christianis, et assignentur eis per dictos thesaurarium, abbatem de Lerin et dompnum Michael de Moza in villis de Gardia, de Vianna, de Arcubus, de Olite et de Castellione prope Sangossam.

Item, est ordinatum quod omnes Judei et Sarraceni Navarre vadant ad molendum ad molendina regis, si rex habeat molendina in locis ubi ipsi commorantur, vel si habere contingerit in futurum.

Item cum secundum forum de Argueda nullus possit facere molendina in aqua cabdale sine licentia domini regis, fuit finaliter ordinatum quod tahone et molendina de Argueda que sunt in Ybero et terminis de Argueda confiscarentur. Queratur a Michaele Orticii notario sententia.

Item consilium de Caparroso emit terminum de Costoilleta quem tenere non potest sine pecta; processus est super hoc factus; non restat nisi quod feratur sententia : informetur et mittatur gubernatori ut eam proferat et exequatur.

Item ordinatum est quod predictum consilium compellatur solvere pectam de roturis quas fecit in Bardena una cum dampno nemori facto.

Item sententia lata pro illis de Monteregali per dominum Alphonsum, gubernatorem, super causa pastorellorum contra procuratorem est adnullata, quia inquesta fuit facta procuratore absente, et est ordinatum quod iterato fiat inquesta, vocato procuratore.

Item in causa super jura patronatus ecclesie de Lanz testes fuerunt citati; aliqui non comparuerunt; fuerunt imperati ratione contumacie; possunt pati imperantiam annum et diem. Ordinatum est quod, transacto anno et die, vel si ante venerint, quod gubernator faciat ipsos examinari, quibus examinatis mittat domino regi totam informationem quam scire poterit in causa predicta, ut fiat quod fuerit faciendum.

Item, cum causa fuisset mota inter procuratorem regium et consilium de Lanz super nemoribus coram reformatoribus aliis in terra missis, et fuisset lata sententia pro rege, non obstante dicta sententia consilium scinderint ligna in dictis nemoribus usque ad valorem duorum milium librarum in dampnum regis, compellantur ad restituendum dampnum regis et ad emendam faciendam.

Item, cum rex ordinasset in novo adventu suo quod omnes officiales remanerent in officiis quousque de eorum gestu sciretur, nichilominus dominus Alphonsus de Rouvreyo, gubernator, sine causa, amovisset sigillum regium Pampilone a Johanne Petri d'Undiano [1], burgensi Pampilone, nosque sciverimus de gestu ipsius et invenerimus quod ipse et predecessores sui bene et fideliter servierunt domino regi, ordinatum est quod restituatur sibi sigillum.

Item est ordinatum quod Michael Petri de Elcano, scutifer, pro bono servicio quod fecit domino regi et nobis in negocio regis, habeat unam mesnadam viginti librarum de primis in merinia Sangosse cum aliquem mesnadariorum mori contingerit; fiat super hoc littera regis.

1. Var. : Dividiano. — Sur Martin d'Undano voir : Arch. nat., J 619, n. 33.

Item, quod Garsias Petri de Arbeyca pro bono servicio quod fecit domino regi habeat unam mesnadam viginti librarum de primis, si aliquem mori contingerit in merinia Stelle; fiat sibi super hoc littera regis.

Item, quod Martinus de Casseda, notarius curie, pro servicio quod domino regi fecit et nobis in negocio regis in Navarra, veniendo Tholosam et in Franciam, habeat viginti kaficia tritici anno quolibet in merinia Sangosse; fiat super hoc littera regis.

Item Michael Martini de Eschalar, armiger, pro bono servicio quod Martinus Martini, pater ejus, fecit domino regi, habeat unam mesnadam viginti librarum de primis cum in merinia Pampilone vacare contingerit.

Item Oudinus de Blandiaco, armiger, pro servicio quod fecit domino regi, habeat unam mesnadam viginti librarum de primis que vacaverint in merinia Ripparie, et quia castrum de Funis, quod ipse tenet in custodia, est versus fronteriam Castelle et habet modicam retinentiam.

Item, quod Lupus Petri de Aynoa, custos domus regie Pontis Regine, habeat custodiam aque dicti loci inter molendinum subtus pontem et aliud molendinum supra pontem, prout custodes dicte domus predecessores sui habuerunt.

Fiant isti articuli in ordinatione contenti prout sequitur :

Primo, super xi⁰ articulo ordinationis facte per nos reformatores de castro de Sanchavarca et de custodia Bardene, quod castrum tenet Lobanerius de Salha, quia non est utile quod dictus Lobanerius teneat dictum castrum, est ordinatum per nos reformatores antedictos quod Matheus dictus Saillembien, scutifer, teneat dictum castrum.

Item, super xv⁰ articulo ordinationis predicte de Bastida Clarentie, quam debebat custodire castellanus de Sancto Johanne pro xx l., et ille qui modo tenet eam habet lx l., servetur ordinatio non obstantibus litteris in contrarium impetratis.

Item super xvi⁰ articulo cum nobiles et religiosi concordassent quod laboratores sui defferrent blada sua ad vendendum in capitolio, et non faciunt : quod inducantur per gubernatorem secundum quod discretioni sue videbitur faciendum.

Item, super xxii⁰ articulo : quod compellantur laboratores qui sunt extra muros Sancti Saturnini et Populationis Sancti Nicolai venire ad decoquendum panes suos ad furnum regium qui est in Navarreria, cum sint de juridictione dicte Navarrerie, nec gaudere debeant privilegio illorum de Burgo et Populatione, secundum quod nos reformatores alias mandavimus.

Item, super xxxvi⁰ articulo de munitionibus castrorum, cum ad hoc thesaurarius dicat thesaurariam fuisse ruptam, dicat a quo.

Super xl⁰ articulo de xvᴹ libris que debebant poni in castro Pampilone, sciatur quid sit factum.

Item, super dicto articulo de patronis Judeorum quid sit actum, nam si diligenter fuisset executum negotium, dedissent Judei magnam quantitatem libenter antequam sciretur veritas valoris bonorum suorum, ut alias, quando dederunt II^m l. : compellantur per gubernatorem ad faciendum dictos patronos et sciatur utrum sint veri.

Item, quia Petrus Petri de Esparça[1], notarius curie, diu servierit et sit antiquus, ita quod curiam sequi non potest, ordinatum est quod, si velit vadia dimittere, gubernator assignet sibi in aliquo loco competenti ad vitam xx kaficia tritici mensure Pampilone, et dicta vadia det et assignet Michaeli Orticii de Miranda[2], ejusdem curie notario, pro bono servicio quod fecit domino regi et nobis reformatoribus antedictis et cotidie facere non cessat in curia; et si dictus Petrus Petri ipsa vadia dimittere noluerit, dicta viginti kaficia det et assignet eidem Michaeli Orticii habenda et percipienda annuatim in quodam loco competenti, quousque sit sibi de vadiis dicte notarie provisum, super hoc quod fecerit suas litteras concedendo, per regem postmodum confirmandas.

Item, cum procurator regis propter multitudinem aliarum causarum non possit aliquando in negotiis regiis audiri, ordinatum est quod audiatur in qualibet septimana die mercurii, et sic erit utile regi et non impedientur alie cause.

Item fiant ista in Navarreria secundum quod discretioni gubernatoris videbitur faciendum.

Primo, quod fiat quedam coopertura prope domium Michaelis Boucheta, que exeat usque ad duos vicos majores, et quod ibidem fiant decem tabule carnicerie, videlicet in quolibet vico quinque tabule; et subtus dictam cooperturam quod descendant piscamina que ad villam Pampilone veniunt et quod ibidem vendantur ; et erit fructuosum regi.

Item, quod sigillum regium quod est in Burgo Sancti Saturnini Pampilone, quod non valet Lxx libras, custodiatur in tabula capitolii regis, et quod notarii qui scribunt ad dictum sigillum habeant in dicta tabula sedes suas ubi scribant, et ita erit utile regi quia plus habebitur de sigillo; et quod sit certus numerus notariorum secundum rei exigentiam.

Item, quod nulle littere Judeorum que sunt ultra datam septem annorum ponantur executioni, et quod a dictis datis citra debitores in eisdem contenti compellantur revocare litteras predictas, vel secundum quod gubernatori videbitur faciendum.

Item, quod balnea reparentur de quibus debentur per annum c solidi usque ad decem annos; et debebant ipsa balnea reparare suis sumptibus et expensis, et in fine dictorum decem annorum debebant dicta balnea reparata dimittere domino regi. Accipiantur c solidi, si possint haberi, vel reficientur.

Item, quod census Navarrerie qui debentur per populatores colligantur sive leventur per custodes capitolii sive per collectores reddituum et non per portarios, quia aliter bone gentes ibidem populate destruerentur per portarios.

<hr>

1. Var. : Esperita.
2. Sur ce personnage, v. Brutails, *o. c.*, 39.

Item, cum mercatum illorum de Navarreria fuerit datum eis die sabbati, et Judei qui habent vendere plus quam alii et facere mercaturam habeant illa die festum, et sic mercatum non possit congregari, quod mutetur ad diem jovis et fiat in platea que est ante domum ordinis predicatorum, et circum quodque castrum regium.

XXXIV. (N. **359** et **360**.)

Tenor cedularum parlamenti quas debent habere procuratores regii Lingue Occitane pro vadiis suis habendis per receptores locorum suorum, existendo in parlamento Parisius, et eundo et redeundo ad partes suas, de x s. t. per diem ultra vadia sua ordinaria de III s. t. per diem, que percipiunt ratione dicti officii procuratores in locis suis.

Anno Domini M° CCC° XXVII°, die lune post festum Beati Gregorii, scilicet XIIII° die marcii, presentavit se in parlamento presenti magister Petrus de Gardia, procurator domini regis in senescallia Agenensi, pro negociis domini regis dicte senescallie, et remansit in dicto parlamento pro dictis negociis usque ad primam diem julii inde sequentem computantem ; et sunt ibi CX dies sine veniendo et redeundo. God. Et signatur in Camera Compotorum per aliquem de magistris clericis sic : « Vos, receptor Agenensis, solvatis dicto magistro P. pro dictis CX diebus et pro XXIIII diebus veniendo et redeundo, qui faciunt in universo VI^{xx}XIIII dies, X s. t. per diem, ultra vadia sua consueta LXVII l. t. Scriptum II° die julii CCCXXVIII° ».

Le procureur de Poitou prent pour venir et pour aller pour XII jours.

Le procureur de Xainctonge pour XVI jours.

Le procureur d'Auvergne pour XII jours.

Le procureur de Caours pour XX jourz. Idem procurator hic et apud Petragoris. Similiter infra [1].

Le procureur de Tholose pour XXIIII jours.

Le procureur de Roergue pour XX jours.

Le procureur de Carcassonne pour XXX jours.

Le procureur de Beaucaire pour XXVI jours.

Le procureur de Pierregort pour XX jours.

Et de Caours ; idem procurator in eis. Supra similiter [2].

Le procureur de Lyon et de Mascon, qui n'est que une personne, pour XI jours.

Le procureur de la Marche pour XII jours. Is est procurator senescallie Lemovicensis [3].

Le procureur de Agenois pour XXIIII jours.

1. Ces deux derniers mots ont été ajoutés.
2. Même observation.
3. Cette dernière phrase est une addition.

Le procureur en la terre du duché d'Aquitainne, aquise l'an de grace мсссхxiiii, pour xviii jours.

Le procureur de Bigorre, de novel en parlement feni a la mi oust l'an cccxxiii, et avant resortoient a Tholose, pour xxx jours.

Procurator ballivie Turonensis, prout est in alio libro consimili, in fine istius capituli, pro vi diebus eundo et redeundo, prout fuit ad Ascensionem xxviii, ad Sanctos xxx, et ad Ascensionem xxxi.

Procurator Insulensis pro x diebus veniendo et redeundo, vi s. p. per diem [1].

XXXV. (N. **381**.)

Les noms de ceulx qui prennent gaiges par le compte de l'ostel du roy,
l'an cccxxxv [2].

Premierement le connestable xxv s. par jour, et xx l. par an pour mantel.

Les mareschaux et iiii autres chevaliers, a chascun xxiiii s. par jour, et x l. pour mantel par an.

Le panetier, l'eschançon, le queu, le seneschal de Champaigne, pour leurs services et leurs gaiges a chascune feste annuel, a chascun xxxii l., et x l. par an pour mantel.

Clers des requestes iii, a chascun ii s., viii d. parisis par jour, xii s. en parlement et x l. par an pour mantel, et restor pour palefroi x l., pour roncin viii l. et pour sommier viii l., quant li cas si offre.

L'aumosnier ii s., viii d. par jour, et x l. par an pour mantel.

Le souz aumosnier xix d. par jour, et x l. par an pour mantel.

Chapelains iii, chascun iii s., iiii d. parisis par jour, et x l. par an pour mantel, restor pour palefroi x l., et pour sommier viii l., quand le cas si offre.

Clers de chapelle iiii, chascun ii s., iii d. par jour, et x l. par an pour mantel.

Notaires xxxv, a chascun vi s. par jour, aus requestes, en parlement et a la court xix d., et x l. par an pour mantel, et restor pour palefroi x l., et pour sommier viii l., quant le cas si offre.

Le clerc de l'escurie vi d. par jour.

Varles tranchans vi, a chascun viii d. par jour, et c s. pour robe par an et restor pour cheval x l., quant le cas si offre.

Le tailleur du roy vi d. par jour et es besoignes du seigneur iiii s. par

1. Ces deux derniers paragraphes constituent une addition de la même main que les précédentes.

2. On doit rapprocher cette pièce du document relatif à l'hôtel du roi publié par M. Viard dans la *Bibliothèque de l'École des Chartes*, 1890, p. 265; cf. n. **347**.

jour, et pour son sommier hors et ans xii d. par jour, et c s. pour robe par an.

Le barbier xvii d. par jour, et pour son sommier vi d. par jour, et c s. pour robe par an.

Pierre Paumier xvii d. par jour, et pour son sommier xii d. par jour.

Huissiers de sale iiii, a chascun xix d. par jour, et c s. pour robe par an, et restor pour cheval x l., et pour sommier viii l., quand le cas si offre.

Portiers iiii, a chascun xiii d. par jour, et iiii l. pour robe par an, restor pour cheval viii l., quant li cas si offre.

Varles de vin xiii, a chascun xiii d. par jour, c s. pour robe par an, et viii l. pour restor de cheval, quant li cas si offre.

Varles servans de l'escuelle xviii, a chascun xiii d. par jour, et c s. pour robe par an, et viii l. pour restor de cheval.

ii chauffecire, c'est assavoir Thiebaut Marescot ii s., vi d. par jour, et Pierre Lampereur, a court xiii d., et avecques le seel a Paris ii s., vi d. par jour, et a chascun c s. pour robe par an.

Aliz du chief le roy ii s. par jour.

Le roy des ribaus xiii d. par jour, et iiii l. pour robe par an.

Le porteur de l'arbaleste le roy xiii d. par jour, et iiii l. pour robe par an.

Le varlet du confesseur xii d. par jour.

ii gaites, a chascun x d. par jour, et c s. pour robe par an.

Mestre Yve des pavillons, a court x d., et es besoignes du roy a Paris iiii s., et c s. pour robe par an.

Le cordonnier du roy x d. par jour a court, et es besoignes du roy a Paris iiii s. par jour.

Pierre d'Auviller, qui rant les vasseaux d'argent, ii s. par jour.

Menestrieux ii, a chascun xiiii d. par jour, et c s. pour robe par an, et viii l. pour restor de roncin, quand li cas si offre.

Sommeliers xii, a chascun viii d. par jour, et c s. pour robe par an.

Charretiers vi, a chascun iiii s., vi d. par jour, et xii l. pour restor de cheval, quant le cas si offre.

Le charretier des grans charrettes de la cuisine v s. par jour ; celi de de la chambre le roy...

XXXVI. (N. 444.)

Extrait d'un compte de Renier Coquatrix et de Thomas du Petit Celier. — Renseignements relatifs aux gages des gens de guerre.

Entre les debtes deues au roy par le compte Renier Coquatriz et Thomas du Petit Celier des gens d'armes qui furent es frontieres de Flandres lan cccxvii et cccxviii, ou titre qui se commance : « Autres deniers bailliez a plusieurs gens darmes qui ont a compter, lequel furent envoiez es dites frontieres avec monseigneur le conte d'Evreux lan cccxviii », est ainsi contenu : A monseigneur Guy de Chevreuse, chevalier banneret pour lui v^e de chevaliers et xv escuiers de sa compaignie, par lettre, iii^c iii l., xv s.

Cadunt pro vadiis ipsius militis bannerii xxx s. per diem, et iiii^{or} militum secum existentium xv s. pro quolibet per diem, et xv scutiferorum vii s., vi d. t. pro quolibet per diem, eundo de Albo Fossato, domo sua, pro ista guerra usque ad Attrabatum, ubi sunt lx leuce, vel circa, de distancia, per vi dies, morando ibi per ii dies, et redeundo ad dictam domum suam per vi dies, pro dictis vadiis dictorum xiiii dierum x l., ii s., vi d. per diem, de vii^{xx} l., xxxv s. t., ad quam summam ascendunt dicta vadia, deductis xx l., v s. pro juribus Constabularii et Thesaurarii istius guerre pro duabus dietis ad ipsos pertinentibus, et deductis vii s. pro pugneiis ad valletos Camere regis pertinentibus, videlicet ii d. pro bannerio et i d. pro milite simplice per diem, vi^{xx} l., xxiii s. t. Restat quod debet ix^{xx} ii l., xii s. t. monete cujus grossus turonensis valebat xii d. par., valens ad monetam nunc currentem vii^{xx} vi l. xix d. t. fortium.

XXXVII. (N. **460**.)

Ce sont les despens faicts pour le charroy qui vint a Paris de plusieurs baillyes par le commandement du roy, au mois de juillet MCCCXXVIII, pour cause de la guerre de Flandres.

LA BAILLYE DE SENS

Sainct Pere de Molesme la Fosse une charette, deux chevaux et un valet.

Le prieur de Dié et l'abbé de Regny une charette, quatre chevaux et un convers et deux valetz.

Le prieur du Pré deux chevaux et un valet.

L'abbaye de Molesmes un chariot, trois chevaux et deux valetz.

L'abbaye de Pontigny un chariot, trois chevaux, un convers et un valet.

L'abbaye de Roches deux chevaux et un valet.

L'abbaye de Quincy une charette, quatre chevaux et deux valetz.

Sainct Germain d'Auxerre et Sainct Marien un chariot, cinq chevaux, un convers et deux valetz.

Saincte Colombe de Sens un sommier et un valet.

Sainct Severin de Chasteaulandon un sommier et un valet.

Somme vingt sept chevaux, trois convers et treize valetz, et demeurerent a Paris par l'espace de treize jours, c'est assavoir depuis le ix^e jour de juillet, l'an mil trois cens vingt huict, jusques au xxiii^e jour dudit mois : pour les despens de trois convers et treize valetz, pour chacun convers dix huit deniers par jour, et pour chacun valet douze deniers par jour, et pour les despens de vingt sept chevaux, foing et aveyne nuict et jour, vingt deniers par jour pour chacun cheval, valent les personnes et les chevaux pour les treize jours dessusdictz quarante livres, douze solz, six deniers.

LA BAILLYE DE SENLIS

Sainct Vincent de Senlis et La Victoire deux chevaux et un valet.

L'abbaye de Longpont un chariot, six chevaux, un convers et deux valetz.

L'abbaye de Vaucery une charette, trois chevaux et deux valetz.

Sainct Jean des Vignes une charette, quatre chevaux et deux valetz.

Lannoy et Beaupré deux chevaux et un valet.

Sainct Germer de Flay une charette, quatre chevaux et deux valetz.

Sainct Quentin de Beauvais une charette, trois chevaux et deux valetz.

L'abbaye d'Auquans un chariot, cinq chevaux, un convers et deux valetz.

Sainct Symphorien de Beauvais une charette, quatre chevaux et deux valetz.

Sainct Cornille de Compiegne un sommier et un valet.

Saincte Marguerite de Liancourt et le prieur de Launoy une charette, quatre chevaux et deux valetz.

Le prieur de Genneville et Sainct Martin de la Garenne deux chevaux et un valet.

La ville et les habitants de Fresnoy en Beauvoisis une charette attelée de quatre bons ronsins, quarante jours a leurs despens.

Et demeurerent a Paris par l'espace de quinze jours : pour les despens de deux convers et de vingt valetz, pour chacun convers dix huict deniers par jour, et pour chacun valet douze deniers par jour, et pour les despens de vingt neuf chevaux, foin et avoyne nuict et jour, vingt deniers pour chacun cheval par jour, vallent les personnes et les chevaux par le compte dessusdict soixante six livres, quatre solz.

LA BAILLYE DE GISORS

Jean Angot et Gilles Paon une charette, quatre chevaux et deux valetz.

L'abbaye de Mortemer deux charettes, huict chevaux, un convers et quatre valetz.

Le prieuré de Sausseuse une charette, trois chevaux et deux valets.

Pierre Pacart un cheval.

La prieuse de Vernon
Guillaume de Poville } une charette, quatre chevaux et deux valetz.
Jeanne la Longue

L'archevesque de Rouen une charette, trois chevaux et un valet.

Jean de Trie et la maladerie de Gisors une charette, quatre chevaux et deux valetz.

La ville de Laigny au Perche une charette, cinq chevaux et deux valetz.

La ville de Breteuil une charette, quatre chevaux et deux valetz.

La ville de Verneuil une charette, quatre chevaux et deux valetz.

L'abbaye de Tyron une charette, quatre chevaux et deux valetz.

La ville de Rugles une charette, quatre chevaux et deux valetz.

La ville de Dameville, de Mantelon et Bretinoles une charette, trois chevaux et deux valetz.

La ville de Laigle
Guillot Puiquart } deux charettes, neuf chevaux et trois valetz.
Maistre Vallet

Et demeurerent a Paris par l'espace de quinze jours : pour les despens de deux convers et de vingt huict valetz, chacun convers dix huit deniers par jour, et pour les despens de cinquante neuf chevaux, foin et avoyne nuict et jour, vingt deniers pour chacun cheval par jour, vallent les personnes et les chevaux dessusdictz iiii^{xx} xvii l., iiii s.

LA BAILLIE DE MEAUX

L'abbaye de Rebez un chariot, quatre chevaux et deux valetz.

L'abbaye de Nostre Dame du Chage une charette, quatre chevaux et deux valetz.

L'abbaye de Reclus
Jehannin le Picart de Quincy } une charette, cinq chevaux, un convers et deux valetz.
Laurens de Cerneus.

Le doyen de Baye et le prieur de la Maison Dieu lez La Ferté Gaucher un chariot, cinq chevaux et trois valetz.

Le prieur de Peans
Le prieur de l'abbaye } une charette, quatre chevaux et deux valetz.
soubz Plancy

Jean Dethin
Demont le Potier
Jean Jardainne } un chariot, cinq chevaux et trois valetz.
Guillaume Odier
Guyot Maillon

La femme feu Gilles de Palic
Robert d'Avesne } un chariot, cinq chevaux et trois valetz.
Pierre Triboul

Le prieur de Chantemerle
Guillaume de Boissy } une charette, quatre chevaux et deux valetz.
Jacques de Cho[u]sez

Ils demeurerent a Paris par l'espace de treize jours : pour les despens d'un convers et de dix neuf valetz, dix huict deniers pour le convers par jour, et pour les despens de trente six chevaux, foin et avoyne nuict et jour, vingt deniers pour chacun cheval par jour, vallent les personnes et les chevaux dessusdictz lii l., vi s., v d.

ITEM D'ICELLE BAILLIE [1]

L'abbé de Lagny sur Marne un chariot, cinq chevaux et trois valets.

Le curé de Beauchery
Jean Cayn } une charette, quatre chevaux et deux valetz.
Pierre Maupensant

Sainct Pharon de Meaux une charette et deux valetz.

Et demeurerent a Paris par l'espace de dix jours : pour les despens de sept valetz, douze deniers par jour chacun valet, et pour les despens de treize chevaux, foin et avoyne nuict et jour, vingt deniers pour chacun cheval par jour, vallent les valetz et les chevaux dessusdictz xiiii l., xvi s., viii d.

LA BAILLIE DE VERMANDOIS

Le prieur de Lihons } une charette, trois chevaux et deux
Le prieur d'Encre et de Capy } valetz.

Sainct Martin au Bois une charette, quatre chevaux et deux valetz.

Sainct Crespin le Grand de Soissons un sommier et un valet.

L'abbaye d'Auguans [2] une charette, quatre chevaux et deux valetz.

Sainct Jean de Laon un sommier estoffé de somme, de malle et de bahu et un valet.

Sainct Remy de Reims un chariot, cinq chevaux et trois valetz.

Signy en Pertian un chariot, cinq chevaux et trois valetz.

Premonstré } un chariot, cinq chevaux et trois valetz.
Sainct Nicolas au Bois }

Foigny
Le censier de Sainct { un chariot, cinq chevaux et trois valetz.
   Crespin en Chiaye }

Nostre Dame de Soissons } un chariot, quatre chevaux et deux valetz.
Sainct Crespin le Grand }

Sainct Martin de Laon, une charette, quatre chevaux et deux valetz.

Vaucler } un chariot, quatre chevaux et deux
Le prieur de Sainct... en Basoche [3] } valetz.
Oudart Maquerel de Montco[r]net }

Et demeurerent a Paris par l'espace de douze jours : pour les despens de vingt six valets, douze deniers pour chacun valet par jour, et pour les despens de quarante cinq chevaux, foin et avoyne nuict et jour, vingt deniers pour chacun cheval par jour, vallent les personnes et les chevaux dessusdictz lx l., xii s.

---

1. On lit en marge au sujet des redevables qui composent la fin de cette liste pour le bailliage de Meaux : « Non tenentur ad dictas quadrigas servire suis propriis expensis prout superius, folio... »

2. On lit en marge : « alibi in baillivia Silvanectensi ».

3. Le nom du saint qui était sans doute illisible dans *Croix* est en blanc dans les mss.

LA BAILLIE D'AMIENS

Sainct Fussien au Bos
Sainct Jean d'Amiens — une charette, quatre chevaux et deux valetz.
Paraclin

L'abbaye de Dampmartin
L'eglise de Saumer au Bos — un chariot, cinq chevaux et trois valetz.
Loncvillers.

L'abbaye de Lisques — un chariot, trois chevaux et deux valetz.
Le prieur de Wast

L'abbé de Clery — une charette, quatre chevaux et deux valetz.
L'abbé de Lieudieu

L'abbé de Sainct Sauve de Monstreuil les la mer un sommier et un valet.

L'abbé de Cercamp — un sommier estoffé et un valet.
Le prieur de Ligny

Et demeurerent a Paris par douze jours : pour les despens de unze valetz, douze deniers pour chacun valet par jour, et pour les despens de dix huit chevaux, foin et avoyne nuict et jour, pour chacun cheval, vingt deniers par jour, vallent les valetz et les chevaux dessusdictz xxiiii l., xii s.

ITEM D'ICELLE BAILLIE

L'evesque d'Arras
Le chapitre — un chariot, cinq chevaux et trois valetz,
L'abbesse d'Estran

Et demeurerent a Paris six jours : pour les despens de trois valetz, pour chacun valet douze deniers par jour, pour les despens de cinq chevaux pour chacun cheval vingt deniers par jour, vallent les valetz et les chevaux dessusdictz lxviii s.

LA BAILLIE DE VITRY

Jean Potier
Colin le Boulenger
Le prieur de Chaudefontaine — un chariot, cinq chevaux et deux valetz.
Aubriet Avril
Perrot et Thevenot de Vouleines

Jehannot de Musemont
Les enfans Warnet de Furcy [1] — un chariot, cinq chevaux et deux valetz.
Girart Gaudin de Dampmartin
Jean Le Royer de Courtenault
La ville de Bailleval

1. Ms. : Futry.

L'abbé de Chartretes [1] Le Buef de Hurtemont La ville de Passavant	un chariot, cinq chevaux et deux valetz.
La ville de Cermontes Les eschevins de Saincte Mene- hould Le prieur de Coinsy La ville du Pont	quatre sommiers et deux valetz.
Nostre Dame de Vertus Garnier Paillart Le prieur de Loisy.	une charette, quatre chevaux et deux valetz.
Bertrand Fremin Thomas Fremin Tuechien de Beuvencourt Le Favier de Beuvencourt	une charette, quatre chevaux et deux valetz.
L'abbé de Chartouvre L'hosteliere de Brenne	une charette, quatre chevaux et deux valetz.
L'abbé de Sainct Yves de Brenne Le prieur de Comisy Le prieur de Venteloy	un chariot, cinq chevaux, un convers et deux valetz.
L'abbé de Sainct Crespin le Grand Giles Blancdoyen Colart le censier de Douchy la Ville	une charette, quatre chevaux et deux valetz.

Et demeurerent a Paris par treize jours : pour les despens de vingt valetz et un convers, pour le convers dix huict deniers par jour, et pour chacun valet douze deniers par jour, et pour les despens des quarante chevaux, pour chacun cheval, foin et avoyne nuict et jour, vingt deniers, valent les personnes et les chevaux dessusdictz LXI l., XII s., X d.

ITEM D'ICELLE BAILLYE

Morimont un chariot, cinq chevaux, deux valetz et un convers.

L'abbaye de La Chalade un chariot, cinq chevaux, un convers et deux valetz.

L'abbaye de Bailleval en Diolet un chariot, cinq chevaux, un convers et deux valetz.

Et demeurerent a Paris par l'espace de dix huict jours : pour les despens de trois convers et six valetz, pour chacun convers dix huict deniers par jour, et pour chacun valet douze deniers par jour, et pour les despens de quinze chevaux, pour chacun cheval, foin et avoyne nuict et jour, vingt deniers par jour, valent les personnes et les chevaux dessusdictz : XXXI l., XIX s.

1. Ms. : Chartrices.

LA BAILLIE DE BOURGES

L'abbé de la Prée une charette, quatre chevaux, un convers et un valet.

L'abbé de Nailhac une charette, trois chevaux et un valet.

L'abbé d'Ollivet Jean Sadon de la Charité	une charette, quatre chevaux et deux valetz.
Le prieur de Vaillon L'abbé de Varenne	une charette, quatre chevaux et deux valetz.
L'abbé de Chaillevel L'abbé de Bouziez	une charette, quatre chevaux et deux valetz.
Thevenin du Pont Le maitre (?) de Lourmetiaut	une charette, quatre chevaux et deux valetz.
Adenain de Sainct Aignan Guillaume Thomas de Sainct Aignan Hervot Rapis Melinne Mozelle	une charette, quatre chevaux et deux valetz.

Commaille Dyvoir une charette, trois chevaux et un valet.

La femme Gieffroy de Sainct Severin Perrot Brossin Oudenot Dobert	une charette, quatre chevaux et deux valetz.

Sainct Souplice de Bourges un sommier et un valet.

L'abbé de Macey un sommier et un valet.

Guillaume Nagot une charette, deux chevaux et un valet.

L'abbé de Sainct Satur Le prieur de Mazey	une charette, trois chevaux et deux valetz.

Et demeurerent a Paris l'espace de dix jours : pour les despens d'un convers et de dix neuf valetz, pour le convers dix huict deniers par jour, et douze deniers pour chacun valet par jour, et pour les despens de quarante un chevaux, foin et avoyne nuict et jour, vingt deniers par jour pour chacun cheval, valent les personnes et les chevaux dessusdictz XLIIII l., VIII s., IIII d.

ITEM D'ICELLE BAILLYE

Le prieur de Leurci le Bor Le prieur de Coulaingnes Le prieur de Chastillon Le prieur de Decise	ensemble une charette, quatre chevaux et deux valetz.
L'abbé de Sainct Lienart de Corbigny Le prieur de Sainct Sauveur Le prieur de Sainct Privey	une charette, quatre chevaux, un mulet et deux valetz.

Sainct Reverain
Le prieur de Guipy
Le prieur de La Montagne
Le prieur de Comeneigny } une charette, quatre chevaux et deux valetz.

L'abbesse de Nostre Dame de Nevers
Lorens de la Bise } une charette, quatre chevaux et deux valetz.

Et demeurerent a Paris par l'espace de huict jours : pour les despens de huict valetz, pour chacun valet douze deniers par jour, pour les despens de seize chevaux, foin et avoyne nuict et jour, pour chacun cheval vingt deniers par jour, valent les despens des valetz et des chevaux dessusdictz XIII l., XVII s., IIII d.

LA BAILLIE DE TROYES

L'abbé de Moustier Araine un chariot, cinq chevaux et trois valetz.

Moustier la Celle un chariot, cinq chevaux et trois valetz.

La ville d'Illes un chariot, cinq chevaux et trois valetz.

La ville de Chaourse un chariot, cinq chevaux et trois valetz.

La ville de Merry un chariot, cinq chevaux et trois valetz.

La ville de Ervy le Chastel une charette, quatre chevaux, et deux valetz.

La ville de Poilly une charette, quatre chevaux et deux valetz.

La ville de Troyes deux charettes, sept chevaux et quatre valetz.

Et demeurerent a Paris par l'espace de quinze jours : pour les despens de vingt trois valetz, douze deniers par jour pour chacun valet, et pour les despens de quarante chevaux, foin et avoyne nuict et jour, vingt deniers pour chacun cheval par jour, vallent les personnes et les chevaux dessusdictz LXVII l., V s.

ITEM D'ICELLE BAILLIE

L'abbesse Nostre Dame de Troyes un chariot, cinq chevaux et trois valetz.

La ville de Sainct Florentin un chariot, une charette, neuf chevaux et cinq valetz.

Et demeurerent a Paris par l'espace de dix neuf jours : pour les despens de huict valetz, pour chacun valet douze deniers par jour, et pour les despens de treize chevaux, vingt deniers pour chacun cheval par jour, vallent les valetz et les chevaux dessusdicts XXIIII l., III s., VIII d.

LA BAILLIE DE CHAUMONT

L'abbaye de Longuel un chariot, cinq chevaux, un convers et deux valetz.

L'abbaye de Morez un chariot, cinq chevaux, un convers et deux valetz.

L'abbaye de Mormant un chariot, cinq chevaux, un convers et deux valetz.

La terre de Sainct Urbain un chariot, cinq chevaux et deux valetz.

La ville de Bar sur Aube un chariot, cinq chevaux et deux valetz.

Les villes de Vaissy et de Ronnay une charette, quatre chevaux et deux valetz.

La ville de Bar sur Seyne une charette, quatre chevaux et deux valetz.

Les villes de Nogent, de Sary et de Pollengy une charette, quatre chevaux et deux valetz.

L'eglise de Sept Fontaine et d'Andelo une charette, quatre chevaux, un valet et un convers.

Les villes de Montigny, de la Ferté et de Ragicourt une charette, quatre chevaux et deux valetz.

Et demeurerent a Paris par l'espace de quinze jours : pour les despens de cinq convers et vingt un valetz, dix huict deniers pour chacun convers par jour, et douze deniers pour chacun valet par jour, et pour les despens de cinquante chevaux, foin et avoyne nuict et jour, vingt deniers pour chacun cheval par jour, vallent les personnes et les chevaux dessusdictz IIII^{xx} III l., XVII s., VI d.

LA VICOMTÉ DE PARIS

Saincte Geneviefve un sommier, un valet, une charette, quatre chevaux et deux valetz.

Sainct Martin des Champs deux sommiers, un chariot, cinq chevaux et quatre valetz.

Sainct Magloire un sommier garni de malle, de bahu et de somme.

Sainct Denis un chariot, cinq chevaux, deux sommiers et quatre valetz.

Sainct Germain des Prez un chariot, cinq chevaux et un sommier.

L'Hospital de Paris une charette, quatre chevaux et deux valetz.

Et demeurerent a Paris par l'espace de quatre jours aux despens du roy : pour les despens de quinze valetz, douze deniers par jour pour chacun valet [et pour les despens de vingt six chevaux, foin et avoyne nuict et jour, pour chacun cheval vingt deniers par jour, vallent les valetz et les chevaux dessusdictz IX l., VIII s., IV d.]

LA BAILLIE D'ORLEANS

L'abbé de Ferrieres en Gastinois un sommier estoffé et un valet.

Le prieur de Bonney un sommier et un valet.

Sainct Pere en Vallée de Chartres un sommier et un valet.

Et demeurerent a Paris par l'espace de quatorze jours : pour les despens de trois valetz, douze deniers pour chacun valet par jour, et pour les despens de trois sommiers, foin et avoyne nuict et jour, pour chacun sommier vingt deniers par jour, vallent les valetz et les sommiers dessus dictz CXII s.

LA BAILLYE DE ROUEN

L'abbé de Jumeges un chariot, quatre chevaux et deux valetz.

Et demeurerent a Paris par l'espace de six jours : pour les despens de deux valetz, pour chacun valet douze deniers par jour, et pour les despens de quatre chevaux, foin et avoine nuict et jour, pour chacun cheval vingt deniers par jour, vallent les valetz et les chevaux dessudictz LII s.

Pour vingt deux charettes de feurre pour faire litiere aus chevaux dessus dictz tant comme il furent a Paris, sept solz pour chacune charette, vallent VII l., XIV s.

Pour l'hostellage des chevaux dessusdictz XXIII l., XII s.

Pour les gages de Guillot Coulin et Jacquemart, chevaucheurs le roy, pour trente deux jours qu'ilz furent a Paris, pour faire prendre les estables et les hostelleries ou les chevaux du charroy furent hebergiez, avant ce que le charroy venist à Paris, et tant comme ilz y furent, trois solz a chacun par jour, vallent IX l., XII s.

Pour les gages de Faucon, chevaucheur, qui y fut quinze jours, quarante cinq solz.

Pour un aide qui leur aida pendant vingt jours, vingt solz.

Pour ferrer plusieurs des dictz chevaux, avant ce que ilz allassent en Flandres et pour appareiller plusieurs des dictz chariotz et charettes, VIII l., X s.

Somme des parties dessus dictes VII^c LXIII l., XX d. parisis.

XXXVIII. (N. 463.)

Sans date. — Ce sont les doubles sur les finances des acquests et les responces et declarations d'iceux.

Premierement. Il y a aucunes eglises qui ont acquesté plusieurs choses es lieux ou elles ont toute justice haulte, basse et moyenne, seules et pour le tout, assavoir se ilz doivent finer. — Ils ne fineront pas.

Item. Il y a plusieurs eglises qui ont acquesté en plusieurs lieux es quelz elles ont toute justice haulte, basse et moienne en commun avec autres seigneurs conjoinctement, assavoir mon se elles doivent finer ne comment. — Pour ce qui peult estre considéré et entendu en leur partie, ilz ne fineront pas, mais de ce qui peult appartenir a la portion des autres seigneurs compagnons ilz fineront.

Item. Il y a plusieurs eglises qui ont acquesté plusieurs choses es quelles elles avoient et ont justice moyenne ou basse, ou l'une d'icelles tant seulement ou fonciere, assavoir mon se elles doivent finer. — Ilz fineront se ilz n'ont haulte justice.

Item. Il y a aucunes eglises qui ont acquis plusieurs choses, lesquelles estoient tenues d'elles en censive, assavoir mon se elles doivent finer. — Ilz fineront se il n'y ont haute justice.

Item. Il y a plusieurs eglises qui ont acquesté surcens sur les censives, lesquelz estoient admortiz au roy, assavoir mon se elles doibvent finer des surcens acquestés. — Ilz fineront se ilz n'y ont haute justice.

Item. Il y a plusieurs eglises qui ont plusieurs choses acquesté d'autres eglises ou d'aucun estrange, lequel estrange les tenoit d'autres eglises qui tiennent en main morte, assavoir mon se elles doibvent finer de ce qu'ilz ont acquis des eglises. — Ilz ne sont pas tenus a faire finance.

Item. Il y a plusieurs eglises ausquelles plusieurs bonnes gens ont donné plusieurs choses, retenus a eux les usufruictz tout le cours de leur vie, et y a aucuns de ceux qui ont avec ce la prouvende de la dicte eglise, et aucuns en y a qui ne prennent rien des dictes eglises, assavoir mon se elles doibvent finer ne comment. — Quand le donneur sera mort l'en finera.

Item. Il y a plusieurs eglises qui ont acquesté plusieurs fiez desquelz il il y a trois seigneurs ou plus entre elles et le roy, assavoir mon se elles doivent finer. — L'en aura finances des eglises et non des non nobles [1].

Item. Il y a plusieurs eglises qui ont acquesté plusieurs choses tenues d'aucun prelat, pair de France, ou du seigneur de Coucy, qui les ont amorties, assavoir mon se elles doivent finer. — Se ilz n'ont congé du roy, ilz fineront.

Item. Il y a plusieurs eglises qui ont plusieurs choses acquesté, qui sont tenues en fief du dessus dict pair de France et d'autres seigneurs nobles, et baillent les dictes eglises hommes pour chacun des fiefz aux seigneurs, lesquelz hommes sont tenus de faire hommage et de aller es plaidz et faire les redevances du fief, et le peuvent forfaire, et aucunes fois est ordonné entre les parties que ilz ne les peuvent pas forfaire, et quand les dictz hommes sont mortz, les dictes eglises baillent un autre homme, et certaine quantité d'argent, ou nom de relief, assavoir mon se les dictes eglises doivent finer des choses dessusdictes. — Ilz en doivent finances.

Item. Il y a plusieurs eglises qui ont acquesté plusieurs choses tenues d'elles, et sont de telle condition, selon la coustume du pays ou autrement, que pour forfaicture elles doibvent venir aus dictes eglises, assavoir mon se elles sont tenues de finer. — Soient mis en souffrance tant que il en soit ordené par le Grand Conseil.

Item. Se les dictes choses viennent aus dictes eglises par forfaicture ou estraiere ou par cens non payez, assavoir mon se elles doibvent finer. — Ilz ne doibvent pas finer.

Item. Il y a plusieurs eglises ausquelles on a donné en ausmosne ou laissié certaine somme d'argent de rente a prendre sur certaines choses

---

1. Ce paragraphe ne se trouve que dans P 2288.

iusques a tant que elles soient assises et amorties ailleurs, assavoir mon se elles doibvent finer. — Ilz fineront maintenant; mais quand elles seront assises ailleurs, elles ne payeront point de finance, et de cette condition leur seront faictes lettres et convenances.

Item. Il y a aucunes eglises ausquelles aucuns prelatz, pairs de France, ont donné ou laissé aucunes choses, lesquelles les dictz prelatz avoient acquesté et estoient tenues de leur eglise, et ont voulu et ordené que les dictes eglises les puissent tenir sans faire finance, assavoir mon se elles doivent finer. — Ilz le peuvent faire sans finer, mais que ce soit es lieux ou ilz ayent haulte justice.

Item. Il y a plusieurs eglises qui ont plusieurs choses acquesté qui sont tenues de plusieurs seigneurs, lesquelz ont commandé ou peuvent commander qu'ilz les mettent hors de leurs mains, assavoir mon se elles doibvent ne comment. — Ilz ne seront pas quittes pour mettre hors de leur main, ainçois fineront, se ilz ne sont trouvés en saisine, et que les seigneurs n'y ayent leur main mise apres l'an et le jour passé.

Item. Il y a plusieurs eglises qui ont plusieurs choses acquesté, tenues de plusieurs haultz justiciers, ausquelz la forfaicture appartenroit, et non pas au roy, se aucun singulier les tenoit et se forfaisoit, assavoir mon se les dictes eglises doibvent finer. — Ilz fineront.

Item. Il y a plusieurs eglises, ausquelles on a laissé et donné en aumosne certaine quantité d'argent pour convertir en heritages, assavoir mon se les dictes eglises, des heritages acquestez dudict argent, doivent finer de l'estimation des fruictz de deux ans ou de l'estimation des fruictz de trois ans, considerée la teneur de la dicte commission. — Ilz ne fineront que de deux ans, car c'est reputé tiltre de don.

Item. Il y a aucuns non nobles qui ont acquesté depuis trente ans plusieurs fiefz qui sont tenus de nobles, et les ont acquesté de non nobles qui les avoient tenus par devant quarante ou cinquante ans ou plus, assavoir mon s'ilz doibvent finer. — Ilz fineront.

Item. Il y a plusieurs non nobles, lesquelz ont tenu tant par eulx comme par leurs predecesseurs fiefz nobles par l'espace de cinquante ans ou de plus, et depuis trente ans en ça ilz ont eschangé les dictz fiefz a un autre fief noble, aucunes fois fief pour fief sans argent et autres fois a retour d'argent ou d'autre chose, assavoir mon se ilz doibvent finer. — Ilz fineront s'ilz n'ont congé du roy.

Item. Il y a aucuns non nobles qui ont acquesté depuis le temps dessus dict fiefz nobles, et apres leur mort les usufruictz d'iceux fiefs viendront a un, la proprieté a un autre, par l'ordonnance du mort ou autrement, assavoir se ilz doibvent finer ne comment. — Ilz fineront et ensemble s'accordent, assavoir mon, combien chacun payera.

Item. Il y a plusieurs non nobles qui ont acquesté fiefz nobles depuis le temps dessus dict et les tiennent d'aucun pair de France, prelat ou autre, ou du seigneur de Coucy, et sont en leur foy, assavoir s'ilz doivent finer. — Ils fineront se ilz les ont acquis puis trente ans.

Item. Il y a aucuns nobles de par le pere qui vivent et ont vescu longtemps comme marchandz de draps, blés, vins et de toutes autres marchandises, ou comme gens de mestier, pelletiers, cordonniers, tailleurs de robes et ont acquesté depuis le temps dessus dict et ou temps que ilz vivoient aussy plusieurs fois, assavoir se ilz doibvent finer. — Ilz ne fineront pas.

Item. Il est contenu en nostre commission quant aux acquetz des non nobles, que se ilz tiennent les choses acquestées par eulx es fiefz ou arriere fiefz du roy a service moins competent, ou autrement appert la condition du fief estre empirée, ilz sont tenuz de finer, assavoir mon comment les causes dessus dictes doibvent estre entendues, car il y a plusieurs non nobles qui doibvent plain service de cheval, li autres doibvent de cour et plaiz, et li uns de ceux vivent comme nobles et sont aptes a porter armes, et li autres vivent comme marchands et ne sont mie aptes a porter armes, li autres sont bons clers et bons coustumiers et advocatz et pourroient bien conseiller le roy, assavoir mon se tous ceux sont tenus de finer, ou se les dictes clauses doibvent estre entendues tant seulement quant li dictz non nobles par convenance faicte en l'acquest du fief doibvent bailler pour eulx au seigneur, quand besoing sera, aussy noble et puissant homme comme estoit celuy de qui ilz l'avoient acquesté. — Tuit fineront li uns de plus, li autres de moins, selon ce que ilz sont plus ou moins chargiez de service.

Item. Il y a plusieurs non nobles qui ont acquesté depuis le temps dessus dict par achapt ou par retraict de plusieurs de leurs lignages qui les avoient tenus plus de quarante ans, et li aucun de ceux qui ont acquesté sont si pres du lignage qu'ilz doibvent estre hoirs du vendeur sans nul moyen, li autres ne doibvent pas estre leurs hoirs pour ce que il y a plusieurs prochains, assavoir mon se ilz doibvent finer. — Ilz ne fineront pas.

XXXIX. (N. 472.)

Instructions pour demander aide à cause de la guerre contre l'Angleterre [1].

Ceux qui sont ordonnez a aller par le royaume demander ayde pour la guerre doivent par vertu de leur pouvoir faire assembler en lieu convenables les nobles et ceux des bonnes villes, c'est a savoir les nobles en leurs personnes et ceux des bonnes villes par deux a trois ou quatre suffisans a tout pouvoir des autres accordé. Apres en celle assemblée lire la lettre que le roy leur envoye, laquelle leue, raconter brefvement et substantieusement comme le roy d'Angleterre, a son grand tort, faict celle guerre et comme elle touche chacun, et comment ilz sont tenus a y aider,

1. Ces instructions sans date sont-elles du temps de Charles IV (cf. Hervieu, *Recherches sur les premiers États généraux*, p. 177) ou du temps de Philippe VI (cf. Varin, *Archives administratives de Reims*, II, 586), c'est ce que nous n'avons pas les moyens de décider.

et les requiert qu'ilz y fassent ayde tel et souffisant comme le besoing en
est.

Item disent comme le roy nostre sire, qui y a mis et veult mettre sans
rien espargner, se fie de eux et voudroit leur bon estat et du pays, et y
appert, car, pour corriger et punir les griefz de ses officiaux, il a estably
reformateurs loyaux et sages, et voluntiers se passast de ayde demander se
par autre voye convenablement peult mettre sa guerre a fin.

Item descendre a l'especial et dire aux nobles que ilz enduisent leurs
hommes et leurs subjectz a ce que cent feuz fassent quatre sergens de pied
par jour au moins, jusques a demy an, et leur monstrer comme c'est
petite chose et que nulz ne s'en debvroit esconduire ne tenir a grevé, et
que le roy nullement n'y devroit faillir, et que pour ce il a suspendu a
lever tous subsides pour la guerre en leur terre, et de ce fassent les
demandeurs leur pouvoir par les meilleures voies que ilz pourront.

Item dire aux nobles qu'ilz se tiennent garnis d'armes et de chevaux
pour les avoir toute fois que on les demanderoit.

Item deffendre de par le roy les joustes et les tournois.

Item a ceux des bonnes villes demander telle ayde de sergens comme
dessus est dict, ou somme d'argent a la value, et les attraire a ce le mieux
qu'ilz pourront.

Item se ilz demandent lettres que tel subside ne leur tourne a prejudice
ou temps a venir, qu'on leur octroye.

XL. (N. 473.)

C'est l'estimation que l'armée d'Escosse se peut monter et ce qu'elle peut cous-
ter et des vivres et autres choses qui a ce sont necessaires[1].

Premierement xii[c] hommes d'armes, desquels les LX seront bannerez,
prenant chacun homme XX s. t. par jour, et xii[c] chevaliers sans bannieres
a X s. t. chacun chevalier par jour, et ix[c] escuiers a V s. t. chacun par
jour, montent par jour iiii[c] V l. t.[2] ; et pour un mois de trente jours
xii[M] vii[c] X l. t. ; et pour six semaines de XLV jours monteroient

---

1. Cette pièce, dont la perte a été longtemps regrettée, n'a, depuis Du Cange ,
été utilisée par personne ; nous l'avons signalée récemment à M. de la Roncière
qui l'a citée dans son *Histoire de la marine française* (Paris, 1899, in-8), I, p. 391.
La date doit en être cherchée entre 1336 et 1338; car, en 1336, David Bruce
était à la cour de France pour implorer le secours de la France, et, en 1338,
une expédition partit pour l'Écosse sous le commandement d'Arnoul d'Aude-
neham, plus tard maréchal de France (Froissart, liv. I, part. I, ch. LXXXV, an.
1338). — Comparer les comptes de Barthélemy du Drac et de Jean de Cangé,
récemment acquis par la Bibliothèque nationale (nouv. acq. fr., 9237).

2. Somme erronée ; mais c'est cette somme qui a été multipliée dans les calculs
qui suivent.

xviii^m ii^c xxv l. t. ; et pour trois mois xxxvi^m iiii^c l. l. t. ; et se il y prenoient les grands gages qui sont xxx s. t. pour banniere et xv s. t. pour chevalier sans banniere et vii s., vi d. t. pour escuyer, monteroient pour les trois mois liiii^m vii^c l l. t. ; et est la creue du tiers.

Item xx^m sergens a ii s. t. chacun par jour, montent par jour ii^m l. t., et par mois lx^m l. t., et par trois mois ix^{xxm} l. t.

Item le frait de deux cents grosses nefs portans neuf vingt tonneaux de vin, l'une parmy l'autre, a ii deniers, obole t. de frait pour tonnel, monte chacune nef par jours xxxvii s., vi d., et font les deux cents nefs par jour iii^c lxxv l. t., et par mois xi^m ii^c l. l. t., c'est pour trois mois xxxiii^m vii^c l l. t.

Item pour lx nefs pescheresses, portans, l'une parmi l'autre, xlviii tonneaux de vin au prix dessus dit, monte chacune x s. t. par jour, c'est pour les soixante nefs xxx l. t. par jour, et par mois ix^c l. t., et pour trois mois ii^m vii^c l.

Somme du frait de toutes les nefs par mois xii^m cl. l. t., et pour trois mois xxxvi^m iiii^c l. l. t.

Item trente galées, chacune galée vi^c flourins le mois, montent pour trois mois liiii^m flourins de Florence.

Item pour restour de chevaux, c'est a scavoir le tiers de xii^c chevaux, par avis, ce sont iiii^c chevaux, xxv l. t. pour cheval, x^m l. t.

Item pour armures et artillerie, restraintes au plus pres que on peut, environ xxxii^m viii^c lxxv l. t. a une fois sans renouveller :

Premierement xii^m plates, qui monteront environ xv^m l., se on les peut trouver pour tel prix, et des dites plates nous en cuidons avoir environ i^m , ainsi nous en faudroit il environ xi^m , qui monteront xiii^m v^c l.

Item autel nombre de bacinez, x s. la piece, v^m v^c l.

Item de cinq mille arbalestres qui faillent a xxv nefs l'en pourra trouver environ ii^m sans acheter ; pour les iii^m qui demeureront, xii s., vi d. la piece, xviii^c lxxv l. ; de quoy il nous semble que vous feriez bien d'envoyer es parties d'Avignon et de Prouvence a aucuns de vos amis qui sont la qu'ils enveissent ii^m que aucuns artilleurs nous ont mandé qu'ils ont, dont ils se sont pourveus, si comme nous leur avions dit, et qu'ils feussent envoyez par deça ; ainsi demourroit a acheter mille par deça, qui monteroient vi^c xxv l.

Item faillent v^c baudriers, iiii s. la piece, m l. t.

Item pour deux mille casses de carreaux, ou il a en chacune casse i^m , et coustera le millier a grater et empener viii s., vallans viii^c l. t.

Et pour x^m targes qui faillent, cinquante pour nef, x s. la piece, v^m l.

Item pour deux cent garros, vi l. la piece, xii^c l. Item, pour chacune nef, cent lances et deux cens dars, x^m lances et xl^m dars, ii s. pour lance et xii deniers pour dart, iiii^m l.

Item pour charroy et pour mettre les vivres aux nefs.

Item il y convient ii^c nefs grosses et lx nefs petites, lesquelles et les pourvoiances qui y sont necessaires, et en quelles parties et par quelles gens elles seront prises, s'ensuit : c'est a sçavoir que les gens et garnisons necessaires es dites LX nefs petites seront prises de ceux des dites grandes nefs, c'est a sçavoir de cent hommes, qui doivent estre en chacune grant nef, trois hommes en seront prins pour mettre es petites nefs, et des garnisons des dites grandes nefs cy dessoubs devisées a l'avenant.

Item il convient pour deux cent nefs, pour quatre mois, pour chacune six tonneaux le mois, montent pour quatre mois xxiiii tonneaux de vin pour chacune, montent par tout, pour quatre mois, de vin, iiii^m viii^c tonneaux.

Item de bled, pour chacune v tonneaux le mois, montent pour quatre mois xx tonneaux de bled chacune, montent par tout pour quatre mois, de bled, iiii^m tonneaux.

Item de bacons, pour chacune xvi bacons le mois, montent pour quatre mois Lxiiii bacons pour chacune, montent par tout pour quatre mois xii^m viii^c bacons.

Item de buches, pour chacune iii quarterons le mois, montent pour quatre mois xii quarterons pour chacune, montent par tout pour quatre mois ii^m iiii^c buches.

Item de fevez, pour chacune trente deux boisseaux le mois, montent pour quatre mois vi^xx viii boisseaux pour chacune, montent par tout pour quatre mois xxv^m vi^c boisseaux.

Item de chandelle de suif, pour chacune xxx l. le mois, montent pour iiii mois vi^xx xii l. pour chacun, montent par tout pour quatre mois, xxvi^m iiii^c l. de chandelle.

Item de tonneaux vuis pour chacune nef xii, montent ii^m iiii^c tonneaux.

Item de aux, pour chacune la montance de xxv s. t. le mois, montent pour quatre mois c s. t. pour chacune, montent par tout pour quatre mois m l. t.

Item de poisson frez et sallé, pour chacune la montance de xvi l. t. le mois, montent pour quatre mois Lxiiii l. t. pour chacune, montent par tout pour quatre mois xii^m viii^c l. t.

Item il convient cent tonneaux de vinaigre, c'est a sçavoir pour chacune nef une queue.

Item il convient pour iiii^m chevaux, que les dits xii^c hommes d'armes pourront avoir, ausquels chevaux il convient pour xvi chevaux un septier d'avoine a la mesure de Paris le jour, montent par jour ii^c L septiers a la dite mesure. C'est le mois de trente jours vii^m v^c septiers a la dite mesure, c'est pour iii mois xxii^m v^c septiers a la dite mesure.

Item pour chacun cheval x botiaux de foin de l'euvre de rigen[1] par jour, c'est par jour xL^m botiaux, montent pour xv jours que il pourront estre en mer vi^c mille botiaux, ou feurre et vesce a la value, qui ne pourra trouver tant de foin.

Item il convient pour chacun cheval vi fers le mois, xxiiii^m fers, c'est

---

1. Mot altéré dans les deux copies.

par trois mois LXXII^M fers, et a chacun fer VIII cloux, deux cent quatre vingt huict mille clous.

Item il convient X^M aulnes de toille pour faire mengoires et autres choses, XII d. t. l'aulne, montent V^c l.

Et la somme des pourvoyances dessus dites, c'est a sçavoir des vivres sans ce qui est escrit pour les chevaux, doit estre creue du quart pour cause des dessus dits XII^c hommes d'armes qui y seront, lesquels penrront chacun li quatriesme, l'un parmy l'autre. Toutes voyes tout ce que les dits hommes d'armes et de pied prendront des dites pourveances, tant de vivres pour gens comme pour chevaux, leur sera rabattu et deduit de leurs gages devisez cy dessus au commencement de cet escript.

Les dites II^c nefs et les susdictes pourveances et garnisons seront pourveues en la maniere qui s'ensuit :

XXIIII grosses nefs seront prises es bailliages de Constantin et Caen, dont Gillebert Polin, sergent d'armes, est chargé d'en pourvoir ; esquelles il faut pour quatre mois, chacun de trente jours :

De vin V^c LXXVI tonneaux.

De bled IIII^c IIII^{XX} tonneaux.

De bacons XV^c XXXVI.

De buches II^c IIII^{XX} VIII quarterons.

De chandelles de suif III^M VIII^{XX} VIII l.

De feves III^M LXXII boisseaux.

De tonneaux vuids II^c IIII^{XX} VIII.

De poisson frez et sallé la montance de XV^c XXXVII l. t.

De aux la montance de VI^{XX} l.

Desquelles pourvoyances faire pour les dites XXIIII nefs, le bailly de Caen est chargé de prendre en son bailliage de la dite somme ce qui s'ensuit : de vin IIII^c tonneaux, de bled IIII^c tonneaux, de bacons VI^c, de chandelles de suif II^M livres, de feves II^M boisseaux, de tonneaux vuids II^c, de poisson sallé et frez la montance de V^c XXXVI l. t., de bled IIII^c tonneaux ; de aux qui faillent pour les dites XXIIII nefs mandé sera au bailly de Rouen et a Berthelemy du Drac et a son compagnon Jean de Cangé, qu'ils en facent la pourveance. Tout le surplus, c'est a sçavoir de VIII^{XX} XVI tonneaux de vin, de IIII^{XX} tonneaux de bled, de IX^c XXXVI bacons, de M VIII^{XX} VIII l. de chandelles, de M LXXII boisseaux de feves, de IIII^{XX} VIII tonneaux vuids, de poisson salé et frez la montance de M l. t. fera la pourvoyance le bailly de Constantin, tant en son bailliage comme ailleurs, se mestier est, excepté de la buche qu'il prendra dans les forestz le roy.

Item a Dieppe seront prinses XXIIII nefs ausquelles il faudra autant de garnisons et de semblables comme aux autres XXIIII nefs dessus escrites, et pour ce que au dit pays ne pourroit on pas trouver ou prendre toutes les garnisons qui necessaires y sont pour les dites XXIIII nefs sans grevance d'iceluy pays, mandé sera au bailly de Caux qu'il prenne la moitié seulement des dites garnisons pour cestes XXIIII nefs, et l'autre moitié sera prise en Amienois et en Boulonnois, excepté la buche de laquelle le bailly de Rouen se pourvoyera es forestz le roi.

Item a Fescamps jusques a Calais l'en prendra xvi nefs, pour lesquelles il convient de garnisons les ii parties autant comme cy dessus est escrit pour xxiiii nefs, c'est a sçavoir :

De vin iiii^c iiii^{xx} iiii tonneaux.

De bled iii^c xx tonneaux.

De bacons m xxiiii.

De chandelles de suif ii^m cxii l.

Des feves ii^m xlviii boisseaux.

De tonneaux vuids ix^{xx} xii.

De poisson frez et salé la montance de m xxiiii l. t.

De aux la montance de iiii l. t.

De buche ix^{xx} xii quarterons.

De toutes ces choses feront les pourvoyances les baillis de Rouen et de Caux, chacun de sa moitié, excepté que le bailly de Rouen pourvoira de la buche des bois le roy et du poisson, duquel Berthelemy du Drac et Jean de Cangé pourvoiront.

Item a Leure[1] pourront estre prises xxx nefs pour lesquelles seront necessaires les garnisons qui s'ensuivent pour iiii mois, c'est a sçavoir :

De vin vii^c xx tonneaux
De bled vi^c tonneaux
De bacons xix^c xx
De buche iii^c lx quarterons
De chandelle de suif iii^m
  ix^c lx livres.
De feves iiii^m viii^c xl bois-
  seaux
De tonneaux vuids iii^c lx
De aux la montance de cl.
  l. t.
De poisson frez et salé la
  montance de xix^c xx l. t.

Lesquelles garnisons seront pourveues et prinses en la maniere qui s'ensuit.

Le bailly de Caux pourveoira les dits vii^c xx tonneaux de vin.

Des dits vi^c tonneaux de bled, le bailly de Caen fera la pourvoyance de iiii^c tonneaux de bled, et avec ce les autres pourvoyances pour les xxiiii nefs dessus dites au commencement de ce rollet; et le bailly de Caux fera la pourvoyance de ii^c tonneaux de bled demeurant.

Des dits xix^c xx bacons le bailly de Rouen fera la pourvoyance.

Des iii^c lx quarterons de buche le bailly de Rouen en fera la pourvoyance.

Des iii^m ix^c lx livres de chandelle de suif, le bailly de Rouen et de Caux en feront la pourvoyance chacun de sa moitié.

---

1. Mss. : Louvre; le ms. fr. 2755⅜ ajoute en marge : « Fortasse est Douvres ».

Du poisson frez et salé jusques a la montance de xix^c xx l. t. Berthelemy du Drac et Jean de Cangé en feront la pourvoyance.

Des iiii^m viii^c xl boisseaux de feves le bailly de Rouen et de Caux en feront la pourvoyance chacun de sa moitié.

Des aux jusques a la montance de cl l. t. le bailly de Rouen en fera la pourvoyance.

Des iii^c lx tonneaux vuids le bailly de Caen en fera la pourvoyance.

Somme des nefs dessus dictes : iiii^{xx} xiiii nefs.

Demeure des dites ii^c nefs cvi nefs qui seront pourveues en Flandres et ailleurs, dont l'on a escrit a Ricouart le Roide qu'il sache combien l'on en pourra avoir en Flandres, et Gillebert Polin sera chargé de pourvoir du demeurant. Et convient pour les pourvoyances des dites cvi nefs, pour iiii mois, chacun de xxx jours, les garnisons qui s'ensuivent :

De vin chacune nef xxiiii tonneaux, montent ii^m v^c xliiii tonneaux.

De bacons chacune nef lxiiii bacons, montent vi^m vii^c iiii^{xx} iiii bacons.

De bled chacune nef xx tonneaux, montent ii^m vi^{xx} tonneaux.

De feves chacune nef vi^{xx} viii boisseaux, montent xiiii^m v^c lxviii boisseaux.

De chandelle de suif chacune nef vi^{xx} xii l., montent xiiii^m ix^c iiii^{xx} ii l.

De buche chacune nef xii quarterons, montent xii^c lxxii quarterons.

D'aux chacune nef la montance de c s. t., montent v^c xxx l.

De poisson frez et sallé chacune nef la montance de lxiiii l., montent vi^m vii^c iiii^{xx} iiii l.

De tonneaux vuids chacune nef xii tonneaux, montent xii^c lxxii.

Lesquelles pourvoyances des dites cvi nefs seront faites en la maniere qui s'ensuit : c'est a sçavoir l'en prendra en France les dits ii^m v^c xliiii tonneaux de vin françois.

Item le bailly de Rouen pourvoira de la dite buche des bois du roy.

Item de tout le demeurant feront pourvoyance Berthelemy du Drac et Jean de Cangé, et des poissons s'en trouve toujours grande quantité en Flandres et en Bretagne.

Deux cent bannieres cousues des armes [le roy] et le connestable [1], ou il faudra iiii^{xx} x cendaux indes et xxx jaunes.

ii^c bannieres battues des armes le roy et du connestable ou il faut cent cendaux indes.

xxv bannieres battues des armes le roy, ou il faut xiii cendaux indes, et autant du connestable, a tout de garniture.

v^c et x pannonceaux battus des armes le roy, ou il faut xvii cendaulx indes.

xv^c pannonceaux et les guenelles des bannieres [2] et des pannonceaux, ou il faut huict cens aunes de toille inde et deux cents aunes de toille jaune.

Item pour couvrir les poupes pour deux galées, les chasteaux de deux

---

1. Raoul d'Eu, nommé connétable le 17 avril 1336.
2. Cf. du Cange, *Glossaire*, au mot « Guarnellum », espèce de drap.

nefs, ou il faut xii draps de pers azurez et quatre draps jaunes pour les fleurs de lis.

xxx bannieres des armes du roy pour dix galées et vingt bannieres des armes au mareschal, ou il faut xxxiii cendaux indes, vers et jaunes.

Trois cens pannons rabuz ou il faut six cens aunes de toille inde et ii[c] aunes de jaune.

Item faut pour plusieurs choses dessus dites xii[xx] aunes de toille cirée.

Item pour fourrer les couvertures des poupes v[c] aunes de toille verte.

Deux estendars pour la nef ou le connetable[1] sera, et seront des armes de France a fleurs de lis d'or batues, dont l'un sera es coffres, ou il faudra seize cendaulx.

Un grand baucent vermeil qui sera au bout du mast en enseigne nuict et jour, ou il conviendra trente aunes de sarge.

Cinq baucens batus a or pour les trois grandes nefs le roy, et pour deux galées, ou il faut de cendail inde dix pieces.

Somme des cendaux iii[c] xxxii, pour chacune piece soixante sols, monte ix[c] iiii[xx] xvi l., et pour l'orbature autant, monte mix[c] iiii[xx] xii livres, et coustera plus tant comme l'or vaudra.

Item vingt cinq cendaulx, pour le connestable, de garniture, vallent lxv l.

Sommes des toilles ii[m] v[c] xl aunes, deux sols tournois l'aune, l'une parmi l'autre, ii[c] liiii l.

Somme xvi draps, x l. pour drap, viii[xx] l.

Somme xxx aunes de serge rouge c s., et pour la facon des poupes, des pannons rabus, pannons petits et de franges et de plusieurs autres choses et autres frez iiii[c] xx l.

Somme ii[m] viii[c] xxxi l.

XLI. (N. 505.)

Ordenance pour les despens des commissaires.

Le seizieme jour de mars mcccxxxi, ordonnerent nos seigneurs, c'est assavoir monseigneur Mathieu de Trie, Guy Chevrier, J. Justice, J. de Saint Just, Almaury de la Charmoye, Martin des Essars, J. Billoart et P. Forget, et messire Guillaume Flotte, que tous commissaires du roy compteront doresenavant de leurs depens par mesmes parties, ainsy comme il a esté toujours fait, et ne leur fera l'en plus taxation, excepté les prelaz qui auront leur taxation qui fut faite a Angers[2], l'an mil trois cens vint trois, c'est assavoir quatre livres tournois par jour, barons soissante sols tournois, et gens du Parlement quarante sols tournois par jour.

1. Mss. : commun.
2. Cf. n. 470.

·XLII. (N. 515.)

Mandement au bailli d'Auvergne de saisir la chatellenie de Lempty, et de contraindre Chétard de Revel à montrer ses lettres d'une rente de 50 livres. (15 juillet 1311.)

Ph., Dei Gratia Francorum rex, baillivo Alvernie vel ejus locum tenenti, salutem. Mandamus vobis quatenus villam de Lhenti et pertinencias ejusdem, receptis presentibus, capiatis ad manum nostram et de cetero per eamdem manum nostram ipsas villam et pertinentias regi, fructusque et exitus eorum nostris applicari de cetero rationibus faciatis; illos vero qui, a viginti octo annis citra, dictam villam cum suis pertinentiis tenuerunt ad reddendum nobis compotum et debitam rationem de fructibus et leveis toto tempore predicto inde perceptis, per captionem terre et bonorum suorum quorumcumque ac etiam corporum, si opus fuerit, compellatis. Ceterum mandamus vobis et precipimus quatenus Chetardum de Revello ad afferendum Parisius et exhibendum litteras suas, quas habet de L libris annui redditus pridem a nobis ob causam facte permutationis de castro Revelli assignatis eidem, cum nulla fuerit permutatio, compellatis, dictasque libras annui redditus capiatis et teneatis ad manum nostram, et cetera ipsius Chetardi bona mobilia et immobilia saisiatis et saisita distrahatis et explectetis pro reddendis nobis fructibus et leveis dicti redditus a dicte assignationis tempore perceptis ab eodem Chetardo vel ejus mandato, vel qui percipi poterunt. Actum Parisius, xvᵃ die julii, anno Domini MCCCXI°.

XLIII. (N. 592.)

Ce sont les instructions baillées aux commissaires sur le fait de la guerre, des usures et des monnaies.

C'est l'avis quoment les commissaires iront avant en la punition de ceux qui sont allez aus monnoies contrefaittes et fausses, ou qui y ont envoyé.

. Premierement ils doivent punir ceux qui ont porté l'argent et le billon de la monnoye le roy fondre aux forges ou l'en faisoit les monnoies fausses et mauvaises et contrefaittes, et ont acheté les dites monnoies et raporté ou royaume et en ont tout publié le royaume : c'est a scavoir que ceux qui plusieurs fois et accoustuméement y ont esté perdront tous leurs meubles et du surplus ils demeureront en la volenté le roy.

Item ils pourront aux autres qui n'y ont point esté que une fois ou que deus attemperer cette peine selon la condition et la renommée des personnes et les facultez de leurs biens.

Item ceux qui ont vendu le billon, or et argent a ceux qu'il sçavoient que il le portoient aus dites forges, et ont acheté de eux les mauvaises monnoies pour meindre prix, cinq sols ou six sols la livre, que il ne valoient et les remettoient et en publioient le royaume comme de bonne, en defraudant le peuple, et vendoient le billon plus cher dix sols ou douze sols, en prenant des mauvaises monnoies plus que il n'en eussent aux monnoies le roy, et contre l'ordenance le roy, ils seront punis en la moitié de leurs biens, ou mens ou plus, selon que chacun en aura plus usé, ou selon la condition des personnes et la faculté de leurs biens, et sera ce en la discretion des commissaires.

Item aucun changeurs ou orfevre qui ont rachatté et affiné et fondu la monnoie du coing le roy et fait argent blanc, et tout vendu plus cher que il ne devoit, ailleurs que en la monnoye du roy et contre les ordenances, seront punis selon ce que il auront esté plus coustumiers de ce faire ; et ce sera en la discretion des commissaires selon les franchises de leurs biens. Et en autre cas que en ces trois, pour raison des monnoies, c'est a sçavoir pour prendre et mettre, les dits commissaires n'approcheront nulluy, et que ils soient advisé que bien et diligemment ils montrent au peuple le grand damage qui leur est venu et a tout le royaume par la fraude et par la malice de ceux qui ont publié le royaume des dictes mauvaises monnoies.

C'EST L'AVIS SUR LES FINANCES POUR L'OST[1].

Item il est assavoir que en la besoigne de l'ost vous ne devez requerre ville ne communauté, ne nulle autre personne singuliere de faire finance, ni montrer semblant que vous le veuliez. Mais pour ce que ceus qui par vieillesse, par maladie ou pour raison de leur condition, si comme prelats, religieux, clercs et prestres riches, advocats, fames veuves, villes, communautez ou universitez et autres qui ne porront venir en l'ost, ou ne voudront, soient plus tost amenez a faire finance souffisantes, commandez leur a tous hastivement et sagement que il soient prest en armes et en chevaux, et leur suittes ; faites faire monstres, selon ce que il doivent et seront tenus a le faire ; et se aucuns des dites personnes, pour les causes dessus dites, ou aucunes villes ou communautez voulloient faire finance, prenez et recevez les finances souffisantes ; et se ils ne le vouloient faire et allegoient que pes pouroit estre, et que autres fois ont il finé, et jassoit ce que pes a esté, ils ont paié, en ce cas la, ou autrement ne le pourez faire, recevez les finances ou cas ou guerre seroit, en promettant qu'il ne soient levez se pes estoit.

Item vous devez estre diligent de querir emprunts des grans gens, soient prelats ou bourgeois, selon ce que vous saurez qui le pourront faire, et leurs faites bones promesses et fermes d'estre payés sans deffaut et de bonnes assignations, quar le roy vous donne pooir de ce faire, et pour ce soient quittes d'aller en l'ost, et se il a aucuns qui ne le veuillent aire, et vous sachiez que il en soient aisiez, ne les y contraigniez pas droitement, mes contraigniez les a venir en l'ost, ou a faire si grandes

___
1. L'instruction sur les usuriers, qui précéde celle-ci, a été publiée (n. **36**).

finances pour l'ost qu'ils veuillent le prest, ou au plus pres que vous pour-
rez. Et ces instructions ne montrez a nulluy, mes tenes les secretes ; et sur
toutes les besoignes que vous avez a faire soiez si avisés, si aizés et si
attrempés que vous le faciez sans escandale dou peuple, car ce est l'entencion du roy et de son conseil.

Item aussi contraindrez vous les villes, les communautez et universitez a faire monstres, pour ce que il soient plus pres de faire finance.

XLIV. (N. **693**.)

Ordonnance sur les draps du Languedoc (16 juin 1324)[1].

Carolus, Dei gratia Francorum et Navarre rex, Tholosano, Carcassonensi, Bellicadri, Xanctonensi, Petragoricensi, Ruthenensi, Pictavensi
senescallis, ac Matisconensi, Senonensi, Turonensi, Bituricensi, Arvernie
et Montanarum, Rothomagensi, Gisortii, Viromandensi, Ambianensi,
Insulensi, Cadomensi, Caleti, Meldensi, Vitriaci et Calvimontis baillivis,
ceterisque senescallis et baillivis, officiariis et ministris nostris ad quos
presentes littere pervenerint, salutem. Cum intelleximus de novo quod
tam nonnulli, factorum tamen seriem ignorantes, quam aliqui alii malicia
affectata asseruisse noscuntur ordinationes nostras super arte pareriarum,
pannorum ac ministerio lanificii, pannificii certaque dispositione passagiorum et portuum regni nostri Francie per carissimum dominum et germanum nostrum dominum Ph., quondam dictorum regnorum regem,
editas in partibus Occitanis, immo ea omnia que dilectus et fidelis clericus et consiliarius noster, magister Petrus de Cabilone, archidiaconus
Eduensis, tamquam conservator specialis ordinationum ipsarum fecerat,
ordinaverat et disposuerat ad conservationem et executionem ordinationum ipsarum, regio nomine, feliciter promovendam, ipsumque conservatorem specialem per quamdam revocationem generalem commissariorum regiorum et quamdam aliam specialem ex facti ignorantia postmodum subsecutam, facientem de persona ipsius mentionem expressam,
quam tunc fecistis, ut intelleximus, in vestris senescalliis et bailliviis cum tubis et aliter publicari, per ipsum germanum nostrum et
ejus consilium fuisse totaliter revocatos, nosque nolle eas facere quomodolibet observari; quod et si a factorum seriem ignorantibus et
sine fraudulenta malicia sit assertum, parendum duximus ista vice;
verumtamen, quia nonnulli suprapositorum et paratorum et qui ordinationes ipsas se servaturos solemniter juraverunt, quas sciebant etiam per
prefatum germanum nostrum in contradicto judicio, causa cognita, ex
certa scientia, auctoritate regia, jam fuisse pluries confirmatas et per curie
ipsius judicium omnibus et singulis suprapositis paratorum senescallie
Carcassone et aliis quibuscumque silentium perpetuum impositum exti-
tisse, longe pejora commisisse noscuntur, dum contra ordinationes

---

1. Cf. la pièce n. I.

ipsas et exinde subsecuta judicia et arresta superponentes latenter, sicut prius asserunt aliqui, multa inconvenientia in eis contineri, de quibus etiam nunquam fuerat cogitatum, certisque paratoribus et aliis quorum interest et qui appetunt ordinationes ipsas inconcusse servari, falcissimo suggerentes quod prefatus germanus noster et nos etiam ac conservator specialis prefatus volebamus per quamdam consequentiam ea totaliter annullare que ad utilitatem suprapositorum et paratorum ipsorum in ipsis ordinationibus continentur; propter quod etiam nonnulli paratores, sic talium falsa relatione decepti, tunc artem suam ministeriumque parierarum ipsarum totaliter dimittere voluerunt et ad alias mercaturas, etiam extra regnum nostrum Francie, se transferre; quam pluries etiam ex paratoribus memoratis ipsa deveria nunc nobis ratione ordinationum ipsarum debita et solvi per eos alias consueta ipsius germani nostri gentibus, solvere recusaverunt; ex quibus falsis relationibus fraudulentis grandis tumultus in populo in illis partibus sicut tunc sic et nunc, prout accepimus, habebatur; que si veritate nitantur quanto magis, nedum utilitati publice illarum partium, sed et nostrarum Campanie et Brie [nundinarum], nostrisque honoribus et commodis, necnon latis sententiis et arrestis de istis nostris ordinationibus observandis tales falsidici obviasse noscuntur et adhuc latenter, prout possunt, conantur, prout intelleximus, obviare, tanto gravius reputantes, ad majorem displicentiam nobis cedunt, nec intendimus quovis modo nec volumus talium relationes, omni carentes primordio veritatis, fraudulentasque malicias eorumdem sub quavis dissimulatione dimittere impunitas, prout tunc per gentes prefati germani nostri tam in Parlamenti quam in Compotorum cameris presidentes, Johanni Statii, Betiano Isarni, civitatis Biterrensis, Petro Raymundi, Gumberto, Petro Vitalis de Limoso et Guillelmo Simon de Monte Albano paratoribus et cuilibet eorum, suo et aliarum civitatum et villarum nomine, comparantibus in judicio coram prefato germano nostro, et se contra nostras ordinationes predictas tunc opponentibus multipliciter, et postremo Raymundo Nicole de Narbona, dum adhuc viveret, et quibusdam ejus sequacibus, est expressum; quibus et eorum cuilibet, necnon ceteris paratoribus senescallie Carcassone, sicut fuit tunc temporis inhibitum districtius et injunctum, ne, sub regie indignationis offensa ac penis in ipsis ordinationibus comprehensis et aliis penis quas possent aliter incurrere in hoc casu, contra ordinationes nostras predictas ac judicata per regiam curiam et arresta super ipsis nostris ordinationibus observandis prolata quavis temeritate presumant aliquid in posterum attemptare; et nos, habita super hoc nostri majoris deliberatione Concilii, nedum super nominatis personis specialiter, sed et generaliter omnibus et singulis aliis cujuscumque sexus, status vel conditionis existant, ex certa scientia nostra, auctoritate regia, tenore presentium inhibemus, decernentes expresse omnes et singulos penis expressis superius subjacere qui contra nostras ordinationes predictas, vel aliqua in eis comprehensa, presumpserint aliquid attemptare; et ut celerius predictorum maliciis occurramus ac omnibus publice fiat nota eorum falsa relatio deceptiusque posset manifeste convinci, dum facta tunc per prefatum germanum nostrum certa convocatione omnium civitatum et villarum notabilium regni nostri Francie, generali etiam parlamento Parisius tunc sedente, fuit tunc per majores cives et pannificos regni nostri ejusdem, nostras Campanie et Brie nundinas frequentantes, suo et omnium incolarum maxime pannificorum regni nostri Francie nomine, prefato germano nostro, sic nobis nuper fuit iterum pluries et sub forma simili publice suplicatum ut nos ordinationes nostras hujusmodi faceremus sicut in Occitanis sic in aliis ipsius regni nostri Francie partibus ubilibet districtius observari; quorum supplicationes, in quantum reipublice regni nostri et ipsius incolarum commoda et honoris augmentum et maxime Occitane patrie ac nundinarum reformationem respiciunt, merito nobis gratas plenis affectibus attendentes, certis de nostris aliis gentibus et prefato archidiacono duximus specialiter injungendum, ut, vocatis quos utiliores cognoscentur ad premissa, auditis eorum supplicationibus et cum deliberatione plenissima diligentius intellectis, quod super his nobis et successoribus nostris, Francie regibus, honestius ac reipublice regni nostri et ipsius incolarum utilius expedire videretur, nostra auctoritate regia ordinarent et disponerent, per nos postmodum confirmandum. Propter quod ipsius archidiaconi progressum ad partes Occitanas opportuit ad obmissa per eum ex causa legitima exequenda plus quam crederetur retardari, mandamus vobis et vestrum cuilibet districtius injungentes quatenus, receptis presentibus, absque dilatione quacumque, in locis in quibus preconisationes alias ex quibus talis rumor in ipsis partibus inolevit, noveritis factas esse, faciatis publice nunciari, et ubilibet solemniter divulgari, quod non est nostre intentionis, nec fuit, nostras ordinationes predictas seu aliqua que in eis continetur seu ipsum magistrum Petrum, conservatorem specialem, vel officium, prout dudum prius per prefatum germanum nostrum et per nos postmodum ipsi magistro Petro per alias litteras est commissum, quod et eidem committimus specialiter per presentes, seu aliqua que ipse archidiaconus, tamquam conservator specialis ordinationum ipsarum, ad dispositionem, conservationem et executionem eorum ordinavit et disposuit, seu ordinaverit, seu disposuerit in futurum, tam prefati germani nostri quam nostro nomine et pro nobis, sicut ipse germanus noster ipsum archidiaconum conservatorem specialem ordinationum predictarum noluit quovis modo, sic nolumus aliqua ratione vel causa sub aliqua generali vel speciali revocatione quacumque commissariorum, thesaurariorum, receptorum ac potissime omnium et singulorum ad ordinationum ipsarum ac passagiorum et portuum predictorum fidelium deputatorum custodiam per nos Andegavis vel alias alibi edita revocari, nec a quoquam aliquid in ipsarum ordinationum seu predicti magistri Petri status vel sibi commissi·conservatoris officii seu deputatorum ab eo prejudicium velle quomodolibet attemptari; quin imo verius nostras ordinationes predictas, prout in prefati germani nostri multiplicatis litteris, tam sub serico et cera viridi quam aliter sigillatis, seriosius continentur, in omnibus et per omnia, sicut jacent, volumus, et precipiendo districtius, et ex certa scientia nostra, auc-

toritate regia, decernimus per presentes ab omnibus et ubique inviolabiliter observari ; quod si quid in contrarium a quocumque, quovis modo,
fuerit attemptatum, id, ex certa scientia nostra, auctoritate regia, decernentes irritum et inane, ad statum pristinum et integrum restituimus per
presentes, inhibentes expresse ne quis, sub nostre indignationis offensa
ac penis in ipsis nostris ordinationibus comprehensis, contra ordinationes
ipsas seu aliqua que in eis continentur, et que per archidiaconum, conservatorem specialem prefatum, sunt et fuerunt, nostro nomine ut, prediximus, ordinata, aliquid attemptare presumat. Ceterum contra tales de quibus supra prediximus et alios quoscumque qui contra ordinationes predictas fraudulenter et maliciose probati fuerunt aliquid indebite attemptasse, per specialem conservatorem predictum vel ejus locumtenentem sic
inquiri et eos puniri debite volumus et mandamus, quod nedum tales
sed eorum posteritas sic sentiant per effectum quod ceteris audientibus
perpetuo transeat in exemplum. Datum Parisius, die xvi^a junii, anno
Domini mcccxxiv°. — Per dominum regem, S. de Domp[napetra], et per
Cameram Compotorum, H[enricus] de Domp[napetra].

INDEX

Les chiffres renvoient aux pages.

———

Avenes, 147. — *Avesnes* (Somme, c^on de Rosières).

Avesne (d'). V. Robert.

Avignon, 125, 205. — *Avignon* (Vaucluse).

Avocats (ordonnance sur les), 41.

Avre, 157. — *L'Avre*, rivière.

Avrecourt, 145. — *Avricourt* (Oise, c^on de Lassigny).

Avril. V. Aubriet.

Aynoa (de). V. Lupus Petri.

Ayre, 143. — *Aire-sur-la-Lys* (Pas-de-Calais, arr. de Saint-Omer). — V. Ariensis.

Ayton Doria, 89, 90.

B., archevêque de Rouen, 92.

Baigneux, 125. — *Bagnols* (Gard, arr. d'Uzès).

Bailleval en Diolet (abbaye de), 196. — *Bailleval-en-Argonne* (Marne, c^on de Dommartin-sur-Yèvre).

— (ville de), 195.

Baillis, 20, 44, 45, 46, 79, 80, 98, 116, 123, 188, 189, 211, 213.

Bajocensis cantor, 151, 152, 153. — V. Bayex.

— prebenda, 149.

Balancier (Le). V. Robertus.

Balduinus de Medonta, 153.

Ballolio (de). V. S.

Banaonem (apud), 172. — *Benon* (Charente - Inférieure, c^on de Courçon).

Bapaumes, 138, 139. — *Bapaume* (Pas-de-Calais, arr. d'Arras).

Barbou. V. Renaut.

Bardena, 181, 185, 186. — Lande appartenant au roi en Navarre.

Barra (de). V. Jacobus.

Barra prope Castrum Theoderici in Campania (moniales de), 174. — *La Barre* (Aisne, c^ne de

Château-Thierry).

Barres (des). V. Jean.

Barro super Albam (de). V. Parisetus.

Bar sur Aube (ville de), 199. — *Bar-sur-Aube* (Aube).

Bar sur Seyne (ville de), 199. — *Bar-sur-Seine* (Aube).

Barthelemy Chevrier, 105.

Basoche (prieur de Sainct ...en), 194. — *Bazoches* (Aisne, c^on de Braisne).

Bastida Clarentie, 182, 186. — *La Bastide - Clairence* (Basses - Pyrénées, arr. de Bayonne).

Baudes Crespin, 109, 115.

Baye (doyen de), 193. — *Baye* (Marne, c^on de Montmort).

Bayex, 143, 147. — *Bayeux* (Calvados). — V. Bajocensis.

Baygorii (abbas), 183. — *Baigorry* (Basses-Pyrénées, arr. de Mauléon).

Bayonne, 38. — *Bayonne* (Basses-Pyrénées).

Beata Maria Belvacensis. V. Belvacensis.

— de Brugis. V. Brugis.

— de Campis, 132.

— de Cathalonis. V. Cathalonis.

— de Pictavis. V. Pictavis.

— de Valle in Provino. V. Provino.

— in Castro Belvacensi. V. Belvacensi.

Beaucaire, 23, 34, 38, 40, 47, 98, 101, 104, 123, 124, 165, 213. — *Beaucaire* (Gard, arr. de Nîmes).

— (procureur de), 188.

Beauchery (curé de), 194. — *Beauchery* (Seine-et-Marne, c^on de Villiers-Saint-Georges).

Beaugency, 143. — *Beaugency* (Loiret, arr. d'Orléans).

Beaumont en Auge, 147. — *Beau-*

Bourgogne (de). V. Jeanne et Hugue.

Bouteiller, 28, 30, 59, 69, 85, 129, 130. — V. Jean d'Acre et Johannes de Acra.

Bouziez (abbé de), 197. — *Bouzais* (Cher, c[on] de Saint-Amand).

Boville (de). V. Hugo.

Brabançons, 109.

Bracon. V. Guiotus.

Bray, 136, 143. — *Bray-sur-Somme* (Somme, arr. de Péronne.)

— (chantre de). V. Jean de « Pilosis ».

— (de). V. Nicolas.

Brayum, 173. — *Bray* (pays de).

Brayum super Secanam, 152. — V. Bray sus Saine.

Bray sus Saine, 144, 146. — *Bray-sur-Seine* (Seine-et-Marne, arr. de Provins).

Breevalle (monachi de), 172. — *Bréval* (Seine-et-Oise, c[on] de Bonnières).

Breevallis, 172. — V. Breevalle.

Bremond de Mer, 102.

Brenne (hostelière de), 196. — *Brienne* (Aube, arr. de Bar-sur-Aube).

— (Sainct Yves de), 196.

Bretagne, 68. — V. Britannie.

Breteil, 138. — *Breteuil* (Oise, arr. de Clermont).

Breteuil (de). V. Jean.

Breteuil (ville de), 192. — *Breteuil-sur-Iton* (Eure, arr. d'Évreux).

Bretinoles (ville de), 193. — *Brétignoles* (Eure, c[on] de Damville).

Brianone (prebenda de), 151. — *Briénon-l'Archevêque* (Yonne, arr. de Joigny).

Bridia (Sanctus Julianus de), 153. — V. Brioude.

Brie (archidiacre de). V. Philippe le Convers.

Brie (foires de). V. Champagne.

— (mesures de), 144.

Briocensis prebenda, 151. — *Saint-Brieuc* (Côtes-du-Nord).

Briis (de). V. Thomas.

Brioude (Saint Julien de), 101. — *Brioude* (Haute-Loire).

Brisalo. V. Guillelmus.

Brissy, 146. — *Brissy* (Aisne, c[on] de Moy).

Britannie octo cathedrales, 150. — V. Bretagne.

Britannique (Anglais expulsés de l'île), 30.

Brito. V. Daniel.

Brossin. V. Perrot.

Brueriis (de). V. J. de Brueriis.

Brugis (Beata Maria de), 153. — *Bruges* (Belgique, Flandre occidentale).

Brunet. V. Pierre.

Buef de Hurtemont (Le), 196.

Bueseville (de). V. Guillaume.

Bulles (listes de), 57, 168, 169.

Bunno (de). V. J. de Bunno.

Burgondie (capellanus comitisse), 151. — V. Bourgogne.

— (clericus comitisse), 141.

Burgum Sancti Saturnini, 183-187. *Burgo de San Cerni* (quartier de Pampelune).

Buri, 145. — *Bury* (Oise, c[on] de Mouy).

Bussiacum Sancti Liphardi, 173. — *Bucy-Saint-Liphard* (Loiret, c[on] de Patay).

Buxere, 126. — *Bussières* (Saône-et-Loire, c[on] de Mâcon).

Cabilone (de). V. Petrus.

Cachantum, 171. — *Cachan* (Seine, c[on] de Villejuif, c[ne] d'Arcueil).

Cadomensis (prebenda Sepulchri), 153. — V. Caen.

Champagne (foires de), 21, 23, 24, 31, 50, 51, 98, 99, 106, 109, 115, 117, 214, 215.
— (gîtes en), 69.
— (maréchal de), 30, 129, 130.
— (prévôtés de), 46.
— (receveur de), 50, 109, 161, 162.
— (sceau de), 34, 50, 51.
— (sénéchal de) 129, 130, 189.
— V. Ansellus de Gienvilla et Johannes de Joinvilla.
Champagne, 142. — *Champagne* (Eure-et-Loir, c^{on} d'Anet).
Champigny, 146. — *Champigny-sur-Aube* (Aube, c^{on} d'Arcis-sur-Aube).
Chancelier, 31, 64, 89.
Chancellerie, 31, 48, 50, 64, 78, 90, 115, 116, 123, 189.
Chandelles du Châtelet, 64.
Changes (ordonnance sur les), 47, 50, 76, 112, 114.
Chantemerle, 146. — *Chantemerle* (Marne, c^{on} d'Esternay).
Chantemerle (prieur de), 193. — *Chantemerle* (Seine-et-Marne, c^{on} de Dommartin, c^{ne} de Rouvres).
Chaourse (ville de), 198. — V. Caorcia.
Chapelle royale (de Paris), 51, 67, 83, 108, 153, 164, 189.
Chapotensis (moneta), 140.
Chappes (de). V. Pierre.
Charité (de La). V. Dreux et Jean Sadon.
Charles le Chauve, 101.
Charles IV, 27, 34, 47-51, 55, 81-83, 86-90, 92, 111, 114-119, 124, 130, 160, 161, 214-216.
Charles V, 59.
Charles de Valois, 30, 92, 93, 103, 110, 176. — V. Carolus de Valesio.
Charmes, 142. — *Charmes* (Loir-et-

Cher, c^{on} de Blois).
Charmoye (de la). V. Amaury et Saince.
Charpentiers (ordonnance sur les), 47, 76.
Charrois dûs au roi, 21, 22, 59, 83, 87, 90, 191-200.
Chartaut (de). V. Jacques.
Chartouvre (abbé de), 196. — *Chartreuve* (Aisne, c^{on} de Chéry-Chartreuve).
Chartres (doyen de). V. Jean Pasté. — *Chartres* (Eure-et-Loir). — V. Carnotensis, Carnoti et Carnoto.
— (évêché de), 37, 64, 68, 79.
— (monnaie de), 103.
— (Saint Père en Vallée de), 199.
Chartretes (abbé de), 196. — *Chartrettes* (Seine-et-Marne, c^{on} et c^{ne} du Châtelet-en-Brie).
Chasteaulandon (Sainct Severin de), 191. — V. Castrum Nanthonis.
Chastel Regnault, 160. — *Château-Renault* (Indre-et-Loire, arr. de Tours).
Chastillon (prieur de), 197. — *Châtillon-en-Bazois* (Nièvre, arr. de Château-Chinon).
Chastis (hospites de), 131. — V. Chates sous Montlhéri.
Châteaux royaux, 32, 47, 64, 116, 161, 180-188.
Châtelains du roi. V. Châteaux.
Châtelet de Paris, 22, 48, 64, 78.
Chates sous Montlhéri, 131. — *Chastes* (Seine-et-Oise, c^{on} de Montlhéri).
Chaudefontaine (prieur de), 195. — *Chaudefontaine* (Marne, c^{on} de Sainte-Menehould).
Chauffecire, 30, 129, 190.
Chaulle, Chaulne, 143, 147. — *Chaulnes* (Somme, arr. de Péronne).

Lupara (Sanctus Thomas de), 153. — *Le Louvre*, à Paris.
— (de). V. Thomas.
Lupus Petri de Aynoa, 186.
Lynais (Sanctus Medericus de), 152. — *Linas* (Seine-et-Oise, c{on} d'Arpajon).
Lyon (archevêque de), 93, 113, 129.
— (guerre de), 178.
— (procureur de), 188.
— (province de), 35, 170.
— (sénéchal de), 23, 45, 105, 123, 184.
— (ville de), 96, 109, 113, 118, 127, 133, 134.
Lyons, 136. — *Lihons* (Somme, c{on} de Chaulnes). — V. Lions.

Maçai, 142. — *Macé* (Loir-et-Cher. c{on} de Blois, cne de Saint-Denis-sur-Loire).
Macey (abbé de), 197. — V. Maçai.
Machaut (de). V. Pierre.
Macheau (de). V. G. de Macheau.
Machello (de). V. Guillelmus et Petrus.
Mâcon (bailli de), 23, 37, 45, 48, 82, 90, 93, 118, 123, 124, 213. — *Mâcon* (Saône-et-Loire).
Maçons (ordonnance sur les), 47, 76.
Magdunum, 173. — V. Meun.
Magdunum super Ligerim, 149. — V. Meun.
Maguelonne (évêque de), 98. — *Maguelonne* (Hérault, c{on} de Frontignan, cne de Villeneuve-les-Maguelonne).
Mahaut, comtesse d'Artois et de Bourgogne, 38. — V. Bourgogne.
Mahi de Trie, 73. — V. Matheus de Tria.
Mahy de Varennes, 63, 174.

Maignianes (de). V. Nicolas.
Maillon. V. Guyot.
Maine (comte du), 110. — V. Philippe VI.
— (sénéchal du), 101.
Maitres des Comptes, 31, 51, 90, 116, 158-160, 162, 180.
— des eaux et forêts, 92, 111.
— des monnaies, 54, 94, 98, 165, 166.
Majorque (roi de), 38.
Malemains. V. Nicolas.
Malet. V. J. Malet.
Malin (de). V. Raymond.
Malus Beccus, 141. — *Maubec* (Tarn-et-Garonne, c{on} de Beaumont).
Malus Vicinus, 141. — *Mauvezin* (Gers, arr. de Lectoure).
Mansiaco (de). V. Durandus.
Mante, 143, 146, 158. — *Mantes* (Seine-et-Oise). — V. Medunta.
Mantelon (ville de), 193. — *Mantelon* (Eure, c{on} de Damville).
Mantes (de). V. Pierre.
Manufactures, 26, 117-119, 121-125, 213-216.
Marchandises. V. Commerce.
Marche (procureur de la), 188.
Marchia (de). V. R. de Marchia.
Marcilly (de). V. Guillaume.
Marcosa Sancta (de). V. Bernardus.
Marc d'argent, 52, 53, 65.
Maréchal de Champagne. V. Champagne.
Maréchaux de France, 129, 130, 189.
Marescallus pape, 169,
Marescot. V. Thiebaut.
Marguerite de Chambly, 49.
Mariage (note sur la célébration du), 88.
Maricourt, 136. — *Maricourt* (Somme, c{on} de Combles).
Marie (filius domine), 150.
Marigniaco (de). V. Philippus.

71,73, 80, 90, 114, 143, 144, 166, 176.

Normandie (duc de). V. Jean.

— (prélats de), 37, 90.

Notaires, 46, 48, 59, 77, 100, 109, 111, 116, 181, 187, 189. — V. J. de Templo, Radulphus de Fossatis, Renerus dictus Mellins et Gervasius.

Notre Dame de Nevers (abbesse de). V. Nevers.

Notre Dame de Troyes (abbesse de), V. Troyes.

Notre Dame de Vertus. V. Vertus.

Notre Dame des Champs de Paris. V. Beata Maria de Campis.

Nouvelleté (affaires de), 98.

Noviomensis prebenda, 150. — V. Noyon.

Novummercatum, 173. — *Neufmarché* (Seine-Inférieure, c^on de Gournay).

Noyers (mons. de), 75.

Noyers, 143. — *Noyers* (Loir-et-Cher, c^on de Saint-Aignan),

Noyon, 134, 135, 143, 145. — *Noyon* (Oise, arr. de Compiègne). — V. Noviomensis.

— (évêque de), 111.

O. Clarisensus, 149.

Odardus de Valle, 153.

Odier. V. Guillaume.

Odo de Pontisara, dictus Salmon, 149.

Odon de Colomberiis, 111.

Oestreham, 178. — *Ouistreham* (Calvados, c^on de Douvres).

Officiers royaux, 29, 30, 64, 115, 129, 131, 161, 172, 173, 180-190, 210.

Ogerus de Monte Rodato, 180.

Oleron (île de), 103, 153. — *Oléron* (Charente-Inférieure).

Olite (villa de), 185. — *Olite* (Navarre espagnole).

Olivet (abbé d'), 197. — *Olivet* (Loir-et-Cher, arr. de Romorantin, près de Saint-Julien-du-Cher).

Omelins (compagnie des), 124. — V. Cominelli.

Once d'or (rapport au marc de l'), 65.

Orcheze, 142. — *Orchaise* (Loir-et-Cher, c^on d'Herbault).

Orgemont (d'). V. Pierre.

Origniaco (Sancta Benedicta de), 151. — *Origny-Sainte-Benoîte* (Aisne, c^on de Ribemont).

Orilli, 135. — V. Origniaco.

Orléans — *Orléans* (Loiret). — V. Aurelianensis.

— (archidiacre d'), 110.

— (bailli et bailliage d'), 95, 97, 114, 142, 199.

— (de). V. Ami, Guillaume, Pierre.

— (évêque d'), 98.

Orli (d'). V. Élie.

Oro (castrum d'), 182. — *Oro* (Navarre espagnole).

Osneval (sire d'), 175. — *Onival* (Somme, c^on et c^ne d'Ault).

Ost, 27, 42, 56, 59, 60, 61, 63, 81, 87, 89, 90, 98, 104, 105, 131, 132, 204, 212.

Oton, comte de Bourgogne, 29.

Oton de Granson, 49, 161.

Oudart (messire), 176.

Oudart de Maubuisson, 177.

Oudart Maquerel de Montcornet, 194.

Oudenot Dobert, 197.

Oudinus de Blandiaco, 186.

.P., capellanus domini Hugonis de Boville, 153.

Sancta Crux de Lauduno. V. Lauduno.

Sancta Crux de Stampis. V. Stampis.

Sancto Dyonisio (Sanctus Paulus de), 149. — V. Saint-Denis.

Sanctus Dyonisius de Passu, 173. — *Saint-Denis-du-Pas*, à Paris.

Sanctus Dyonisius Exoldunensis. V. Exoldunensis.

Sanctus Dyonisius in carcere, 153.— *Saint-Denis-de-la-Chartre*, à Paris.

Sancti Dyonisii in Francia (abbas), 152. — V. Saint-Denis.

Sancto Ebulcio (de). V. G. de Sancto Ebulcio.

Sancto Ferreolo (de). V. J. de Sancto Ferreolo.

Sancta Flavia (de). V. Radulphus.

Sanctus Frambaldus de Silvanectis. V. Silvanectis.

Sanctus Gaudencius, 141. — *Saint-Gaudens* (Haute-Garonne).

Sanctus Germanus, 171. — *Saint-Germain-en-Laye* (Seine-et-Oise, arr. de Versailles).

Sancti Germani (prior), 172.

Sanctus Germanus Autissiodorensis Parisiensis. V. Parisiensis.

Sanctus Germanus de Castro in Bituria. V. Bituria.

Sanctus Gironcius, 141. — *Saint-Girons* (Ariège).

Sanctus Hilarius de Pictavis. V. Pictavis.

Sanctus Honoratus. V. Parisiensis.

Sancta Honorina, 151. — *Sainte-Honorine* (Calvados, cᵒⁿ de Trévières).

Sanctus Johannes Angeliaci, 172. *Saint-Jean-d'Angély* (Charente-Inférieure).

Sanctus Johannes de Lauduno. V. Lauduno.

Sancti Johannis de Pede Portus (castellanus), 182. — *Saint-Jean-Pied-de-Port* (Basses-Pyrénées, arr. de Mauléon).

Sancti Johannis juxta Compendium (moniales), 171. — V. Compiègne.

Sanctus Johannes Rotundus, 154. — *Saint-Jean-le-Rond*, à Paris.

Sanctus Julianus de Bridia. V. Bridia.

Sanctus Julianus de Saltu, 152. — *Saint-Julien-du-Sault* (Yonne, arr. de Joigny).

Sanctus Laudus Andegavensis. V. Andegavensis.

Sanctus Laurentius de Bellobecco, — V. Bellobecco.

Sanctus Leodegarius in Aquilina, 173. — *Saint-Léger-en-Yveline*, (Seine-et-Oise, cᵒⁿ de Rambouillet).

Sanctus Licerius, 141. — *Saint-Lizier* (Ariège, arr. de Saint-Girons).

Sanctus Lupus de Cerens, 172. — *Saint-Leu-d'Esserent* (Oise, cᵒⁿ de Creil).

Sanctus Maclo, 153. — V. Saint-Malo.

Sanctus Maixentius, 172. — *Saint-Maixent* (Deux-Sèvres, arr. de Niort). — V. Saint-Meixent.

Sancti Marcelli prebenda, 150. — *Saint-Marcel*, à Paris.

Sanctus Martinus, 132. — *Saint-Martin* (Seine-et-Oise, cᵒⁿ de Pontoise).

Sancti Martini de Vinellis juxta Cathalonum (moniales), 173. — V. Cathalonensis.

Sancto Martino (de). V. Bernardus.

Sanctus Martinus de Canda. V. Canda.

Saunier (Le). V. Robertus.

Sausseuse (prieur de), 192. — *Saussenzemare* (Seine-Inférieure, c^on de Blangy, c^ne de La Caule-Sainte-Beuve).

Saussoie (La), 56. — *La Saussaie* (Seine, c^on et c^ne de Villejuif). — V. Salceya.

Savoie (comte de), 108. — V. Thomas.

Sceau (Grand), 31, 48, 50, 78, 115, 116.

Sceaux royaux, 31, 47, 50, 75, 82, 109, 111, 125, 126, 187.

Schomberg (de). V. Richard.

Seclin (prebenda de), 152. — *Seclin* (Nord, arr. de Lille).

Secrétaires du roi, 59.

Sedeloco (prebenda de), Eduensis diocesis, 152. — *Saulieu* (Côte d'Or, arr. de Semur).

Seguinus de Vallibus, 153.

Seine (navigation de la), 33, 157, 158. — V. Sequana. '

Sel (commerce du), 32, 33, 133, 134.

Semoine, 146. — *Semoine* (Aube, c^on d'Arcis-sur-Aube).

Sénéchal d'Anjou, Maine et Touraine, 101.

Sénéchaux, 45, 46, 79, 80, 98, 116, 121, 123, 188, 189, 211, 213.

Senlis. — *Senlis* (Oise). — V. Silvanectensis et Silvanectis.

— (bailli et bailliage de), 31, 82, 101, 106, 132, 192.

— (évêque de). V. Garin.

— (Saint Rieux de). V. Sancti Reguli.

— (Saint Vincent de), 192.

Sonenensis communia, 128. — V. Sens.

— diocesis, 152.

— archiepiscopus, 154.

Senones, 172. — V. Sens.

Senossiayn (de). V. Petrus Michaelis.

Sens (archevêque de), 37, 119. — *Sens* (Yonne). — V. Senonensis et Senones.

— (bailli et bailliage de), 27, 31, 82, 100, 111, 123, 124, 128, 131, 191, 213.

— (province de), 35, 36.

— (Saincte Colombe de), 191.

Sept Ages du Monde (les), 83.

Sept fontaine (église de), 199. — *Sept fontaines* (Haute-Marne, c^on d'Andelot, c^ne de Blancheville).

Sepulchri Cadomensis (prebenda). V. Cadomensis.

Sequana, 132. — *La Seine*, fleuve.

Serfs, 106.

Sergents, 22, 41, 90, 123, 180, 181, 204.

Serment des baillis et sénéchaux, 45, 79, 116.

Sicardus de Vauro, 149.

Sicile (roi de). V. Robert.

Sicilie (regina), 151.

Signy en Pertian, 194. — *Chigny* (Aisne, c^on de La Capelle).

Silvanectensis canonicus, 156. — V. Senlis.

— episcopus, 154, 155, 169.

— prebenda, 149.

Silvanectis (moniales de), 172. — V. Senlis.

— (Sanctus Frambaldus de), 149, 173.

— (de). V. Thomas.

Silvanectum, 172, 173. — *Senlis* (Oise).

Silvani. V. Radulphus.

Simon. V. Guillemus.

Simon Garsie de Casa, 187.

Simon, légat du pape, 57.

Simon Martini de Roncal, abbas Baygorii, 183.

TABLE DES MATIÈRES

MACON, PROTAT FRÈRES, IMPRIMEURS.

Documents manquants (pages, cahiers...)
NF Z 43-120-13

www.ingramcontent.com/pod-product-compliance
Ingram Content Group UK Ltd.
Pitfield, Milton Keynes, MK11 3LW, UK
UKHW020129130726
13696UKWH00001B/270